教育部全国高校出版社主题出版项目
甘肃省庆祝新中国成立65周年重点图书

彭岚嘉　主编

中国梦的文化指向

民族复兴　精气凝聚为神　梦想启程　文化贯通是魂

编写组成员（以姓氏笔画为序）
王万鹏　许　燕　李小红　吴双芹
杨　华　杨小兰　杨天豪　彭岚嘉

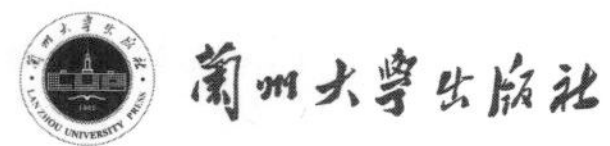

兰州大学出版社

图书在版编目（CIP）数据

中国梦的文化指向 / 彭岚嘉主编. -- 兰州 : 兰州大学出版社, 2014.12
ISBN 978-7-311-04648-4

Ⅰ. ①中… Ⅱ. ①彭… Ⅲ. ①文化事业—研究—中国 Ⅳ. ①G12

中国版本图书馆CIP数据核字(2014)第299927号

策划编辑 张国梁
责任编辑 马继萌 武素珍
封面设计 郇 海

书 名 中国梦的文化指向
作 者 彭岚嘉 主编
出版发行 兰州大学出版社 (地址:兰州市天水南路222号 730000)
电 话 0931-8912613(总编办公室) 0931-8617156(营销中心)
0931-8914298(读者服务部)
网 址 http://www.onbook.com.cn
电子信箱 press@lzu.edu.cn
印 刷 甘肃澳翔印业有限公司
开 本 710 mm×1020 mm 1/16
印 张 14.5(插页2)
字 数 244千
版 次 2015年2月第1版
印 次 2015年2月第1次印刷
书 号 ISBN 978-7-311-04648-4
定 价 38.00元

目　录

第一章　中国梦的文化意蕴

第一节　梦文化与梦想

一、梦文化的中国解读

梦是人在睡眠中发生的一种生理和心理现象，是人在睡眠时产生想象的影像、声音、思考或感觉。一般认为，睡眠时并不是全部大脑皮层都处于不活动的抑制状态，局部的大脑皮层细胞仍在活动，有时受个人记忆痕迹，以及个人活动时的情绪波动的影响，从而就产生了梦。中国古代将做梦的原因分为生理和心理机制两方面。从《左传》中关于晋侯做病梦的分析中，就可以发现梦的形成原因有可能是“日有所思，夜有所梦”，人的生理现象和心理变动可能会在梦中有相应的反映。所以梦这种人类活动，既具有生理特征，又具有心理特征。

梦的生理特征主要表现在，大脑在清醒状态时具有准确收集和处理意识的功能，而在睡眠时大脑在接触并处理这些意识信号时便生成了梦。多数研究认为，梦是由大脑在快速动眼睡眠期脉冲周期性冲动产生的意识活动及其想象形成的。但梦的内容多来自于人的活动和思虑，也可来自于身体内外的刺激感觉，其中睡眠环境对梦境有绝对的影响。进入睡眠期，大脑可以将外界信息组接和整合到梦的内容中去，整合的形式多为象征及联想。

而梦的心理学特征，则是指一个典型的梦的叙述，常常包含幻觉、妄想、认知异常、情绪强化及记忆缺失等特征。梦是以生动的充分形成的视觉领域占绝对优势的幻觉想象为特征。在梦中，储存在记忆中的以前的人物、影像及事件可能被强化回忆出来，并常把关心的事物编织到怪诞的及瞬息的梦的结构中。在大多数梦中，听觉、触觉及运动感觉的叙述也较普遍，味觉及嗅觉幻觉想象较少，而痛觉的幻觉想象则十分罕见。梦的特征是显著的不确切性、不连续性、未必可能性和不协调性。

史前时期，原始人类有关梦的观念深深地影响着他们对宇宙和灵魂的看法。原始人往往把梦看成是神的指示或是魔鬼在作祟，古人也以梦算命，而在一些宗教的教义里，梦则是联结灵魂世界和现实世界的桥梁。尽管这些解释没有任何科学依据，但是有时的确会给人带来非常大的精神压力。在原始社会末期便已出现的甲骨解梦、占筮解梦和星象解梦，其理论便认为梦是神授的，而其释梦方法基本上是借助与梦境无直接关系的甲骨上的裂纹、卦象、星象等进行预测。“其寐也魂交，其觉也形开。”(《庄子·齐物论》)“神遇为梦，形接为事。故昼想夜梦，神形所遇。”(《列子·周穆王篇》)“魂茕茕其神交兮，精诚发于宵寐。”(《汉书·叙传》)实际上，由此而开始的中国历史上各种各样的解梦学说，也正是一种文化解读的过程。

甲骨文的“梦”字

中国古代很早就有占梦的记载，根据现有文献记载，提到占梦最早的人物是黄帝。皇甫谧《帝王世纪》曰：“黄帝梦大风吹天下之尘垢皆去，又梦人执千钧之弩驱羊万群。”醒后黄帝自我分析：“风为号令，执政者也；垢去土，后在也。天下岂有性风名后者哉？夫千钧之弩，异力者也；驱羊万群，能牧民为善者也。天下岂有姓力名牧者哉？”于是“依二占而求之”，得风后、力牧两位名臣。参照国内外许多原始民族的情况，如果说黄帝的时代已经出现占梦，那倒完全有此可能。黄帝和尧舜禹时代的梦与占梦活动，都系远古的传说。

在中国历史上，从殷人开始，梦和占梦才有了可靠的记载。殷人的甲骨文字中，已经出现了比较规范的“梦”字。甲骨卜辞中有关殷王占梦的记载也很多。而且殷王总是问，其梦有祸没有祸，其梦有灾没有灾。这说明，殷王对其梦的吉凶非常关心，也说明，占梦在殷王的生活中占有相当重要的地位。殷王在卜辞中所占问的梦境或梦象，有人物、有鬼怪、有天象、有走兽，还有田猎、祭祀等等。

周人灭殷之前，梦的传说和占梦活动也极为频繁。据说，周文王和周武王事前都做过不少吉梦，预兆着大命周人代殷。从《周礼》当中我们还可以看到，周人在占梦时把梦分为六类：“一曰正梦，二曰噩梦，三曰思梦，四曰寤梦，五曰喜梦，六曰惧梦。”所以在春秋时期，各国诸侯无论遇到战事还是进行祭祀，都爱疑神疑鬼。至于梦象和通梦者的情况，这时比殷周时期要复杂多了。第一类梦象和通梦者是神灵，有天、天使和河神等；第二类梦象和通梦者是“厉鬼”，多指梦者仇敌的鬼魂；第三类梦象和通梦者是先祖、先君之灵，一般视为吉梦；第四类梦象是带有象征意义的日月、河流、城门、虫鸟之类。《左传》诸多对梦的记载，反映了那个时代占梦在社会上的影响。孔子虽称“不语怪力乱神”，然对梦同样是很虔信的。孔子晚年曾经说过：“甚矣，吾衰也！久矣，吾不复梦见周公！”哀叹的是周公之灵不再给他托梦而提供新的启示了。可见，孔子虽非事事占梦，然而确实受到占梦的影响。可见，占梦在文明肇始的远古就有十分重要的地位。

河北邯郸的黄粱美梦卢生祠

在中国源远流长的文化史中，有关梦的故事更是不一而足。诸如庄生梦蝶、黄粱一梦、梦笔生花、江郎才尽、南柯一梦等，都是历来为人津津乐道的梦故事。中国古代根据梦的内容不同，把梦又细分为以下十五类：直梦，即梦见什么就发生什么，梦见谁就见到谁。象梦，即梦意在梦境内容中通过象征手段表现出来。因梦，由于睡眠时五官的刺激而做的梦。想梦，想梦是意想所做之梦，是内在精神活动的产物。精梦，由精神状态导致的梦，是凝思入神所做的梦。性梦，是由于人的性情和好恶不同引起的梦。人梦，是指同样的梦对于不同的人有不同的意义。感梦，由于气候因素造成的梦为感梦。时梦，由于季节因素造成的梦为时梦。反梦，反梦就是相反的梦，阴极则吉，阳极则凶，谓之反梦。借梦，也就是托梦，神灵或祖先通过梦来向后代预告吉凶祸福。寄梦，就是人的吉凶祸福在别人梦中出现。转梦，是指梦的内容多变，飘忽不定。病梦，是人体病变的梦兆，从中医角度来讲，是由于人体的阴阳五行失调而造成的梦。鬼梦，即噩梦，梦境可怕恐怖的梦。

而中国古代人解梦,一般有七种方法,称之为"占梦七法",分别是直梦法、测字法、谐音法、象征法、五行八卦法、演绎法(推理法)、反梦法。在此基础上,中国传统的占梦文化也有了不少的成果,《占梦书》《梦书》《解梦书》《周公解梦书》《断梦秘书》《梦林玄解》等,还有众多的民间解梦方法,都是试图从不同的角度对神秘莫测的梦做出文化读解。因此,中国梦文化应当包括谈梦、记梦、写梦、论梦、图梦的典章制度和风俗习惯、理论阐述、奇闻逸事、神话传说、成语典故、各种形式的梦文艺作品及其评论等等。另外与梦有联系的社会政治、经济、军事、历史、哲学、宗教、伦理道德等等领域的文化现象,也都属于梦文化的范畴。

二、梦文化的西方阐释

做梦是一个生理现象和心理现象,而解梦就成为一种文化行为。对梦的解读,不同的人有不同的观点,从而有了种种不同的梦文化,并成为本民族文化的一个有机的组成部分。占梦活动应该是古人类极为重要的活动,在原始人不具备逻辑思维情形下,原始人靠什么来决定行为呢?他们所具有的只有形象思维,只有象征,而梦又是人最主要的象征活动,所以梦就与众多的生活经验和精神信仰联系在一起。

西方古代哲学家一开始就把梦视作精神作用的产物。古希腊哲学家柏拉图认为:"梦是一种感情的产物。"[①]而亚里士多德则相信:"梦是一种持续到睡眠状态中的思想。"[②]德国哲学家尼采在《黎明》中提到:"梦是白天失却的快乐与美感的补偿。"[③]

弗洛伊德则认为梦是童年期压抑的那些反社会、反道德的愿望满足,认为所有的梦都是人非理性以及反社会愿望的满足。梦是一个人与自己内心的真实对话,是另外一次与自己息息相关的人生。在弗洛伊德看来,梦都是"愿望的满足",他尝试用潜意识来解决各部分的冲突。不过,由于潜意识中的信息不受拘束,通常让人难堪,潜意识中的"稽查者"不允许它未经改变就进入意识。在梦中,潜意识比清醒时放松了此项职责,但是仍然在关注,于是潜意识被扭曲其意义,以通过审查。梦中的形象通常并非它们显现的样子,需要用潜意识的结构进行更为深刻的解释。弗洛伊德指出,"梦,并不是空穴来风,不是毫无意义的,不是荒谬的","它完全是有意

① 弗洛伊德:《梦的解析》,中国民间文艺出版社1986年,译序第20页。

② 弗洛伊德:《梦的解析》,中国民间文艺出版社1986年,译序第20页。

③ 弗洛伊德:《梦的解析》,中国民间文艺出版社1986年,译序第20页。

义的精神现象”。[①]弗洛伊德在他的解梦理论中把梦作为一种精神过程而划分成显意和隐意两种，他将真实的梦的内容称为显意，将通过梦用力挤入意识、使梦发生的思想称为隐意，并把梦的隐意和无意识活动联系在一起。他认为，精神分析就是要把梦的显意“还原”为它的隐意，进而从隐意中去发现梦者无意识的动机和欲望。[②]

荣格则认为梦来源于集体无意识，是更广泛的潜意识的反应。荣格认为，梦的重要功能之一就是提出人们没有意识到或注意到的思想，他指出，梦虽有象征作用，但梦的象征作用主要是集体无意识的表现，只有经过“放大”后才能真正了解它们的含义和原型。在他看来，“象征”是人格原型寻求和谐平衡的一种尝试。因此，荣格提出了梦的功能主要是一种补偿性的，它们总是强调另一方面以维持心理平衡，“梦的一般功能是企图恢复心理的平衡，它通过制造梦的内容来重建整个精神的平衡和均势”。荣格认为，将梦者的梦的联想与其清醒状态时的生活相结合，以揭示梦以一种补偿方式所指明的东西，这种能力与分析者的技能和知识有极大的关系。

弗罗姆把梦看成是表现任何的心智活动，这不仅是不合理的需求表达，同时也是合理需求的表达。“我把做梦定义为在睡眠状态下任何种类的心智活动……我的假设是梦可以是吾人心灵之最低下、最无理性及最高尚、最有价值作用的表现。”[③]弗罗姆对梦的解释的社会化、哲学化倾向代表着现代西方梦学研究的某种趋势：重视人性的思考，重视社会关系的分析。他认为梦是任意表现形式的心智活动，既含有非理性的成分，又含有理性的成分，他的梦心理学理论中却表现出了强烈的社会哲学色彩。

梦是人类共有的一种特殊而又普遍的生理现象与精神现象，自从有人类以来，它就作为人的一种生理功能与精神生活的一部分而存在着。而且，随着人类社会的发展与进步，人们对梦的认识也经历了一个从无知到有知的漫长过程。也就是说，梦是与人类同时产生、一并存在，同样具有悠长的历史。一方面，梦在人类历史的进程中，曾经有过重要的作用，产生过广泛的影响，给人类历史的进程留下过深刻的烙印，另一方面，人类对梦的认识的历史，其实也就是从一个特殊的方面和角度，对人类本身的历史和文化加以认识的历史，是人类历史和文化的一个特殊的组成部分。只是由于文字形成时间的限制，人类对梦的记述要比人类本身的生成晚得多，至于大量写梦并对梦进行研究而创成理论学说，就更是以后的事了。但有一

① 弗洛伊德：《梦的解析》，中国民间文艺出版社1986年，第55页。

② 霍尔：《荣格心理学入门》，三联书店1987年，第175页。

③ 弗罗姆：《梦的精神分析》，台湾志文出版社1971年，第105页。

点是确定无疑的，即人类一旦用口述的形式和文字的形式将梦记述出来，梦文化也就正式诞生了。

尽管几千年来人们一直在试图通过各种手段来破解梦的秘密，并提出了有关梦的起源、含义、功能等种种理论和假说，但至今在科学方面人们对梦的了解依然非常有限，对于梦的形成、梦的目的和梦的功能等问题的研究还处在一个相当初级的阶段。

三、梦想的时空演绎

有梦就有梦想。从梦延伸出来的梦想，也是与人类发展同步而行的。梦想是人类对于美好事物的一种憧憬和渴望，虽然梦想和现实总是有差距的，也因为有差距，所以每个人、每个时代都会憧憬和追慕梦想。五代王定保曾言："虽限山川，常怀梦想。"(《唐摭言·怨怒》)明代高启也说："开元始求治，贤哲劳梦想。"(《咏隐逸·卢鸿》)不同的人有着不同的梦想，不同的梦想引导着人们不同前进的方向，不同的前进方向折射出梦想所带来的不同动力，不同的动力体现了不同的梦想的价值。只有为梦想插上行动的翅膀，梦想才会变得有价值。

梦想是个人或群体的理想和目标。个人有个人的梦想，团体有团体的梦想，任何有组织的社会共同体都有共同的梦想。个人梦想指处在一定历史条件下和社会关系中的个体对于自己的未来物质生活、精神生活所产生的种种向往和设想，包括个人具体的职业梦想、生活梦想和道德梦想。个人梦想的实现才是实现社会梦想的手段，没有个人梦想的实现作为基础，社会梦想的实现就无从谈起。就个人梦想与社会梦想的关系而言，社会梦想还应占主导地位，社会梦想指引着个人梦想的基本方向，只有树立了科学的、崇高的社会梦想，才能使个人梦想与社会梦想和谐一致，才能更顺利地实现个人梦想。只有把社会梦想与个人梦想结合起来，把倡导对国家、集体的责任感和奉献精神与满足个人的利益愿望、实现个人的价值统一起来，个人梦想才会有深厚的社会基础和持久的生命力。一般来说，某个共同体的梦想也就是该共同体的所有成员共同拥有的社会理想。这种社会理想包含他们对政治、经济和社会关系等生存状况与发展前景的诉求，如希望政治清明、经济发达、社会繁荣、公平和稳定等。社会理想以外在的事物和行动为承载，但却是主体对于外部世界的一种心理体验、精神欲求和价值诉求。它体现着人们的心理感受、意识情操、道德志向、价值判断和文化信仰，在本质上属于精神范畴和文化对象。因此，不同时期的社会理想会构成一道精神文化景观，一个特定时代的社会理想也会呈现出一种文化意象，成为该时代人文诉求的尺度和表征。透过这种文化意象，一定范围和时期内人们所坚持的精神目标和价值诉求就得以昭示。中国梦反映了当代中华民族的精神意愿、价值期待和文化诉求，它的历史、现实和未来之间具有内在连贯性。它所具有的文化意象正是由历史中国、现实中国和未来中国关于社会理想的文化精神组构并展现出来的，是人文中国的一个组成部分，也是文化中国的一个侧面。

自古以来，中国人就是有梦想的群体，中华民族也是有共同理想的民族。在鸿蒙开辟的创世神话中，我们能看到中华初民的梦想：从精卫填海到夸父追日，从大禹治水到愚公移山，我们在感叹先祖的意志时，也能感知他们心中那种随顺自然的同时又想改造自然、驯化自然的梦想。自三代六朝以降，人文化成，纲纪奠定，中国人的梦想就更加现实，中华民族的共同理想也就更加社会化和理性化了：从小康大同到天下为公，从世外桃源到人间均平，人们的社会理想在不同时代虽有不同的侧重和表述，但都放置在了"治国平天下"的社会天平上，也都铺设在中国的历史、传统和文化革故鼎新的过程中了。历史的车轮驶入近代，由于西方帝国主义列强的入侵和瓜分，中国陷入了前所未有的内忧外患，坠入了历史的低谷。实现中华民族伟大复兴由此成为近代以来压倒一切的社会理想。习近平总书记提出的中国梦，不仅申明中国共产党人实现国家富强、民族振兴和人民幸福，完成孜孜以求复兴梦的坚强意志和巨大决心，也承接并延续了历史上绵延不绝的发展梦、革新梦和强盛梦。由此连贯起来看，数千年来中华文明和中国社会发展的历史，实际上也是一部为家国计、为生民计的社会理想逐步演化和创新的历史。"千百年来的中国社会理想和当下的中国梦是贯通的、一致的，它们构成了一幅中国历史与传统、社会实践的目的与规律、社会生存的事实与价值相糅合并与中华文明的人文理性相融合的文化意象。"①

盘古开天地雕塑

① 宇文利：《中国梦的文化意象及其表现》，载《中国文化报》2014年3月11日。

实现中华民族的伟大复兴，是中华民族近代以来最伟大的梦想，是每一个中华儿女的共同期盼。无数仁人志士为了民族独立、人民解放、国家富强殚精竭虑，他们在黑暗中摸索，探寻适应时代巨变的求生之道，但是久久无功。唯有中国共产党把亿万人民的迫切愿望和对经济社会发展规律的深刻认识凝为一体，永不停滞地开拓创新，终于探索出一条成功道路。从封闭愚昧到文明开放，从温饱不足到总体小康，从备受欺凌到大国崛起，正是在中国特色社会主义道路上，我们才成功实现了历史上最深刻最伟大的社会变革，将一百多年的苦难落后、几代人的迷茫彷徨甩到了身后，实现了民族独立和人民解放，迎来了国家的繁荣富强，走过了其他国家几百年的现代化发展历程，书写了民族复兴史上薪火相继、自强不息的传奇。

用实现中华民族伟大复兴的中国梦想凝聚强大精神能量，是近代以来中国人民坎坷追梦历程的深刻启示，也是我们面向未来开拓前进应时刻秉持的基本法则。梦想是激励人们发奋前行的精神动力，当一种梦想能够将整个民族的期盼与追求都凝聚起来的时候，这种梦想就有了共同愿景的深刻内涵，就有了动员全民族为之坚毅持守、慷慨趋赴的强大感召力。实现中华民族伟大复兴，是全体中华儿女的伟大梦想和共同愿望，也是中国近现代以来一直追逐的中心目标和主题旨归。中国在人类社会发展史上曾经长期处于领先地位，但进入近代以后，逐渐落伍了。1840年以后，由于西方列强的入侵和清王朝的腐朽，中国一步步沦为半殖民地半封建社会。在绝境中猛醒、在苦难中奋起的中华民族，为民族大义所激奋，日益紧密地凝聚在民族复兴的伟大旗帜下，中华民族向前、向上的生命力日益强劲地迸发出来。为了改变国家和民族的命运，一批又一批仁人志士进行了艰辛努力和不懈探索。然而，从太平天国到洋务运动，从戊戌变法到辛亥革命，都没有完成救亡图存的历史使命。实践证明，不触动封建根基的自强运动、旧式的农民起义、资产阶级革命派领导的民主革命，都无法改变中国的命运。正当中国人民不断失败又重新奋起之时，十月革命一声炮响，给中国送来了马克思列宁主义。1921年，中国共产党应运而生。中国共产党自诞生之日起，就自觉肩负起实现中华民族伟大复兴的神圣使命，团结带领全国各族人民完成了民族独立和人民解放的历史任务。新中国成立之后，中国共产党又带领人民实现了从新民主主义到社会主义的过渡，开始了在社会主义道路上实现中华民族伟大复兴的历史征程。这种逐渐明晰的中国梦想日渐呈现出明丽的光彩。

明德正心，修身齐家，治国平天下，这是历代文人的梦想；

长治久安，国泰民富，万世太平，这是历代帝王的梦想；

民族复兴,国家富强,人民幸福,这是新时代的中国梦想。

宛若游龙的黄河

第二节　中国梦的文化基点

一、文化自觉的现代表达

"文化自觉"是费孝通先生于1997年在北京大学社会学人类学研究所开办的第二届社会文化人类学高级研讨班上首次提出的文化理念,所谓"文化自觉",就是指生活在一定文化历史圈子的人对其文化有自知之明,并对其发展历程和未来有充分的认识。换言之,是文化的自我觉醒、自我反省、自我创建。费先生曾说:"文化自觉是一个艰巨的过程,只有在认识自己的文化,理解并接触到多种文化的基建上,才有条件在这个正在形成的多元文化的世界里确立自己的位置,然后经过自主的适应,和其他文化一起,取长补短,共同建立一个有共同认可的基本秩序和一套多种文化都能和平共处、各抒所长、连手发展的共处原则。"[①]费先生还以他在80岁生日所说的一句话"各美其美,美人之美,美美与共,天下大同"作为"文化自觉"历程的概括。"各美其美"就是要尊重文化多样性,首先要尊重自己民族的文化,传承和发展本民族的优良文化传统。因为尊重文化多样性是发展本民族文化的内在要求,每个民族的文化都有自己的精粹。在一个民族的历史与现实中,民族文化起着维系社会生活、维持社会稳定的重要作用,是本民族生存与发展的精神根基。"美人之美"就是要尊重其他民族文化。

① 费孝通:《论文化与文化自觉》,群言出版社2007年,第190页。

承认世界文化的多样性、尊重不同民族的文化,必须遵循各国文化一律平等的原则。在文化交流中,要尊重差异,理解个性,和睦相处,共同促进世界文化的繁荣。"美美与共,天下大同",说明尊重文化多样性是实现世界文化繁荣的必然要求。文化既是民族的又是世界的。各民族文化都以其鲜明的民族特色丰富了世界文化,共同推动了人类文明的发展和繁荣。只有保持世界文化的多样性,世界才更加丰富多彩,充满生机和活力。

由此看来,文化自觉是指生活在一定文化中的人对其文化有"自知之明",明白它的来源、形成和发展演变过程,所具的特色和它发展的趋向,不是要"复旧",同时也不主张"全盘西化"或"全盘他化"。自知之明是为了加强对文化转型的自主能力,取得决定适应新环境、新时代文化选择的自主地位。文化自觉是一个艰巨的过程,只有在认识自己的文化,理解所接触到的多种文化的基础上,才有条件在这个正在形成中的多元文化的世界里确立自己的位置,然后经过自主的适应,和其他文化一起,取长补短,共同建立一个有共同认可的基本秩序和一套各种文化都能和平共处、各抒所长、联手发展的共处守则。①

在多元文化并存的当今世界,只有做到文化自觉,才能在不同文化的对比和互动中稳住根基,获得文化选择的能力和地位,继而增强自身文化转型的能力。文化自觉的主体可以是一个国家、一个民族,也可以是一个组织、一个个人。这里所说的文化自觉,特指国家和民族在文化上的觉悟和觉醒。一个民族的觉醒,首先是文化上的觉醒;一个国家的力量,很大程度上取决于文化自觉的程度。是否具有高度的文化自觉,不仅关系到文化自身的振兴和繁荣,而且决定着一个民族、一个国家的前途命运。

民族和国家的文化自觉包括三个层面的含义。其一,文化自觉是对文化在历史进步中地位作用的深刻认识。文化具有极强的渗透性和持久性,深刻作用于经济社会发展和人们生产生活。文化既是推动社会发展的重要手段,又是社会文明进步的重要目标。从这个意义上讲,文化自觉就是对文化意义认识的不断深化。其二,文化自觉是对文化发展规律的正确把握。任何一个时期的文化都是历史阶段性的产物,推进文化建设不能超越现实的经济社会条件。文化总是以丰富多样的内容和形式来展现的,任何一个时期的文化都是多元一体、多样共生的,在多元中立主导、在多样中谋共识历来是文化建设的首要目标。任何文化成果的形成都是不断积淀的结果,不可能一蹴而就。文化自觉的过程,就是一个对文化发展的阶段性、

① 费孝通:《对文化的历史性和社会性的思考》,载《思想战线》2004年第2期。

文化构成的多样性和文化建设的长期性不断深化认识、科学把握的过程。其三，文化自觉是对发展文化历史责任的主动担当。文化是民族凝聚力和创造力的重要源泉，是综合国力竞争的重要因素，是经济社会发展的重要支撑。能否高扬自己的文化旗帜、树立自己的文化形象，切实承担起推动文化繁荣发展的历史责任，是衡量一个民族和国家文化自觉与否的标尺。

北京紫禁城鸟瞰图

随着全球化进程的加速，文化越来越成为全球化的中心和焦点，文化在综合国力竞争中的地位越来越重要。英国学者约翰·汤姆林森曾敏锐地指出："全球化处于现代文化的中心地位；文化实践处于全球化的中心地位。"①文化是民族之魂，人民的精神家园，任何民族和国家，没有文化建设的支撑，就很难发展起来。在文化全球化进程中，文化不是也不应该成为一种色彩、一个色调，文化全球化不等于文化的单一化、同质化。实际上，正如美国学者罗兰·罗伯森提请我们注意的那样，"全球资本主义既促进文化同质性，又促进文化的异质性，而且既受到文化同质性的制约，又受到文化异质性制约"。②可见，文化全球化理应是一个同质性与异质性、全球性与地方性（民族性）这些相反相成的元素良性循环、双向互动的过程。在这一过程中，中国应当选择一种清醒的文化姿态。"文化自觉的核心就在于强化文化的自我意识或主体意识。在文化上走出主体性的迷雾，清醒地认识自我，合理地引导文化的发展，这是文化自觉的要义。"③

---

① 转引傅华：《当代中国先进文化及其传播路径研究》，中央文献出版社2007年，第129页。

② 罗兰·罗伯森：《全球化——社会理论和全球文化》，上海人民出版社2000年，第249页。

③ 丰子义：《文化自觉与全球视野》，载《光明日报》2014年6月4日。

对于文化自觉的理解当然可以有不同的角度，但至少有这样几方面是不可或缺的：

一是文化的自我认同和定位。随经济全球化的深入发展，各个国家文化的联系日益密切，众多民族文化编织成了具有整体性的世界文化之网。由于每一个国家的文化都成为世界之网的一个纽结，因而其发展必然程度不同地受到这种世界之网的制约。一个国家的文化发展不在于要不要摆脱这种制约，而关键在于能否从复杂的世界联系中，找到适合自己的独特发展道路。只有扩展视野，对世界文化发展有一个总体把握，才能清楚地看到我们的文化在世界格局中所处的方位，才能发现其发展的优势和劣势。

二是文化的自我反思与超越。文化上的自知之明，只有通过反思来获得。反思中国文化的利弊得失，可以进一步发现我们的文化发展真正存在的问题是什么，原因何在，出路又是什么；由此也可以进一步确定对传统文化究竟应当继承什么、批判什么。全球文化交流交融交锋的局势对于我们的文化发展既是一种难得的机遇，也是一种尖锐的挑战，在激烈的文化竞争面前，真正可怕的不是西方文化的威胁，而是我们自身的麻木不仁。在文化上不能自觉发现问题，就不会有改进；没有改进，也就不会变被动为主动。

三是文化发展的参照与借鉴。经济全球化条件下，民族文化的发展不可能是一个孤立的过程，而是一个世界性过程。全球性的文化互动使得各个民族文化的联系日益密切，一个国家要想真正保持自己文化的民族性和自主性，走出一条健康的文化发展之路，只能通过开放，融入世界文化交流之中。也就是说，只有积极参与世界文化的交流与对话，才能不断提高自己文化的影响力和竞争力，才能切实保持和增强文化的民族性。因此，应当用世界眼光来把握文化的民族性，自觉增强文化发展的时代意识、世界意识，用文化的世界性、时代性来增强文化的民族性。为此，在文化发展上，一方面要反对无视文化民族性的历史虚无主义，另一方面又要反对拒斥文化世界性的狭隘民族主义。

二、文化自信的现实选择

所谓"文化自信"，指的是一个国家、一个民族对自身文化价值的充分肯定，对自身文化生命力的坚定信念，是对既有文化优良传统的肯定与坚持。文化自信是民族自信心和自豪感的源泉，中华民族正是有了对民族文化的自信心和自豪感，才在漫长的历史长河中保持自己、吸纳外来，形成了独具特色的中华文化。我们可以在三个层面上理解文化自信。首先，文化自信表现为对既有文化优良传统的肯定与坚持。中华文明是人类文明历史上唯一的源流相继、从未中断的文化体系，这与中华民族的文化自信传统有着直接的关系。这个意义上的文化自信，是民族文化的标志所在，是民族自信心和自豪感的源泉。其次，文化自信表现为对待外来文化的理性态度和开放的胸襟。在外来文化面前，不自傲、不自卑，对文化差异的包容，是对自身文化充满信心的反映；认识到文化各有所长，对外来文化能够辩证取舍，积极地吸纳其精髓为我所用，是文化自信的体现。再次，文化自信表现为对自己文化发展前景的主动把握。不是一味地陶醉在过去的荣光之中，以长远的眼光把握文化发展的潮流和趋势，勇敢地推进现有文化体系的转型，在未来的发展中创造新的辉煌，为人类文明做出新的贡献，这是文化自信的最高体现。文化自觉和文化自信，涉及以什么样的视角认识文化、以什么样的态度对待文化、以什么样的思路发展文化的问题。自觉和自信之间有着紧密的内在联系，是相互作用的有机统一，缺一不可。只有坚持文化自觉，才能真正做到文化自信；拥有文化自信，才能够激发和深化文化自觉。文化自觉与文化自信指向的目标，是文化的自强与文化的繁荣发展。

盘桓在北方山岭之上的万里长城

中华民族素有文化自信的气度，正是有了对民族文化的自信心和自豪感，才在漫长的历史长河中保持自己、吸纳外来，形成了独具特色、辉煌灿烂的中华文明。同时也要看到，在对待自身文化的态度上，伴随着民族兴衰、国运沉浮，不时出现“自卑自弃”和“自大自傲”两种倾向，或多或少、或大或小地对文化发展产生这样那样的影响。现在，世界日益成为一个“地球村”，不同文化的交流、交融、交锋比以往任何时候都更加频繁。在这样的背景下，更加需要我们以理性、科学的态度进行文化的反思、比较、展望，正确看待自己的文化，正确对待别人的文化，充分认识中国文化的独特优势和发展前景，进一步坚定我们的文化信念和文化追求。做到文化自信，关键是不忘本来、吸收外来、着眼将来。

在古代，中华文化自成一体，以儒释道相互交融为体系特色，虽然佛教文化来自印度，最初传入中国也曾产生文化碰撞与冲突，但终被原有文化所消化和融合，而形成新的整合性的中华文化体系。中华文化形成的历史过程，本身就是一个以儒家核心文化为主体的体系持续同化并融合外来文化的过程，由此呈现出“海纳百川，有容乃大”的气度。这样的中华传统文化体系必然是一个自信满满的体系。而且，在古代东亚地区，中国是实力最为强大且文化最为先进的国家，与朝贡体系中“天朝上国”地位相对应的，是中华文化的国际影响力与传播力。中国文化自信的危机始自近代。鸦片战争开启了西方列强入侵的中国近代史。不过，从1840年的鸦片战争到1894年甲午战争之前，“中学为体，西学为用”是中华文化对于外来西方文化的基本应对策略，文化主体性并未彻底丧失。甲午战争的失败不仅意味着近半个世纪的洋务运动失败，而且意味着中国文化自足性的丧失。

当下国人日渐增强着的文化自信的特征之一，便是以中华民族悠久辉煌的传统文化为重要指向。文化自信中的这种特点，早在20世纪90年代便出现于美国学者塞缪尔·亨廷顿的笔下，他在《文明的冲突与世界秩序的重建》中，探讨了经济发展与文化自信之间的内在关联，认为“成功的经济发展给创造出和受益于这一发展的国家带来了自信和自我伸张。财富像权力一样也被看作是优点的证明及道德和文化优越性的显示”。[①]亨廷顿以经济发展为文化自信与文化复兴的重要前提性条件，同时也努力从文化角度寻找经济成功的内在奥秘。在这两种视角的结合中，他从整体上描述了东亚人在其经济上获得成功之后对其文化独特性的强调及其文化自信的复兴，也具体论述了中国的情况。他以“赞美儒教是中国进步的根源”来描述当时中国复兴的文化自信。

将文化自信的基点立于当下，是文化创新发展的内在要求。在文化发展中，只有现实的、生动的当下实践，才是唯一的活水源头，才是历史与未来、本土与外来的交汇点。优秀传统通过当下的转化而得以新生，美好未来通过当下的实践而得以奠基；外来影响通过当下的消化而得以择用，本土特性通过当下的创造而得以弘扬提升。只有立于当下的文化自信，才是

① 塞缪尔·亨廷顿：《文明的冲突与世界秩序的重建》，新华出版社1998年，第104页。

核心性的文化自信。“如果缺乏立于当下的文化自信，对优秀传统文化的自信将会流为思古之幽情，成为无力应对现实和外来文化冲击而只能暂避一时的‘精神慰藉所’，创造未来新文化的自信与活力也将会因缺乏当下的根基而无以真正挺立和激活。”[①]古往今来，大凡处于文化强盛时期、立于文化发展制高点上的民族和国家，无不表现出对当下文化及其发展的高度自信。

我们提倡继承优秀的民族文化传统，并不是要排斥外来优秀文化。任何国家要在世界文化之林拥有一席之地都不可能独守一隅。但开放包容不是盲目崇外，学习借鉴也不是照抄照搬，必须坚持以我为主、为我所用的原则，辩证地加以取舍，决不能良莠不分，盲目模仿，决不能丧失民族自尊心、自信心，更不能丢掉民族精神、民族特色和民族的优良传统。不仅如此，还要强化融合，实现中国化、本土化。世界文化多元多样、各有所长，只有兼纳百家之精华，融合各种文化之所长，才能更好地促进文化发展。要把优秀的外来文化同我国的传统文化结合起来，使外来文化能够在中国的土地上生根发芽、开花结果。开放和交流从来都是双向的、互动的。吸收外来优秀文化，既要“请进来”，也要“走出去”。在更好地吸收借鉴外来文化的同时，加速中华优秀传统文化走向世界的步伐。这就需要我们在坚持民族性的基础上，对那些具有普适性的文化要素进行及时的总结并使之发扬光大，以增强中华文化的世界认同。

三、文化自强的未来追求

“文化自觉、文化自信，最终目的还是要实现文化自强。‘自’，就是立足自己的实际，依靠自己的力量，突出自己的特色，走自己的文化发展道路，建设面向现代化、面向世界、面向未来，民族的科学的大众的社会主义先进文化；‘强’，就是要使我们的文化具有强大的吸引力影响力、强大的活力创造力、强大的实力竞争力，把我国建设成一个中国特色社会主义的文化强国。”[②] 文化的灵魂是什么，就是凝结在文化之中，决定着文化质的规定和方向的最深层的要素，就是核心价值观。有什么样的价值观，就有什么样的文化立场、文化取向、文化选择。我们现在经常所说的软实力、文化力，从根本上取决于核心价值观的生命力、凝聚力。在核心价值观确立之后，文化的发展和繁荣，还需要有不断更新的思想观念、不断创新的体制机制、

① 沈壮海：《文化自信的基点应确立在哪里》，载《中国教育报》2012年4月20日。

② 云杉：《文化自觉　文化自信　文化自强——对繁荣发展中国特色社会主义文化的思考》，载《红旗文稿》2010年第15、16、17期。

不断升华的理论总结。在改革发展中,极大提高了全民族思想道德素质和科学文化素质,促进了人的全面发展,显著增强了国家文化软实力,为坚持和发展中国特色社会主义提供了强大精神力量,展现了一条迈向文化强国的“中国道路”。“文化强国”凝聚着中华民族悠久的历史文化传统,是社会主义先进文化的结晶,其核心价值观念、道德伦理思想、精神文化生活、文化整体实力,决定着实现中国梦的基本功能和前行方向,是推进“中国梦”激情放飞和绚丽盛开的内驱力和表现力。

大力发展公益性文化事业,保障人民基本文化权益。满足人民基本文化需求是社会主义文化建设的基本任务。必须坚持政府主导,加强文化基础设施建设,完善公共文化服务网,让群众广泛享有免费或优惠的基本公共文化服务。从公益性文化事业发展状况和要求看,当前和今后一个时期必须在构建公共文化服务体系、发展现代传播体系、建设优秀传统文化传承体系、加快城乡文化一体化发展四个方面取得突破。

加快发展文化产业,推动文化产业成为国民经济支柱性产业。文化产业是最具发展潜力的新兴产业之一,对推动经济结构战略性调整、加快转变经济发展方式具有重要作用。近年来,我国文化产业总体发展较快,2004年至2010年全国文化产业增加值年平均增长速度超过23%。按平均增速匡算,2016年文化产业增加值占我国国内生产总值的比重将达到5%,成为国民经济支柱性产业。必须坚持社会主义先进文化前进方向,坚持把社会效益放在首位、社会效益和经济效益相统一,按照全面协调可持续的要求,推动文化产业跨越式发展,使之成为新的经济增长点、经济结构战略性调整的重要支点、转变经济发展方式的重要着力点,为推动科学发展提供重要支撑。一是构建现代化文化产业体系,推进文化产业结构调整,发展壮大传统文化产业,加快发展新兴文化产业。二是形成公有制为主体、多种所有制共同发展的文化产业结构,在培育一批核心竞争力强的国有或国有控股大型文化企业或企业集团的同时,引导社会资本以多种形式投资文化产业。三是推进文化科技创新,发挥文化和科技相互促进的作用,深入实施科技带动战略,增强自主创新能力。四是扩大文化消费,创新商业模式,拓展大众文化消费市场,开发特色文化消费,扩大文化服务消费。

建立文化强国、实现中华文化走出去,是中国人民多年的企望。随着中国改革开放的不断推进和经济社会的持续发展,大力实施文化走出去战略的条件日益具备。一是中国经济的快速发展,使中华文化逐步消除了近代以来的弱势地位,再次有了较强的感召力,同时,中国综合国力的巨大提升也使外国人产生了了解中华文化的现实需要。近代以来,西方强大,中国落后，中国成为落后国家的代表，中华文化当然也就不被外国人所认可，没有多少外国人认为需要学习中华的文化，因此，中华文化在世界上就没有多大的影响力。但世界上非西方国家的人却有强烈了解、学习西方文化的愿望，因为西方资本主义强国的学术、科技、经济、军事全面领先，不学习就要落后，落后就要挨打。所以，大家都要学习西方的语言、学术、文化、科技，因而西方文化也就有了最大的世界性影响。同样，随着中国的持续发展和强大，外国人学习、研究中国的文化的兴趣、必要性和动力也会越来越强。二是中国的现代文化不断发展、进步。中国经济的持续发展，中国居民收入水平的大幅增长，需求结构由温饱型向小康型转变，给中国现代文化发展提供了巨大的需求拉力。中国人的现代生活与丰厚、古老的民族文化和历史文化资源的结合，使中国文化不断经历现代化的转型，孕育出饱含中国民族文化和历史文化元素的现代中国文化，对世界能够产生较强的吸引力。

陕西秦始皇兵马俑

文化是一个民族的强盛最重要的标志，一个民族的强大首先是文化的强势，而不仅仅是军事和经济的强大。一个国家的强大，不在于经济实力和军事实力的强大，而在于人民的强大。人民的强大的根本就是文化的强大。有了文化自觉，才能有文化自信；有了文化自信，才能有文化自强。在多元文化并存的当今世界，只有做到文化自觉，才能在不同文化的对比和互动中稳住根基，获得文化选择的能力和地位，继而增强自身文化转型的能力。文化自信，关键是不忘本来、吸收外来、着眼将来。文化自信不是故步自封，也不是唯我独尊，要在坚守自己的优秀文化的同时，正确对待别人的文化。着眼于时代和社会发展的需要，倡导和发展先进文化，凝聚奋斗力量。

第三节　中国梦的文化阐释

一、历史记忆的复现

“中国梦是在中国这块具有悠久历史传统的土地上生长出来的理想之花，5000多年绵延不绝的文明传承滋养、孕育和哺乳，为其提供了最为深厚的历史积淀。”[①]源远流长的中国历史和中华文明为中国梦提供了坚实的基础，也提供了源源不断的动力。

中国是一个有着5000多年文明历史的东方大国。中华民族以自己的勤劳智慧，曾经创造了在世界上领先的古代文明，对人类发展做出过重大贡献。中华民族经历过人类历史上震撼人心的强大繁荣和辉煌之梦，周秦伟业，两汉文明，大唐盛世，宋季富土，元朝拓疆，明代兴旺，康乾胜景……汉、唐、宋三大文明巅峰留下了永远的骄傲，中国梦的影响曾通过丝绸之路覆盖西域、中亚、罗马，形成宏阔联动的东方文明圈，大规模移民潮流向中国。那是中国辉煌的历史之梦。作为其载体的古代中国曾以世界上头号富强大国“独领风骚”达1500年之久。法国启蒙思想家伏尔泰就曾称赞道：“由于它是世界上最古老的民族，它在伦理道德和治国理政方面，堪称首屈一指。”[②] 古代中国的盛世有两个重要标识：一为疆域版图特别辽阔。从汉武帝始，疆域版图就已经极为辽阔。唐朝的盛世疆域版图有1000多万平方公里。元世祖忽必烈开辟的蒙古帝国，面积为1500多万平方公里。清康熙年间设立台湾府，使古代中国疆域版图最后定格为1300多万平方公里，包括台湾和南海诸岛。清朝中央政府对各地的管辖权和控制力达到了封建社会的最大值。二为对世界文明的贡献特别巨大。即使贫弱的宋朝，也曾富甲天下，它的GDP总量占据当时世界的1/3。16世纪以前，影响人类生活的重大科技发明约有300项，其中175项是中国人的发明。正是这些重大的发明和发现，使中国的农耕、纺织、冶金、手工制造技术长期处于世界先进水平。而大明帝国的梦想是四海通商。郑和七下西洋，比哥伦布早80多年，而伊斯兰世界和基督教世界，则对中国充满向往，大量移民涌向这片富庶的大地。直到18世纪末期，中国的经济规模仍然是世界上最大的，相当于刚刚过去的20世纪末期美国经济总量在世界经济总量上的比重；且对外贸易长期超出，当时西方国家中最富强的英国销往中

① 郝永平、黄相怀、田田：《历史维度中的中国梦》，载《光明日报》2013年10月15日。

② 伏尔泰：《路易十四时代》，商务印书馆1982年，第594页。

国的商品总值，尚不足以抵销中国卖给英国的茶叶一项的经济收益；全世界50万以上人口的大城市当时共有10个，中国就占了6个。

但是，当历史步入近代时，中国却落伍了。1840年鸦片战争以后，西方侵略者纷至沓来，穷凶极恶地发动一次次对华侵略战争，迫使中国腐败的封建统治者一次次妥协就范，把中国一步步推入半殖民地半封建社会的深渊。那时候，世界上几乎所有资本主义、帝国主义强国都参与了对中国的侵略和掠夺，一个个丧权辱国的不平等条约把国土分割出去，一次次战争赔款等于用本国的真金白银为侵略本国的国家支付战争费用；那时候，中国人被视为“东亚病夫”，中国土地上矗立着“华人与狗不得入内”的警示牌，外国租界享有治外法权，外国军队火烧圆明园、洗劫中国文化珍宝，外国传教士欺男霸女、鱼肉乡里……也是从那时起，救亡图存、振兴中华，就成为中国无数仁人志士追逐的梦想，他们为此进行了千辛万苦的探索和不屈不挠的抗争，但都一次次归于失败。直到中国共产党诞生，中华民族的逐梦史才发生了根本转折。中国梦，正是从沉淀了我们全民族集体记忆的历史中孕育生长的，屈辱和苦难是它的土壤，所以它才如此深沉，如此动人心魄，如此撼人心魂。

近代以来，先进中国人和中国共产党人的探索为实现“中国梦”奠定坚实基础。近代以来的先进中国人和中国共产党人都曾绘制过“中国梦”的蓝图：孙中山提出“振兴中华”、毛泽东提出“民族复兴，让人民站起来”、周恩来提出“中华崛起”、邓小平提出“着力振兴中华民族”、江泽民提出“实现中华民族的伟大复兴”。这表明，先进的中国人尤其是中国共产党人始终在为实现中华民族伟大复兴的梦想而规划和奋斗。1949年中华人民共和国宣告成立，它也宣告中华儿女完成了民族独立和人民解放的历史任务，建立了人民自己的政权，这为中国梦提供了政治保障。随后，中国人民在梦想的驱动下，相继实现国民经济的全面恢复，完成社会主义三大改造，建立社会主义制度，初步建成完备的工业体系，为中国梦奠定了坚实基础。

“文化形成犹如小溪、大河，由点滴聚会，始而涓涓，继而滔滔。中华民族早至唐尧、虞舜，无不是因为这些先贤利他、担当精神在民众中的润泽、浇灌，而逐渐形成一种族群规范与发展路向，直到西周漫长的家国、社会与人性相互磨合，才终于形成了后来孔子始终想‘复辟’的‘周礼’文化现象。”[①]“仁者爱人”，“己所不欲，勿施于人”，“君子成人之美，不成人之恶，小人反是”，“不义而富且贵，于我如浮云”，“慎终追远，民德归厚矣”，“见贤思

① 陈彦：《重新发现文化中国　中国人应实现中国人的梦》，载《人民日报》2013年9月13日。

齐”……这些价值取向，为自孔子以降的中华文化，奠定了深刻的人性基础。一个民族几千年对文化的不断选择和整合中，始终不弃不离的那些东西，一定是这个民族无论如何都不能卸载的精神辎重。中华优秀传统文化是中国梦的丰厚土壤，是流淌在每一个中华儿女生命中的文化基因，也是无法割舍的民族符号和历史记忆，它构筑了中华民族共同的文化心理和文化认同。金冲及先生在《二十世纪中国史纲》中曾经评述：“实现中华民族的伟大复兴，在整个二十世纪一直是中国无数志士仁人顽强追求的目标，一直是时代潮流中的突出主题。中国的革命也好，建设也好，改革也好，归根到底是为了实现这个目标。这可以说是贯穿二十世纪中国历史的基本线索。”[①]中国梦，正是从沉淀了民族集体记忆的历史中孕育生长出来的梦想，从历史的根脉中生长出来的中国梦，既拥有坚实的文化积淀，又拥有广阔的文化前景。

二、民族精神的彰显

民族精神就是一个民族赖以生存和发展的精神支撑。民族精神是一个民族在漫长的历史发展过程中铸造出来的，为大多数成员所认同和信守的民族品格、道德观念和价值准则的总和。相对于其他民族来说，民族精神是这个民族的自我意识和自我认可，是民族集体人格的体现，是这个民族区别于其他民族的精神特质。就实现中国梦来说，民族精神是发展的动力、崛起的支撑、挺立的基石。从这个意义上讲，中国梦提出是民族精神的彰显。

一个民族的时代精神是这个民族精神最具时代性的体现，而一个民族的民族精神只有不断与时俱进，才能在历史进步过程中引领时代的步伐。中华民族的民族精神是与时俱进的精神，是历史性和时代性的统一、继承与创新的统一。作为一个历史哲学的概念，“民族精神”是近代以来的产物。18世纪法国启蒙思想家孟德斯鸠是最早论述民族精神的学者，因为他把一个民族的精神气质与这个国家的地理、法律、宗教、文化的传统联系起来加以考察。在《论法的精神》中，孟德斯鸠说：“人类受多种事物的支配，就是：气候、宗教、法律、施政准则、先例、风俗习惯。结果就在这里形成了一种一般的精神。”[②]所谓“一般的精神”就是指反映一个民族地理、生活和文化等因素综合而成的普遍精神特质，也就是我们所说的“民族精神”。德国哲学家和诗人赫尔德关于民族精神也提出了其独到的理论。他认为，每一个民族的文化都有各自发展的权利，人类大花园中所有花卉都能和谐

① 金冲及：《二十世纪中国史纲》第4卷，社会科学文献出版社2009年，第1353页。

② 孟德斯鸠：《论法的精神》，上海三联书店2009年，第7页。

地生长，各种文化都能相互激励，他同时宣称“每一种文明都有自己独特的精神——它的民族精神。这种精神创造一切，理解一切”。[①]民族精神是构成民族文化认同和民族命运共同体的连接纽带。民族精神根源于一个民族生存的环境、生活方式、文化传统之中，这种精神来自于民族生活的特殊样态，反过来也塑造着民族的生活样态。中国精神即中国的民族精神，它在生活繁衍于东亚神州大地、山川、海洋的中华民族的历史性的活动之中孕育而来，它也不断地塑造着中华民族的生活方式、思维方式和情感表达。从东海之滨到喜马拉雅山，从北国漠河到南海三沙，中国人民有着丰富多样的生活和文化，但是正是作为民族精神的中国精神把56个民族及其所有职业的中国人连接起来。中国精神既是中华民族的魂魄，也是中华民族命运共同体的联系纽带。

中国四大发明之一——指南针

民族精神是一个民族赖以生存和发展的精神支撑。一般地说，一个民族的历史越悠久、文明越发展，民族精神就越深厚；一个国家的实力越强大、国际地位越提升，民族精神就越巩固。一个民族，没有振奋的精神和高尚的品格，不可能自立于世界民族之林。我国是一个多民族的统一国家，民族精神是由各个民族文化交流融合而成的。在5000多年的发展中，中华民族形成了以爱国主义为核心的团结统一、爱好和平、勤劳勇敢、自强不息的伟大民族精神。团结统一是民族精神的纽带。尽管不同的民族在历史上有过冲突，融合经历了一个过程，但团结统一是民族精神的主流。各族人民渴望手足之情、反对分裂行径。特别是近代以来在面临外国侵略的局势下，团结统一的民族精神更是被空前地激发出来，谱写了感天动地的

① 赫尔德：《反纯粹理性：论宗教、语言和历史文选》，商务印书馆2010年，第20页。

壮丽篇章。爱好和平是民族精神的本色。中国人民在历史上饱受战争的苦难，对和平的向往更加强烈。社会主义中国的建立，使得爱好和平成为社会主义制度的本质要求。勤劳勇敢是民族精神的品质。在中国的领土上，有广阔的土地、众多的山脉、大小的河流，为广大人民依靠劳动生产获取生活资料提供了条件，使得中华民族以吃苦耐劳著称于世。在与自然环境、社会环境、外部环境的抗争中，中国人民不畏艰险、不受凌辱的气质得到充分砥砺和增强。自强不息是民族精神的精华。“天行健，君子以自强不息。”始终保持进取精神，决不向困难挫折屈服；始终保持人的尊严，“富贵不能淫，贫贱不能移，威武不能屈”；始终保持乐观态度，“天生我材必有用，千金散尽还复来”，自强不息精神赋予中华民族蓬勃的生命力。爱国主义是民族精神的核心。团结统一、爱好和平、勤劳勇敢、自强不息精神，都会聚、凝结为爱国主义精神，成为爱国主义精神的要素；爱国主义精神贯穿于团结统一、爱好和平、勤劳勇敢、自强不息精神之中，是民族精神的一条主线。爱国主义精神表现为对祖国的深厚感情，对人民的深切热爱，对民族文化的深层认同；表现为坚决维护国家利益，尽心尽力为国贡献，甘洒热血保卫祖国；表现为共向中国梦、共圆中国梦、共享中国梦。有了这样的民族精神，实现中国梦就有了坚实的精神支撑。

中国精神是民族精神与时代精神相互融合的产物。在世界性的交往愈益普遍、频繁、深入的趋势中，中国的民族精神从人类文明中汲取优秀成分。在中国走向世界、走向现代化、走向未来的进程中，改革创新成为中国精神的主旋律，世界潮流反映在中国精神之中。民族精神决定了一个民族的精神厚度，时代精神决定了一个民族的精神高度。改革开放以来，我国丰富和发展了以改革创新为核心的解放思想、开拓进取、攻坚克难、与时俱进的时代精神。解放思想是时代精神的基石。“一个党，一个国家，一个民族，如果一切从本本出发，思想僵化，迷信盛行，那它就不能前进，它的生机就停止了，就要亡党亡国。”[①]邓小平同志振聋发聩的声音奏响了解放思想的时代精神。开拓进取是时代精神的特征。改革开放是前所未有的社会变革，只有开拓进取才能走出新路。深圳的“拓荒牛”雕塑正是改革开放、开拓进取精神的生动写照。习近平总书记强调的“改革开放只有进行时没有完成时”，表明的就是敢于啃硬骨头、敢于涉险滩的开拓进取精神。攻坚克难是时代精神的品格。社会发展节奏加快，带来社会进程的难题增多、风险加大。开拓进取就必须敢冒风险、应对风险、攻坚克难，追求成功又不

① 邓小平：《解放思想，实事求是，团结一致向前看》，见《邓小平文选》第2卷，人民出版社1993年，第144-145页。

怕失败，在失败的可能中谋求成功。与时俱进是时代精神的本性。时代快速发展、急剧变化，必须与时俱进。与时俱进就是勇于变革、勇于创新，永不僵化、永不停滞。改革创新是时代精神的核心。只有改革开放才能发展中国、发展社会主义、发展马克思主义。创新是一个民族进步的灵魂，是一个国家兴旺发达的不竭动力，也是一个政党永葆生机的源泉。解放思想、开拓进取、攻坚克难、与时俱进，都是改革创新精神的应有之义。中国梦是百年梦，更是时代梦。时代精神为中国梦的实现提供了不竭的精神动力。

三、文化理念的创新

"中国传统文化中的和合观念是中国精神的核心理念。中国古代的儒家文化和道家文化都追求天人和合，但其主张各自不同。儒家文化关注社会的治理，强调积极有为，追求由自我到天地自然的和谐，故而以人道为核心，推己及人，成己成物，尽心而知天。中华传统文化所包含的天人合一、以天合天的和谐自然观，政通人和的政治观，和为贵、和气生财的商业准则，贵和尚中的社会哲学观，亲仁爱人的人道观，协和万邦、善邻怀远的国际关系观念等都是对西方文化理念的挑战与补充，构成了'中国梦'重要的哲学基础。"[①]大体而论，中华优秀传统文化中的诸多因素值得大力张扬。诸如"天人合一""内圣外王"的精神境界，"自强不息""厚德载物"的人生态度，"己所不欲，勿施于人"的道德原则，"天下兴亡，匹夫有责"的爱国情怀，"和而不同""和实生物"的价值追求，"天下为公""大同之世"的社会理想等等，凝聚了千百年来中华民族的生活经验、生存智慧，融入了中华民族的血脉之中，包含着中华民族最强大的精神基因。在今天，构建中华民族的精神家园，只有以此为根基，才能在世界文化激荡中站稳脚跟。正所谓"不忘本来才能开辟未来，善于继承才能更好创新"，实现中华民族的伟大复兴，离不开中华优秀传统文化的精神滋养、力量支撑。

伴随中华民族的日益富强和国际影响力的日益扩大，国际上有一些人对中国梦的实现心存芥蒂和疑虑，担心中国发展强大后会对别的国家构成威胁，抛出和散布"中国威胁论"，将中国梦误解为"强权梦""扩张梦""霸权梦"等。实际上，这不仅是对中国特色社会主义坚持和平发展道路的曲解，也是对中国历史文化传统和中国人民族性格缺乏了解而产生的误读。中国梦的本质是国家富强、民族振兴、人民幸福。实现中国梦，意味着中国的经济实力和综合国力、国际地位和国际影响力大大提升，意味着中华民族

① 金元浦：《"中国梦"的文化源流与时代内涵》，载《人民论坛·学术前沿》2013年4期上。

以更加昂扬向上、文明开放的姿态屹立于世界民族之林，意味着中国人民过上更加幸福富裕安康的生活。

中国梦的理念给中国与世界的互动带来了新的维度。随着中国日益融入国际社会，中国梦和其他国家的梦想紧密地交织在一起。当今世界各国，除了经济、科技、军事力量等硬实力的比拼，文化软实力的竞争也日趋激烈，因为文化越来越成为民族凝聚力和创造力的重要源泉，越来越成为综合国力竞争的重要因素。从全球信息资源配置看，不均衡、不对等的问题极为突出。西方发达国家以20%的人口占有着全球80%的信息资源，信息话语权和发布权基本掌握在少数国家的人手里。扭转这种不对等的信息传播，除了进一步增强经济实力外，唯有通过多种途径和手段不断增强软实力，以国际认同的话语体系主动设置议题、制定我们的标准、传播我们的声音。尤其是随着移动互联网的发展，更要求我们在文化传播上与现代科技相结合，融入新的想象力与创造力，实现“弯道超车”。这种“软较量”往往润物无声、潜移默化，运巨变于无形，某种程度上比硬实力的渗透力更强，影响力更持久。一个国家能否真正成为强大的经济体，越来越取决于文化创新的力量，取决于依托文化的制度创新与科技创新的力量。能否高瞻远瞩提高文化软实力，决定着一个国家的未来。

湖北武汉黄鹤楼

中华民族优秀的传统文化是我们在世界文化激荡中站稳脚跟的根基。中华文化源远流长，积淀着中华民族最深层的精神追求，代表着中华民族独特的精神标识，为中华民族生生不息、发展壮大提供了丰厚滋养。

改革开放30多年来，文化越来越成为民族凝聚力和创造力的重要源泉，越来越成为经济社会发展的重要支撑。在中华民族伟大复兴的征程中，促进经济社会协调发展，文化复兴的号角业已吹响。振兴中国文化，从文化大国迈向文化强国，是民生的需要，更是国家长远发展的必然选择。而核心价值观是文化软实力的灵魂、文化软实力建设的重点，这是决定文化性质和方向的最深层次要素。一个国家的文化软实力，从根本上说，取决于其核心价值观的生命力、凝聚力。

实现中华民族的伟大复兴，文化不仅能够发挥巨大的精神作用，而且能够通过与经济的融合，打造丰富多彩的产品，创造巨大财富，在物质层面提供强大支撑。当今世界，文化与经济的联系正日趋密切，越来越成为经济发展的利器，在综合国力的竞争中地位和作用也更加突出。各国已把发展的目光转向了文化产业，特别是金融危机以来，文化产业更成为一些发达国家的支柱产业，占GDP的比重平均在10%以上。相较而言，我国的文化实力和竞争力还存在着不足，文化产业增加值占GDP的比重仅为3.48%，这与我国全球第二大经济体的地位和深厚的历史文化底蕴不相适应。

在全球不同地域文化不断交流、对话、博弈的背景下，一个国家的价值理念、发展道路、国民素质、国家形象等能不能在国际上有影响力，能不能赢得更多的国际认同，能不能占领世界文化高地，文化传播力在其中起着决定性的关键作用。历史上，中华民族的价值观念、制度文明和艺术文化等曾经对周边国家乃至全世界产生过强大影响力。如今，中国改革开放所取得的巨大发展成就，承载和肩负着更大的国际期待和国际责任，我们更有能力、有底气，通过提高国际传播力来展示中华文化的独特魅力、传播当代中国的正面形象，世界也需要在新的历史高度上重新了解中国。

四、文化复兴的祈愿

中国梦是文化中国之梦，文明中国之梦，是在全球重建中国形象之梦。中国梦的提出是在借鉴其他国家现代化先进模式，综合中西文化的优点，发展出的中国对世界想象的一个理念体系，走的是具有中国特色的发展道路。中国梦是对具有普世性的中华文化价值观的通俗化表述，是一种国际化地体现中国文化精神的人类共识。中国梦作为中国传统文化精神的一种历史性体现，对中国文化价值观做出了世界性的新诠释，并参与世界文化秩序的重构，寻求在全球发展中做出积极贡献。

文化中国之梦，蕴含着在经济上日益现代化的中国向世界展示自己博大浩瀚的文化精神、开放进取的文化品格、崇尚和平的文化理想的由衷愿望。作为中国形象在文化层面的投射，文化中国意味着在文化上全面传承自己优秀的民族传统文化，通过对话与交流，广采博纳世界各国文化的优秀成果，与时俱进，打造充满魅力与活力的中国形象。中国是世界历史中唯一从古至今延续下来的文明古国。中国的现代化建设，是实现中华民族伟大复兴的壮丽事业，不仅要实现经济社会的全面发展，而且要实现中华民族优秀传统文化的现代转换。无论是增强国家软实力和国际影响力，还是实现经济与文化相互促进，建设和谐社会，都需要建设一个充满活力、富于创新的文化中国的国际形象。由于文化渗透在日常生活的每一个细节，具有强大的渗透力，一个被世界各国所广泛接受和认可的文化中国，将会展示中国国际形象的最具体、最亲切可感的一面。文化中国也意味着中华传统文化的丰富性、独特性在21世纪的新生，意味着中国文化对人类文化的不断展开的创造性开拓。

历史上形成过以中国文化为核心的“儒家文化圈”和以中国为中心的东亚“朝贡体系”。这一方面与古代中国高度发达的物质文明有关，另一方面更在于中国的文化及生活方式等对周边民族和国家具有强烈的吸引力和辐射力。在文化的多样性和文化间的对话交往成为人类普遍价值体系的今天，一个新的“文化中国”应该是一个统一的，但同时又充满魅力的多元文化竞相发展的中国，是一个热爱和平、尊重人类所有文化价值的中国。一个热爱和平，富于创新，豁达、开放、理性的文化中国必将赢得国际社会的广泛信赖与尊重，也必将早日实现和平崛起的民族理想。

甘肃积石山县三坪村出土的彩陶王

面对新环境、站在新起点，中国的“文化复兴”显得尤为必要。经济实力的显著提高为“文化复兴”提供基础。经历了30多年改革开放的中国，经济蓬勃发展，一方面，人们生活改善，精神文化需求随之增长，另一方面，经济发展过程促进了许多新知识、新技能、新法规、新制度的形成，丰富的经济生活提供了广泛的文化素材。概言之，强大的经济基础成为中国“文化复兴”的重要前提和动力。信息技术的高速发展为“文化复兴”提供平台。手机和互联网的普及大大改变了人们的生活方式,观念交流变得十分快捷和畅通,公众文化空间不断扩大,人们随时随地创造着、接受着、传播着各种文化。中国目前已拥有近13亿的手机用户和超6亿的网民,“文化复兴”在信息时代能达到更广泛、更深入、更迅速的效果。人文资源的丰富厚重为“文化复兴”提供支撑。历史悠久的中国拥有灿若星河的文化名人名作,其中蕴含着无数具有深刻启示意义的思想精华,且随着文化交流,中国优秀文化在外国社会深受推崇。中国更要通过“文化复兴”,在弘扬优秀传统文化的基础上吸纳全人类先进文明,重树文化自信、铸造文化品牌。社会环境的多元开放需要“文化复兴”提供精神支柱。处于经济社会转型阶段的中国呈现多元开放特性,以经济关系的变革、民主法治的推进、社会阶层的分化、人口流动的频繁、思想观念的差异、利益诉求的觉醒等作为表征。人们在面对这种复杂环境的过程中往往感到无所适从、迷茫彷徨。强化精神家园的归属感和理想信仰的坚定性成为普遍渴求,也是“文化复兴”的关键作用。

“文化的力量在根本上是精神力量,是影响一个国家和民族发展的长期性、基础性、战略性要素。”[①]中华文化繁荣兴盛,根本上是对中国精神的塑造和张扬。一是强大的情感凝聚和价值认同。每个人都为我们国家的悠久历史、灿烂文明、辉煌成就而骄傲,为自己是中华民族大家庭的一员而自豪,自觉为实现中国梦的理想而努力奋斗,坚定不移地维护国家的核心利益和共同利益。二是强劲的进取精神和创造活力。实现民族伟大复兴中国梦,中华文化锐意进取、改革创新的精神品格将会绽放得更加充分,全社会的创新精神充分迸发、创造活力充分涌流。三是发达的文明程度和良好的社会风尚。复兴之时的中国,将是一个文明程度和道德水平更高的国家,将是国民思想道德素质和科学文化素质更高的国家。人民具有较高的科学文化素质,尊重知识、尊重科学蔚然成风,社会思想解放,民智大开;具有较高的思想道德水平,形成知荣辱、讲正气、作奉献、促和谐的良好社会风尚。四是引领时代、影响世界的先进思想。坚持科学精神,发扬中华优秀传统文化,广泛吸纳、融汇其他国家和民族文化的精华,创造出一批划时代的文化作品和产品,才能在全世界范围产生广泛影响。

① 叶文成、王玉斌、康福升等:《中国梦的文化图景》,载《光明日报》2013年11月25日。

第二章　中国梦的历史积淀

第一节　中国梦的历史追溯

中华文化是世界上最古老且持续时间最长的文明形态，它源远流长，又经过多样民族文化相互吸收、交融，形成了具有独特内涵和价值的文化整体，它推崇自强不息、厚德载物，同时倡导天下为公、追求天下大同，为中华民族伟大复兴中国梦的建构提供了丰富养料，使中国梦与中华优秀传统文化血脉相连。

2012年11月29日，习近平在参观《复兴之路》展览时指出："实现中华民族伟大复兴，就是中华民族近代以来最伟大的梦想。"这个复兴梦想，深植于中华几千年悠久的历史文明的土壤里，历经沧桑，"把我国56个民族、13亿多人紧紧凝聚在一起的，是我们共同经历的非凡奋斗，是我们共同创造的美好家园，是我们共同培育的民族精神，而贯穿其中的、更重要的是我们共同坚守的理想信念"。"实现中华民族伟大复兴的中国梦，就是要实现国家富强、民族振兴、人民幸福，既深深体现了今天中国人的理想，也深深反映了我们先人们不懈追求进步的光荣传统。"

习近平对中国梦的以上阐述，说明了中华民族的伟大复兴梦的历史传承，体现出中华文明对中国梦所做出的历史贡献。回望博大精深的中华文明，复兴梦想始终承载着中华先民追求进步、自强不息的民族特质和以爱国主义为核心的伟大民族精神。他们在安治与乱世、兴盛和衰落间辗转跋涉、上下求索，奋斗历程一以贯之，经久不衰，铸就了诸如"文景之治""贞观之治""康乾盛世"等辉煌迭起的盛世奇观，在思想文化、典章制度、民族政策、综合国力等方面的探索和成就，无疑使中国梦拥有了最厚重的历史积淀。

一、上古时期的圣贤梦

早在夏商周时期，由于阶级的形成，统治者将终身制与世袭制归为天命，想统治万年，形成“溥天之下莫非王土，率土之滨莫非王臣”[①]的极端统治局面，以致造成暴政。春秋战国时期，社会结构急遽变化，社会矛盾异常尖锐，兼并战争接连不断。因此，寻求、探索一种治世方法成为当时最为迫切的政治需求，社会各个阶层对社会变革提出了自己的看法和主张，一大批如老庄、孔孟、韩荀等圣贤能士，出现在历史的星空里，璀璨夺目。他们思辨、理性，焕发出崇高的人性光芒。他们在华夏大地形成了诸子百家彼此诘难、相互争鸣的文化格局，思想和学术空前活跃，开启了寻求“治国平天下”的梦想之路，为中华古代文明和文化书写了浓墨重彩的篇章。

1.老庄的小国寡民与无为而治

战国时期，社会动荡，列国争雄称霸，针对“人多利器，国家滋昏。人多伎巧，奇物滋起。法令滋彰，盗贼多有”[②]的社会弊端，老子提出了顺应民意的“人法地，地法天，天法道，道法自然”[③]思想主张，从“为道”的层面向后世展示了一幅淳朴简单、没有束缚、和谐自然的社会蓝图：“小国寡民……甘其食，美其服，安其居，乐其俗。邻国相望，鸡犬之声相闻，民至老死，不相往来。”[④]

庄子进一步阐发了“无为说”，他在《天道》里讲道：“夫帝王之德以天地为宗，以道德为主，以无为为常。无为也，则用天下而有余；有为也，则为天下用而不足。”无为，既是君主之德，又为治世之术。顺应自然，顺应民意，才能治世。

“小国寡民”和“无为说”反映出老庄重和平、崇自由的社会理想和“遵道循道”的宇宙观念，它不是遁世，而是基于对社会发展的忧患意识和文明进程中的弊端的深刻思索，提出的“以退为进，以守为攻”[⑤]的国家治理模式，这种治世模式为后世提供了借鉴和启示，“文景之治”即为其中一个典型的例子。当我们联系现代工业化进程中出现的人与自然等许多矛盾和问题时，回头重新审视“为无为，则无不治”思想主张，重新认识这种宇宙观、道德观和治国管理模式，都会发现其中包蕴的治国哲理与人生智慧，从而有利于我们理智面对各种社会纷争、环境污染、生存危机等问题和矛盾，并挖掘出造成这些问题的深层根源，遵循“道法自然”，抱朴守真，崇俭抑奢，“更加自觉地推动绿色发展、循环发展、低碳发展，把生态文明建设融入

①《诗经·小雅·北山》。

②《道德经·以正治国》。

③《道德经》第二十五章。

④《道德经·小国寡民》。

⑤ 陈亮：《酌古论一·先主》。

经济建设、政治建设、文化建设、社会建设各方面和全过程，形成节约资源、保护环境的空间格局、产业结构、生产方式、生活方式，为子孙后代留下天蓝、地绿、水清的生产生活环境。这是实现中华民族伟大复兴的中国梦的重要内容”。[①]

2.孔孟以民为本的“仁政”梦

春秋战国时期，群雄争霸，社会动荡，“天下为公”的时代一去不返。孔子不忍礼崩乐坏，他在对国家与社会治理的探索中总结夏商西周的兴亡经验，盛赞夏商周三代的王道之治，主张克己复礼，以德治国，他说：“大道之行也，与三代之英，丘未之逮也，而有志焉。”[②]他特别强调“礼”的传承，说道：“今大道既隐，天下为家，各亲其亲，各子其子，货力为己；大人世及以为礼，城郭沟池以为固，礼仪以为纪，以正君臣，以笃父子，以睦兄弟，以和夫妇，以设制度，以立田里，以贤勇智，以功为己，故谋用是作，而兵由此起。禹、汤、文、武、成王周公，由此其选也。此六君子者，未有不谨于礼者也。以著其义，以考其信，著有过，刑仁讲让，示民以常，如有不由此者，在执者去，众以为殃。是谓小康。”[③]

孔子一生都是在“天下为家”的前提下，为实现小康社会而奔走劳力。他提出中庸之道，反对暴政，积极倡导以爱民之心施以仁政，使民富国强，使社会文明、人民和谐；主张“有教无类”的教育宗旨，教化那些自诩为君子却德行欠佳的君主诸侯弃恶从善，教育他们为政以德，以人民为本，以礼仪为纪、仁义为纲，以实现其治国平天下的宏伟远大理想。

孟子在孔子仁政的基础上进一步阐述仁政：“为天下得人者谓之仁”[④]和“惟仁者宜在高位。不仁而在高位，是播其恶于众也”[⑤]。继孔子之后，他还认识到民众的巨大力量，认为国之兴衰取决于民心向背，从而得出对君臣关系的独特见解：“民为贵，社稷次之，君为轻。是故得乎丘民为天子。”[⑥]孟子认为这种君臣关系以互相尊重为基础，虽然地位有高下，但人格是平等的，这在当时七国交相争霸、君权日益膨胀的时代，具有一定民主意义。孟子主张性善说，肯定人生价值，鼓励人们追求完满的人生境界，带有强烈的理想主义色彩，确立了儒家特有的价值取向，而这也是孟子仁政主张的理论依据。

① 习近平：《致生态文明贵阳国际论坛2013年年会的贺信》，载《检察日报》2013年7月18日。

②《礼记·礼运》。

③《礼记·礼运》。

④《孟子·滕文公上》。

⑤《孟子·离娄上》。

⑥《孟子·尽心下》。

孔孟儒家学说中一以贯之的以人为本、以德为体、以和为贵思想和以“仁、义、礼、智、信”为核心的道德价值观，迭经两千多年的历史发展，构成中华文化的基本精神价值，对中国社会生活的方方面面均有深远影响，成为长期以来一直维系中华民族精神团结的重要纽带。不仅成为后世统治者文化思想领域的有力支撑，也为中国梦所认同的中国特色社会主义核心价值体系提供了重要的思想来源。

3.墨子的“兼爱”与“非攻”

春秋战国时期，战乱频繁，兵连祸接，生为贱民的墨子，深切感受到百姓的苦楚，渴望社会和平与稳定。所以他提出“兼相爱，交相利”[①]的学说，后成为墨家学说的核心，其宗旨为“兴天下之利，除天下之害”[②]，具有功利主义色彩。“兼相爱”是针对“别相恶”而言的，“别”是指损人利己，自私自利；“兼”是互相彼此的意思，即不分人我，只有用“兼”代替“别”，才能使国家的统治得以安稳，人们的衣食得以丰足。墨子也是最早的博爱主义论者，他的“兼爱”是一种平等之爱，不分国别，不分亲疏，不分等级，互爱互助，即“爱人者，人必从而爱之。利人者，人必从而利之”[③]，最终实现“万民和，国家富，财用足，百姓皆得暖衣饱食，便宁无忧”[④]的理想社会。

甲骨文见证中华古文明

①《墨子·兼爱下》。

②《墨子·兼爱下》。

③《墨子·兼爱中》。

④《墨子·天志中》。

“兼爱”主张天下人互爱互利，不要互相攻击，这就必然要主张“非攻”，反对以强凌弱、以众欺寡。两者相辅相成，互为体用。在战争问题上，墨子有强烈的是非观和善恶观，他既不赞成国家间的攻伐掠夺，也不盲从“春秋无义战”[①]的看法，他从历史与现实的结合中，对战争性质做了深刻分析，对正义之战予以支持，反对“攻伐无罪之国”[②]，对不义之战进行谴责，进而主张以积极的守御，战胜不义之战。他还提倡用和平的方法进行统一，反映了追求和平的强烈愿望，表现了鲜明的人道主义精神，成为中华民族热爱和平思想的源泉之一。

他的兼爱、非攻思想以及其中体现出的“为彼犹为己”的道德原则，不仅寄寓了墨子对于消弭战乱、实现和平、建立和谐世界的理想和美好愿望，同时对经济发展全球化趋势下国家间的政治、经济、文化、教育等领域的合作，对正确处理国家间关系，对维护和平、促进国家稳定、构建和谐社会等方面都起到了积极的作用，具有普遍的现实意义。

“百家争鸣”奠定了中国整个封建时代文化的基础，形成了中国的传统文化体系和中国思想文化兼容并包、宽容开放的特点，儒家思想就是在吸收融合各家之长的过程中形成发展起来，并成为后世中国传统文化的主流思想。可以说，它是中国历史上第一次真正的思想解放运动，对后来社会历史的发展进步，起了巨大的推动作用。诸子百家思想中的许多方面都为我们建设社会主义和谐社会、实现中华民族的伟大复兴提供了强大的精神动力。

二、追求梦想与创造辉煌

复兴梦源于人们对生活的美好憧憬，源于弘扬寄托在过往盛世的理想，它贯穿于整个中华民族的历史长河中，形成推动文明进步、社会发展的强大精神力量，有梦想，就有反思，就有创新与发展，从而不断超越历史的巅峰，创造辉煌。

1.商鞅变法与秦朝统一

公元前356年之前，秦国整体落后于其他几个诸侯国，为图强求富，发展经济，秦孝公任用法家代表人物商鞅，敢于“治世不一道，使国不法古”[③]，发动了一场前无古人的政治改革。主要从制度变革发起，前后两次变法都实行法家的“霸道”，获得了巨大成功。商鞅变法的核心思想是“一断于

①《孟子·尽心下》。

②《墨子·非攻下》。

③《商君书·更法第一》。

法”[①]，即一切依据法律来做判断。首先颁布法律，制定连坐法，轻罪用重刑。将李悝《法经》颁布实行，增加了连坐法。这一法令的颁布，体现了严刑酷法的“霸道”思想，同时要求国家官吏学法、明法，突出“法治”，从根本上否定了“人治”，秦国的法治时代由此开始。其次，奖励军功，建立二十等军功爵制。爵位越高，相应的政治、经济特权越大。宗室、贵戚凡是没有军功的，不得列入宗室的属籍，不能享受贵族特权甚至取消其贵族身份。这一法令激发了秦人的斗志，为日后秦统一六国做足了军事准备。最后，在国家的强制下重农抑商，奖励耕织，特别奖励垦荒。以生产粮食布帛来衡量是否免除其徭役，刺激了农业手工业的发展，为经济发展创造了条件。

公元前350年，商鞅开始实施第二次变法。废井田，开阡陌，鼓励拓荒，允许土地买卖，增加了土地面积和农业生产，为中央集权经济的发展铺平了道路；“平斗桶、权衡、丈尺”[②]，统一度量衡，全国上下开始有了标准的度量准则，方便了税收和交换；建立县治，加强中央集权；欲图天下，迁都咸阳，便于秦国向东发展。

变法充分体现了冲决传统力量束缚的勇敢决绝的精神。实际上，从秦孝公到始皇帝，都在不断谋求新的政治体制、新的政治策略。秦国在商鞅变法的短短十年里，形成“道不拾遗，山无盗贼，家给人足”[③]的和谐局面，秦人皆“勇于公战而怯于私斗”[④]，“闻战则喜”，“乡邑大治”。

通过商鞅变法，秦国废除了旧的制度，经济迅速发展，国力壮大，实现了富国强兵。为秦国“据崤函之固，拥雍州之地，君臣固守而窥周室。有席卷天下，包举宇内，囊括四海之志，并吞八荒之心”[⑤]的一统梦奠定了军事、政治、经济基础，推动着中国社会的发展进步。所以，任何梦想的实现，都离不开改革的保障。离开改革，就是空谈梦想。虽然改革之路不会一帆风顺，但是顺应历史潮流的改革，一定是增强国家实力，提升国家地位的有效途径。正如习近平强调的“过去的成就获益于改革，未来的梦想更须寄托于改革。公民的合法财产权利和自由迁徙权利等经济和政治方面的基本权益，是人们实现梦想的基础，这些都需要通过改革才能合理归位，并得到切实保障。”[⑥]

公元前211年，“及至秦王，积六世之余烈，振长策而御宇内。吞二周

---

①《史记·太史公自序》。

②《史记·商君列传》。

③《史记·商君列传》。

④《史记·商君列传》。

⑤《史记·秦始皇本纪》。

⑥ 中共鄂州市委党校：《“中国梦”就是改革梦》，载《中国青年报》2013年2月18日。

而亡诸侯,履至尊而制六合,执棰拊以鞭笞天下。威振四海,南取百越之地……北筑长城而守藩篱,却匈奴七百余里,胡人不敢南下而牧马,士不敢弯弓而报怨”[①],一统天下,建立了中国历史上第一个统一的封建强国,嬴政为始皇帝,开创了一个新的多民族中央集权帝制时代。随后在政治、军事、经济、交通、文化及对外拓展诸方面,加强了全国的统一,形成“车同轨,书同文”[②]的局面,完成了其一统中国的梦想,对后世产生了深远的影响。

虽然秦短促而亡,但其意义显著,中国奴隶制由此终结,中国版图的基本格局开始形成,为中国历史进程确定了一个政治体制范式。皇帝制度、官僚制度、郡县制度在此后两千多年长期延续下来,它整合创立的中华文明形态,一直保持并影响着后世。法家理论指导下的秦政,因其追求法制建设的严谨和完善、讲求行政效率的特点,在以后的政治实践中依然得以延续。法家提出的“不别亲疏,不殊贵贱,一断于法”[③]的主张,体现了法律的公平性和权威性,表达了对明主之国,至治之国,至安之世的憧憬和理想。

2.“文景之治”与“儒术”的兴起

西汉初期,百废待兴,汉高祖吸取秦亡的历史教训,着力于恢复农业生产,减轻农民的徭役和劳役等负担,稳定封建统治秩序,收到了显著的成效。文帝时期,提倡节俭,重视“以德化民”,社会比较安定,经济得到发展。景帝即位后,又在这一基础上进一步采取了轻徭薄赋,与民休息的措施,迎来了封建社会第一个被人称道的治世,史称“文景之治”。

“文景之治”的取得,最关键的在于统治者实行的重农贵粟、以农为本的政策。为了保证农民的收入,吸引农民重视农业生产,实行晁错提出的“入粟拜爵”政策,即对能够提供粮食者实行奖励,鼓励有钱人家购买农民的粮食,捐献给国家。汉文帝在位时,贾谊谏言重视农耕,他说:“今驱民而归之农,皆著于本,使天下各食其力,末技游食之民转而缘南亩,则畜积足而人乐其所矣,可以为富安天下。”[④]这些政策的实行,取得了明显成效:国家的储粮增加,农耕经济空前发展。此外,实行轻徭薄赋、与民休息的安民政策。减田租,轻徭役,即收田租之半,后来又宣布天下田租全免,到景帝时才恢复三十税一;对周边敌对国家也不轻易出兵,维持和平,以免耗损国力。安民的同时,统治者厉行节约,紧缩开支。《汉书》卷二四上《食货志

① 《史记·秦始皇本纪》。
② 《史记·秦始皇本纪》。
③ 《史记·太史公自序》。
④ 贾谊:《论积贮疏》。

上》说："文帝即位，躬修俭节，以安百姓。"文帝在位期间，宫室苑囿，车骑服御，都无增加，还经常撤销旧有的苑圃，将土地赐予贫民。要求宫室内衣不曳地，帐不文绣，更下诏禁止郡国贡献奇珍异物。因此，国家的开支有所节制，贵族官僚不敢奢侈无度，从而减轻了人民的负担，即为休养生息，对于当时经济的恢复和发展，有重要的意义。

"文景之治"是鉴于秦亡于政所做的积极有为的调整，是在汉朝统一的王权下，统治者顺应历史发展，实施较为开明的政治，采取与时代相应的相关政策，促进了政治的进步和经济的繁荣，整个社会出现了君臣和谐、人民富足、百姓安居乐业的和谐局面，出现了中国历史上有名的空前盛世，为汉武帝的大一统奠定了政治和物质条件。"文景之治"的和谐盛世对我们当今社会的转型及和谐社会和小康社会的构建也具有借鉴和参考意义。习近平在2013年3月17日的第十二届全国人民代表大会第一次会议上的讲话中指出："实现全面建成小康社会、建成富强民主文明和谐的社会主义现代化国家的奋斗目标，实现中华民族伟大复兴的中国梦，就是要实现国家富强、民族振兴、人民幸福，既深深体现了今天中国人的理想，也深深反映了我们先人们不懈追求进步的光荣传统。"

"文景之治"中"修己以安百姓"[①]与"与民休息"[②]的国策，体现了儒家的"仁政"思想，说明儒学思想与治世的紧密相连，在以后中国的社会变迁和发展中起到了重要作用。汉武帝的"罢黜百家，独尊儒术"，使儒家思想开始成为中国文化的主导思想。

汉武帝执政后，为了进一步强化专制中央集权制度，实现思想上的统一，接受了儒学博士董仲舒"罢黜百家，独尊儒术"的主张，将当时不在"六艺"和孔子之术中的各家学说全部排除在官学之外，提拔儒生公孙弘为丞相，大批招揽选拔儒生，让其中的能士担任要职等。此后，大批官吏皆出自儒生，儒学兴起，成为此后封建王朝的正统思想。董仲舒主张的"天不变，道亦不变"和"三纲五常""性三品说"等思想，为后世统治者所效法。

"罢黜百家，独尊儒术"使汉武帝完成了在思想上的大一统，极大地促进了国家政治、思想的统一和民族的融合，使得中国版图在此后两千多年的历史变迁中，依然保持着秦皇汉武时的基本样貌。这种思想上的大一统，也成为加强中华民族的民族凝聚力和民族认同感的基础，在实现中华民族伟大复兴的中国梦的历史进程中，儒学提倡的"仁爱""仁本法用"的民本思想一以贯之，体现在社会主义核心价值观里，就是富强、文明、和谐、公

①《论语·宪问》。

②《论语·卫灵公》。

正、爱国、敬业、诚信、友善、平等、公正、法治，它在推动我们的民主政治、提升道德人文素质、促进社会良性竞争等方面都将起到积极作用。同时，我们还要将儒家文化中体现的务实、刚健与自强不息的精神和中国历代优秀文人志士倡导的爱国主义传统相结合，树立正确的世界观、人生观、价值观，培养崇高的价值追求，自强奋进，推动和实现中华民族伟大复兴的中国梦。

3.以“和”为贵的盛世唐朝

中国封建社会，以唐朝为极盛。而唐朝最有光彩的时期则为唐太宗李世民统治之下的贞观年间。唐初，民生凋敝，经济萧条，加之内外强敌众多，唐太宗君臣以尧舜之世作为自己时代的政治理想和治国指导思想，并落实为具体的治国方略和施政措施，出现中国历史上的又一个“治世”。从此，唐帝国崛起，成为当时世界上最文明强盛的国家，它以海纳百川的胸襟和眼界，吸纳不同民族的文化，与世界各国进行贸易和友好往来，国威远播，出现“九天阊阖开宫殿，万国衣冠拜冕旒”[①]的繁盛与辉煌，展示了中华民族强大的生命力，强有力地支撑着我们复兴中国梦的自信。

唐帝国的强盛，源于“贞观之治”中统治者采取王道德政、“以和为贵”的治国策略，造就了君民和、君臣和、华夷和、文化和的和谐统一局面，确定了唐朝文化海纳百川、兼容并蓄的基调。其中唐统治者在民族关系和文化方面的策略及取得的成就，最能体现唐朝的开明、开放与包容。

唐朝的民族政策的开明，堪称中国历代之冠。唐太宗一方面遵循“防边必以武威”[②]的原则，击败匈奴等外族的侵扰，使“四夷威服”。另一方面又遵循“抚九族以仁”[③]的原则，采取怀柔和安抚政策，平等对待少数民族。例如，他将近十万户突厥族迁入中原，安置于内地肥沃农耕地带，其中有一万家定居在长安。同时许给少数民族将领高官厚禄，由于他们享受到了平等待遇，所以无不感恩戴德，尊称唐太宗为“天可汗”。除此之外，实行和亲政策，耳熟能详的当属文成公主与松赞干布的和亲，后来又把弘化公主嫁给吐谷浑诺曷钵可汗，使少数民族与唐帝国的关系更加亲近紧密。这些政策有利于消除民族隔阂，促进民族融合，维护政治稳定，所以唐太宗去世时，“四夷之人入仕于朝及朝贡者数百人，闻丧皆恸哭，剪发、剺面、割耳，流血洒地。阿史那社尔、契苾何力请杀身殉葬，上遣人谕以帝不允，蛮夷君

①王维:《和贾至舍人早朝大明宫之作》。

②《全唐文·金镜》。

③《全唐文·金镜》。

长为先帝所擒服者颉利等十四人,皆琢石为其像,刻名列于北马门内”。[①]褚遂良感慨地总结,太宗“以仁恩结庶类,以信义抚戎夷,莫不欣然”[②]。正是这样开明、毫无歧视的民族政策,使唐帝国成为疆土广阔、民族众多、强盛富足的东方帝国。

洛阳龙门石窟

经济的繁荣、国力的强盛与开明、包容的民族关系使得唐文化成为中华民族文明史上最灿烂辉煌的篇章。在思想意识形态领域,儒、释、道三教并存,相互吸收融合,形成开放的文化氛围;在文化政策上,完善科举制度,崇文重才,有力地促进了唐代教育的发展,各地兴办学校,私学及书院兴起,大量儒生从科举考试中脱颖而出。同时,这种文化政策的实行和宽松的文化氛围,激发了唐代士人昂扬向上、积极进取的时代精神,他们积极探索创作的多样性,最终促成了唐文化的全面繁荣:唐诗的创作与成就空前绝后,达到古典文学的顶峰;文体革新成绩斐然;唐传奇与小说的创作风行,另外在书法绘画、音乐舞蹈等方面,都取得了举世瞩目的成就。

中华民族的伟大复兴必然伴随着中华文化的繁荣兴盛,建设社会主义文化强国是实现中国梦应有的内涵与目标追求,因为没有文化的积极引领,没有人民精神世界的极大丰富,没有全民族精神力量的充分发挥,一个国家、一个民族不可能屹立于世界民族之林。

4.宋代的商业文明和忧患意识

谈及宋代,余秋雨说:“一提它的文明生态,它完全改变了形象,立即成了一个繁荣富庶、高雅精致、开明的时代,稳坐在中国历史的高位上蔼然微笑。”[③]它在制度方面的独到建树,在物质文明、精神文明方面的突出成就,对人类文明发展的贡献与牵动,使其无愧为历史上文明昌盛的辉煌阶段。

①《资治通鉴》第199卷。

②《资治通鉴·唐纪十三》。

③ 余秋雨:《寻觅中华》,华夏出版社2008年,第266页。

“华夏民族之文化,历数千载之演进,造极于赵宋之世”[①]。

宋代是中国历史上唯一“不抑商”的朝代,由于农业和手工业的高度发展,水陆交通的便捷,统一的货币制度,铸钱量的增加及纸币的创设与发行,坊市制度破坏后带来的沿街开店,营业时间的不受限制,统一的商税制度,以及与辽、金、夏的“榷场”贸易和兴盛的海外贸易,为商业的兴盛提供了坚实的物质基础和有利的发展条件,促使宋代大小城市及乡村镇市的商业空前繁荣,首次出现了主要以商业为中心的大城市。如泉州一样的城市,人口超过二十万的有六个。十万户以上的城市数量由唐朝的十几个增加到了四十六个。北宋首都汴梁和南宋首都临安的人口都超过了百万。京都汴梁(今河南开封)的繁华富庶尽收于《清明上河图》里:“走卒类士服,农夫蹑丝履”[②],人民生活比汉唐时代更加富庶,甚至宋朝首都汴梁的居民已全部用煤而不是用木材生火做饭取暖了。富庶安逸的生活,加上新兴的市民阶层的诞生,刺激了宋人浓烈的消费意识,促进了茶坊、酒市、瓦肆等商业样式的出现和繁荣发展。大约在崇宁年间,不同规模的“瓦子”已经遍布汴梁城内,人们可以在其中观看杂耍、听令曲、吃饭、买东西、赏字画等,无论风雨寒暑,天天如此。汴梁城夜市的买卖可至凌晨,古人的诗词“酒垆博塞杂歌呼,夜夜长如正月半”[③]、“蓦然回首,那人却在灯火阑珊处”[④]也印证了宋代京都夜生活的丰富多彩。

宋代社会生活图景

① 陈寅恪:《陈寅恪文集》第2卷,上海古籍出版社1980年,第245页。

② 司马光:《训俭示康》。

③ 范成大:《灯市行》。

④ 辛弃疾:《青玉案·元夕》。

尽管宋代经济繁荣，人民生活富足，但由于“重文轻武”造成的政治和军事上的孱弱，长期遭到北方辽和西夏的欺凌，后又被金驱逐，屈辱南渡，最后被蒙古所灭。所以深沉的忧患意识和高扬的爱国主义精神成为宋代文学的主题，文人们感愤国势衰微与外族侵扰，以诗文表达自己对国家命运的担忧和报国壮志，如苏舜钦的《庆州败》，黄庭坚的《送范德孺知庆州》，范仲淹的《岳阳楼记》等，即使在当时婉约词当道的文坛，也出现了苏轼的“会挽雕弓如满月，西北望，射天狼”(《江城子·密州出猎》)和贺铸的“不请长缨，系取天骄种，剑吼西风”(《六州歌头》)的雄豪之音。最能体现这种时代精神的是陆游、辛弃疾、岳飞、文天祥等英雄志士的激昂呼声，他们的作品，把爱国主题弘扬到前所未有的高度，从而为宋代文学注入了英雄主义和阳刚之气。以陆诗、辛词为代表的南宋文学，不仅反映了当时的社会现实和人民心声，而且维护了中华民族的自信和尊严。在此后实现中华民族伟大复兴的道路上，“爱国主义始终是激昂的主旋律，始终是激励我国各族人民自强不息的强大力量”[①]。所以，“实现中国梦，必须弘扬中国精神。用以爱国主义为核心的民族精神和以改革创新为核心的时代精神振奋起全民族的‘精气神’”[②]。

5.明代“德化”“柔远”的和平外交

在中外关系史和海外贸易史上，明代是一个非常典型的朝代，它有着不同于以往的朝贡体制和贸易体制，因而也衍生出了不同于以往朝代的对外贸易管理机构。明朝处于中国封建社会的晚期，此时的中外交往出现了空前繁荣的局面。明太祖朱元璋立国之后，以恢复华夏“正统”为己任，认为和平的内外环境是明王朝得以存在和发展的重要保证，从而制定了睦邻友好的外交政策和“厚往薄来”的外贸政策，修复与周边国家的关系。于是，大量的外交使节奉命出使，他们跋山涉水、受尽磨难，展示了中华民族的高超智慧和非凡勇气，体现了中华民族勇于开拓、自强不息的民族精神，为明朝外交的盛况做出了巨大的贡献。如五次出使西域的陈诚，永乐时期多次下西洋的郑和等，他们走出国门，加强了明朝同世界各国在经济政治上的往来，是世界早期全球化的尝试，对人类文明的发展和交流做出了不可磨灭的贡献。

为了播扬国威，怀柔海外诸邦，加强文化交流，扩大国际影响，明成祖提出“共享太平之福”的和平理念，明成祖朱棣先后派郑和七次出使西洋，

---

① 习近平：《在欧美同学会成立100周年庆祝大会上的讲话》，载《人民日报》2013年10月22日。

② 习近平：《在接受拉美三国媒体联合采访时的答问》，载《人民日报》2013年1月30日。

到他国进行友好访问。郑和远航历时28年，辗转十万余里，足迹遍及亚非30多个国家和地区，从此让中华礼乐文明流播四方。公元1405年，郑和怀着德化柔远的理想，率数万人，船舶百余艘，开始了踏上实现“共享太平之福”理想的征程。吴晗先生说：“其规模之大，人数之多，范围之广，那是历史上所未有的，就是明朝以后也没有。这样大规模的航海，在当时世界历史上也没有过。”船队所到之处，大行赏赐，给予当地人民呵护与关照，一路传播中国古代的先进文明。比之西方暴力扩展的发展模式，郑和开创了和平外交的先例，作为世界最强大国家的和平使者，在长达28年的航海历程中，他始终坚持顺应天道、和睦相处、不欺寡凌弱的原则，实现着“共享太平之福”的理想，这也正与中华民族长期以来“不违农时，四时安平，不冀攻掠，稳守家园”[①]的农耕文明相关相契，体现了儒家“四海之内皆兄弟”[②]、“远人不服，则修文德以来之。既来之，则安之”[③]的“仁”“德”思想。正如北京大学教授何芳川先生所说，自从有人类文明以来，文明之间就有交流交汇。在整个文明的交流与交汇史上，唯有以郑和远航为代表的中华民族对外交往最文明。因为，它最和平。

郑和下西洋

期望和平，走和平发展之路，是中华民族一直以来探索和追求的目标，也是实现中国梦的必由之路，习近平指出：“我们将始终不渝走和平发展道路，始终不渝奉行互利共赢的开放战略，不仅致力于中国自身发展，也强调对世界的责任和贡献；不仅造福中国人民，而且造福世界人民。实现中国梦给世界带来的是和平，不是动荡；是机遇，不是威胁。”[④]

6.“康乾盛世”与清朝吏治建设

明末，政局动荡，农民起义频发，1644年李自成建国大顺，最后攻克北京，崇祯帝在煤山自缢，明朝结束。清军入关后，统治者以明亡为戒，几代君主励精图治，最终将清朝推向封建社会发展的又一个盛世——“康乾盛世”，在此期间疆域辽阔，社会稳定，经

①《孟子·梁惠王上》。

②《论语·颜渊》。

③《论语·季氏》。

④ 习近平：《借鉴历史上优秀廉政文化　不断提高拒腐防变能力》，载《新华每日电讯》2013年4月21日。

济快速发展，人口增长迅速，学校兴盛，文学艺术进入鼎盛时期。“康乾盛世”持续时间长达115年，是中国历史上时间最长的一个盛世，是清朝统治的最高峰。

“康乾盛世”的出现是明末清初社会历史发展的结果，是清统治者实行正确的治国方策的结果，具有其历史进步性，但因为制度的僵化，闭关锁国政策的实行，绵延百年、大肆蔓延的文字狱，以人民为“奴”的思想意识禁锢等等都是对大清盛世莫大的讽刺，这一局面也注定无法长久。鼎盛之后必然衰落，无法解决的社会固有的矛盾，使盛世在“夕阳残照”里无可挽回地走向终结。

“康乾盛世”的出现，除了大一统的民族政策、重视农耕、发展教育和培养人才之外，最关键的当属对吏治的整顿和建设。康熙认识到吏治与国家稳定兴衰的关系，他认为吏治不清，是民之大害。他遵循奖廉用贤、惩贪安民的思想，决定全面整顿吏治。首先从中央开始，对各院部官吏进行整顿，罢免贪官的同时任用清廉有为的人，政治开始走向清明。在用人政策上，康熙认为天下治国之道，重在用人，所以唯才是举，任用贤能，清初社会矛盾复杂，官吏贪污腐败问题严重，所以康熙把廉洁作为考察和奖励官吏的首要标准，在奖励廉洁的同时，重惩贪官。他规定，贪官与泄露军机一样都为死罪，绝不赦免。后代雍正和乾隆继续推行治贪反贪的吏治整顿，使得吏治澄清，民生走向安乐，社会稳定，呈现繁荣景象。

其实，中国的历朝历代都非常重视吏治建设，吏治的腐败与澄清，关乎国家社稷兴旺发达与存亡成败，历史进程中有朝代因为官吏的腐败导致民怨载道、社会动荡、国家倾覆，正如李商隐的感叹“历览前贤国与家，成由节俭败由奢”[①]。即便到了今天，吏治建设仍然是我们面对的重要课题，它关乎着执政党的形象，关乎着国家的长治久安，关乎着中国梦的实现与否，因此，我们要总结历史经验，更要吸取历史教训，引以为戒，始终坚持反对腐败、建设廉洁政治的鲜明立场。在复杂多变的国际环境下，“实现‘两个一百年’奋斗目标，实现中华民族伟大复兴的中国梦，必须坚持党要管党、从严治党，积极借鉴我国历史上优秀廉政文化，不断提高党的领导水平和执政水平、提高拒腐防变和抵御风险能力，确保党始终成为中国特色社会主义事业的坚强领导核心”[②]。

---

① 李商隐:《咏史》。

② 习近平:《2013年4月19日在中共中央政治局第五次集体学习中的讲话》,新华网2013年4月20日。

第二节　中国梦实现的历史选择

一、苦难记忆与上下求索

“康乾盛世”之后，清朝国力开始衰弱，但清政府仍沉湎于“天朝大国”的美梦之中。那时，英国已经完成工业革命，法国的启蒙运动也轰轰烈烈地展开，俄国也在1698年开始顺时而变，进行改革。英国认识到了清朝的封闭、保守与观念的落后，开始用军事斗争谋取经济利益。于是鸦片战争不可避免地发生了。1840年英国以区区4000的远征军打败了拥有几十万人的清朝军队，天朝大国的门户洞开，中国饱受屈辱的历史就此揭开。新兴的资本主义国家纷纷效仿英国，中国开始经受一场又一场的浩劫：中日甲午战争、八国联军侵华战争……各种不平等条约纷至沓来。从此，中华民族在半殖民地半封建的泥淖里愈陷愈深。

屈辱激励着仁人志士，他们开始了对国家出路的早期探索，开始了复兴中国梦的历史开端，林则徐、魏源放眼世界，设立译馆，翻译外文书报、律例、军事技术，先后辑有《四洲志》《华事夷言》《海国图志》等，为中国近代最早介绍西方资本主义国家的政治、军事、经济情况的书籍，对强国御侮、匡正时弊、振兴国脉之路做出探索，提出“师夷之长技以制夷”[①]的观点，主张学习西方的先进技术、改革中国军队。他们放眼世界，反省革新，自强不息，坚持着步履维艰的救亡图存与民族复兴之路。

1.洋务派的“自强求富”梦

洋务运动兴起于19世纪60年代初，以奕䜣、曾国藩、李鸿章、张之洞、左宗棠等为代表，购买和制造洋枪洋炮，借此加强海防、边防，并乘机发展本集团政治、经济、军事实力。运动的指导思想是“以中国之伦常名教为原本，辅以诸国富强之术”[②]，即“中学为体，西学为用”。洋务派把兴办近代军事工业作为运动的开端，1890年以前，在全国各地共创办了20多个军工局厂，其中规模较大的有5个：1865年曾国藩支持、李鸿章创办的上海江南制造总局，是当时国内最大的兵工厂；1865年李鸿章在南京设立金陵机器局；1866年左宗棠在福建创办福州船政局，附设有船政学堂，是当时国内最大的造船厂；1867年崇厚在天津创办天津机器局；1890年，张之洞在湖北汉阳创办湖北枪炮厂。同时，建立新式海陆军。19世纪60年代，京师和

---

① 魏源：《海国图志·序》。

② 冯桂芬：《校邠庐抗议》。

南京、上海、广州、福州等地的军队纷纷改用洋枪、洋炮，聘请外国教练。经过苦心经营，从19世纪70年代到90年代，洋务派建立起了北洋、南洋和福建水师。李鸿章的淮军、左宗棠的湘军采用洋式装备，配备了洋枪、洋炮。尤以北洋水师实力最强，其规模居世界前列，其中定远、镇远舰的购置，给日本以很大的威慑，推迟了日本向中国发动侵略战争的时间。甲午战争爆发后，北洋海军在黄海海战中重创日本海军，阻止了日本侵略军的长驱直入。因此，洋务运动中的近代军事工业，在一定程度上增强了国防力量，起到了“御侮”的作用。

江南制造总局

为了支持军用工业，洋务派又积极创办民用企业。从19世纪70年代到90年代，共创办民用企业20多个，重点是采矿、冶炼、纺织等工矿业和航运、铁路、电讯等事业。这些企业除采用官办和官商合办方式外，多数采取官督商办的方式。其中最重要的民用企业有轮船招商局、开平矿务局、天津电报局、上海机器织布局。这些企业虽然受官僚的控制，发展受到很大的限制，但基本上都是资本主义的近代企业。他们从西方引进先进技术和机器生产，实现了中国从手工业制造到机器生产的转变，成为中国现代化运动的起点。

为了培养近代工业、新军所需要的专门人才，洋务派创办了新式学堂。从19世纪60年代到90年代的30多年间，洋务派创办了新式学堂30多座。学堂主要分为三种：一为翻译学堂，如京师同文馆，主要培养翻译人才；一为工艺学堂，培养电报、铁路、矿务、西医等专门人才；一为军事学堂，如船政学堂等，培养新式海军人才。在创办新式学堂的同时，洋务派还派幼童到美国留学及官费赴欧留学生200多人。

西学的大量引进和新式学堂的建立，不仅奠定了近代教育的基础，也出现了第一批科学技术等方面的专业人才，而且也开拓了中国人的眼界，传统的思想观念得到了一定程度的改变。洋务运动把西方近代文明成果呈现在对其茫然无知的中国人面前，使人们开始耳闻目睹和亲身体会这些成果的优越之处，从而逐步澄清了对"西学"的种种误解，由一味抵拒，渐至批判地吸取。盲目自大的心态日见改变，越来越多的国人开始客观地面对现实，承认西方科技的进步，不再反对把"西学"引入中国。这一切，有利于资本主义经济的发展，也有利于社会风气的改变。

洋务运动的主观目的，虽然不是旨在把中国引向资本主义，但它引进西方资本主义的生产力，创办军事工业、民用工业，客观上冲破了中国封建主义的桎梏，间接导致资本主义生产关系的产生，推动了中国资本主义近代化的发展进程。洋务派企业为中国资本主义积累了生产经验，培养了技术力量，并且孕育了新的阶级力量，这些都在客观上对中国民族资本主义的产生和发展起了促进作用，为中国资本主义近代化开辟了道路。

2.维新派的"改良"梦

甲午战争后，洋务运动以失败告终，帝国主义仍步步进逼，虎视眈眈地准备瓜分中国。康有为在《强学会序》开篇便说："俄北瞰，英西睒，法南瞵，日东眈，处四强邻之中而为中国，岌岌哉！"时局的危艰，使得中国的有识之士认识到对于西方资本主义的学习借鉴，不能止于器物，应该深入到制度。以康有为、梁启超为代表的资产阶级维新派，将着眼点放在西方的政治制度上，并以西方近代三权分立制度为参考，以西方文化中的进化论、民权论为思想武器，试图通过在不改变现有制度的前提下进行自上而下的改良，在中国建立君主立宪政体。在光绪皇帝的主持下，掀起了一场轰轰烈烈的戊戌变法运动。但是，随着变法的逐步深化，触及守旧派的利益，在后期遭到残酷镇压，变法才经百日便以"戊戌六君子"的被害告以破产。

维新变法深入经济、教育、军事、政治及官僚制度等多个层面，因为涉及权力再分配和人事权力等问题，政治制度的变革成为变法的核心和变法成败的关键。当时，国家近代化的进程已难以阻挡，而体制臃肿、行政效率低下的清朝官制阻滞了中国社会的近代化。维新派试图通过改造这种腐朽落后的体制，建立一种新的政治制度。他们所做的努力，主要表现为以下几点。

第一，精简机构，裁减冗员。光绪皇帝为了提高行政效率，减轻财政负担，开始从中央到地方的大刀阔斧的裁减。如将詹事府等多余部门裁掉，将通政司、大理寺衙门等事务简单、有名无实的部门裁撤。在地方，裁撤合并一些重叠和无用机构,“各省同知、通判等无地方专责等管,均查明裁汰。至于各省设立的办公局所中的冗员,要求各省限一月之内裁撤尽净”。[①]

第二,设立新的机构。如在中央设立农工商局,设立铁路、矿产总局,设立全国邮政局,在上海、汉口设立商务总会,大小城镇设立商会,各省开设医学堂、官报局、官书局等。且不论这些机构在当时有没有起到实际作用,但无疑符合时代潮流和资本主义经济发展需要,对促进中国近代化和政治制度改革都具有划时代的意义。

第三,让地方拥有一定的人事权力。清朝中央吏部集中统一调配和黜陟知县以上的官吏,由于数量的庞大,对地方官吏的考察做不到全面掌握,维新派认为将权力适当地下放给地方督抚,这样,考察官员时可以听取和参考督抚的意见,尽量做到公平合理。这项针对封建专制政体的人事制度的巨大变革,成为中国人事制度近代化过程中的先声。

另外,戊戌变法期间维新派还提出修订“则例”,停止捐纳,变革官员的俸薪制度,开设大学教育,破除人才选用的等级制度,健全具有近代化国家意义上的官员退休制度等改革措施和意见设想,对于国家政治体制和制度的近代化作用巨大。

维新变法唤醒了沉睡在大国梦中的中国民众,历史上没有哪一次政治体制改革像这次变革一样全面而系统,它加速瓦解了旧有的腐朽落后的封建政治体制,加快了中国政治制度近代化的进程,具有承上启下的重要意义。

3.资产阶级的“共和梦”

维新运动失败后,清政府如一座根基已经腐朽的房屋,行将倾覆。以孙中山为代表的资产阶级革命派走上历史舞台,他们放眼世界,顺应历史发展潮流和民众的需求,大声疾呼“亟拯斯民于水火,切扶大厦之将倾”,发出了“振兴中华”的呐喊,开始了民族复兴的资产阶级革命,中华民族和中国人民为实现这个目标从此开始了不屈不挠的斗争。

1894年,孙中山到檀香山组织兴中会,提出了“驱除鞑虏,恢复中华,创立合众政府”的革命纲领,并筹划发动反清起义。1904年,他发表《中国问题的真解决》一文,指出只有推翻清朝政府的统治,“以一个新的、开明的、进步的政府来代替旧政府”,“把过时的满清君主政体改变为‘中华民国’”,才能真正解决中国问题。这表明以孙中山为首的资产阶级革命派在

① 谢俊美:《政治制度与近代中国》(增补本),上海人民出版社2000年,第246页。

踏上革命道路之时,就高举起民主革命的旗帜,并选择了以武装起义推翻清王朝统治的斗争方式。这也是中国资产阶级革命派与改良派的根本不同之处。

1905年8月20日,孙中山和黄兴、宋教仁等人在日本东京成立中国同盟会,孙中山被推选为总理,黄兴被任命为执行部庶务,实际主持会内日常工作。同盟会以《民报》为机关报,并确定了革命纲领和"民族、民生、民权"即"三民主义"的政治纲领。1912年1月1日,孙中山在南京宣誓就职,改国号为"中华民国",成立中华民国临时政府。同时,参议院颁布了中国历史上第一部具有资产阶级共和国宪法性质的法典——《中华民国临时约法》。

南京临时政府是一个资产阶级共和国性质的革命政权,制定的各项政策措施,集中代表和反映了中国民族资产阶级的愿望和利益,在相当程度上也符合广大中国人民的利益。例如,扫除种种封建弊端,保护人权;鼓励发展资本主义工商业,提倡兴办工厂、矿山、银行、垦殖事业等;宣布禁止刑讯;保护华侨,禁止贩卖华工;禁止买卖人口,废除奴婢;禁止种植和吸食鸦片等;宣布改革文化教育制度,否定忠君尊孔教育,废止小学读经,禁用清政府学部颁行的各种教科书等。

辛亥革命是一次完整意义上的资产阶级民主革命,虽然取得了巨大的成果,但仍以失败而告终。中国重新落入了黑暗的深渊。孙中山本人沉痛地说过,当时中国"政治上社会上种种黑暗腐败比前清尤盛,人民困苦日甚一日"。资产阶级革命派在中国建立一个独立、民主的资产阶级共和国的梦想破灭了。但是,它的意义重大,影响深远。

资产阶级革命派追求民族独立、民主自由和民生幸福的主张和"振兴中华"的爱国精神,适应当时世界发展潮流,符合人民群众的利益,对我们的现代化建设提供了重要参考和借鉴。其中民族平等和国家统一思想,关注民生幸福和实现国家富强的理念具有突出现实意义。

二、文化觉醒与民族解放

百年屈辱的中国近代史,也是中华民族为实现民族复兴不屈不挠的抗争史。将近百年的艰难探索,地主阶级的"求富梦",农民阶级的"天国梦",资产阶级维新派的"改良梦",资产阶级革命派的"共和梦"都相继破灭。实现梦想的道路上,他们都为中华民族独立解放和振兴梦想做出了巨大的贡献,但最终都归于失败。失败的原因除了各阶层自身的局限性,最关键的在于帝国主义和封建主义的破坏、压迫和联合镇压。所以,如何求得民族独立和人民解放，如何实现国家繁荣富强和人民共同富裕这一梦想，亟待解决的问题就是实现现代化与国家的出路的关系问题，民族的政治觉醒和各阶层的团结统一问题，人民武装革命问题和所有中国力量的团结问题。经过漫长的寻觅和探索，直到中国共产党的诞生，中华民族的伟大复兴梦才重新确立寻觅方向，并在中国共产党的带领下，开始了“建立真正的民主共和国”和实现国家繁荣富强、人民共同富裕的奋斗历程。

1.新文化运动与政治觉醒

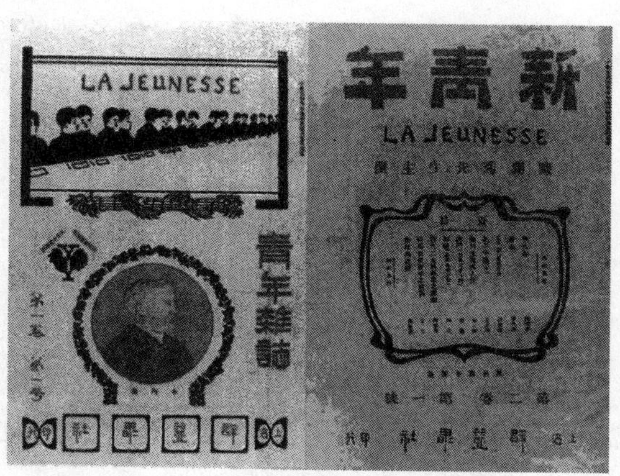

《新青年》杂志

维新运动和辛亥革命虽然启迪了民智，使民主共和的观念深入人心，但中国几千年的封建思想仍旧影响着社会的前进和发展，因此，为了唤起更广泛民众的政治自觉，急需一场思想启蒙运动。1915年，陈独秀在上海创办《青年杂志》，大量发表抨击尊孔复古的文章，标志着新文化运动的兴起。1916年9月，《青年杂志》迁往北京，并改名为《新青年》，集合了鲁迅、周作人、胡适、李大钊、钱玄同、刘半农等大批先进的知识分子，成为新文化运动的思想领导中心和文化阵地。新文化运动的基本内容是反对封建专制和伦理道德，提倡民主自由平等与个性解放；提倡科学、理性的精神；反对旧文学，提倡新文学，开展文学革命和白话文运动。陈独秀在《敬告青年》一文中，指出：“国人而欲脱蒙昧时代，羞为浅化之民也，则急起直追，当以科学与人权（民主）并重。”1917年1月，胡适发表了《文学改良刍议》，首先提出文学改良的主张，提倡以白话文代替文言文；同年2月，陈独秀发表了《文学革命论》，明确提出反对封建主义的文学，并把文学革命的内容与形式统一起来；1918年5月，鲁迅发表的白话小说《狂人日记》，对吃人的封建礼教进行了血泪控诉和无情鞭挞，奠定了新文化运动的基石，开拓了中国新文学的道路。随后鲁迅又发表了《孔乙己》《药》《阿Q正传》等一系列不朽作品，以揭示辛亥革命前后民众精神麻木的现实，唤起民众的觉醒，拯救民众的灵魂，他说：“我虽然竭力想摸索人们的灵魂，但时时有些隔膜。在将来，围在高墙里面的一切人众，该会自己觉醒，走出，都来开口的罢，而现在还少见，所以我也只依了自己的觉察，孤寂地姑且将这些写出，作为在我的眼里所经过的中国的人生。”[①]陈独秀、李大钊也在《新青年》上撰文，深刻揭露君主专制的危害，如陈独秀的《一九一六年》《吾人最后之觉悟》，李大钊的《民彝与政治》《青春》《庶民的胜利》和《布尔什维主义的胜利》等。

新文化运动打破了封建旧文化的统治地位，进一步启迪了民智，传播了西方民主、科学、自由的精神，为五四运动的爆发做了思想准备，也为社会主义思潮和马克思主义思想在中国的传播开辟了道路。五四运动以后，新文化运动实现了从旧民主主义的文化运动到以马克思主义理论为指导的新民主主义文化运动的转变，全国各地的进步报刊和进步社团，如雨后春笋，脱颖而出，这些报刊和社团的活动，更广泛地传播了马克思主义，促使了民众的政治觉醒，促进了马克思主义同中国工人运动的结合，为人民大众的彻底的反帝反封建的革命斗争奠定了思想基础。中国共产党在历史的选择中应运而生，中华民族团结一致谋求民族独立和人民解放、实现国家富强和人民幸福的梦想从此开始。

2.为实现民族独立、人民解放梦想进行的道路和理论探索

中国共产党在总结革命经验和深入探索了解中国社会实际的基础上，经过不断的实践和奋斗，形成了实现民族独立和人民解放梦想的理论和道路，最终取得了革命的胜利。

中国共产党在成立之初，虽然在思想上已经接受了马克思列宁主义，但在革命道路的选择上照搬了俄国的革命模式，也就是城市武装暴动。1927年11月，瞿秋白主持召开中共临时中央政治局扩大会议，通过了《中国现状与中国共产党的任务决议案》，错误估计了当时的革命发展形势，确定了党的总策略是组织全国总暴动。1927年12月，广州起义爆发，但又很快失败。这种照搬和套用，导致了党内出现严重的教条主义、右倾机会主义和“左倾”冒险主义，直接造成大革命和第五次反“围剿”的失败。

城市武装起义的相继失败，使中国共产党人在血与火的经验教训中认识到要取得革命的成功，必须使马克思主义与中国社会实际相结合，于是，中国革命开始走上农村包围城市、武装夺取政权的新道路。毛泽东不仅在实践中首先把革命的进攻方向指向了农村，而且从理论上阐明了武装斗争的极端重要性和农村应当成为党的工作中心的思想，他的《中国的红色政权为什么能够存在?》和《井冈山的斗争》两篇文章，科学地阐述了共产党领导的土地革命、武装斗争与根据地建设这三者之间的辩证统一关系，强调工农武装割据的思想，是共产党和割据地方的工农群众必须具备的一个重

①鲁迅:《〈阿Q正传〉序及著者自述传略》，见《鲁迅全集》第7卷，人民文学出版社2005年，第78页。

要思想，标志着中国化的马克思主义即毛泽东思想的初步形成。1935年1月，在红军第五次反“围剿”失败和长征初期严重受挫的情况下，中国共产党召开遵义会议，成为共产党第一次独立自主地运用马克思列宁主义基本原理解决自己的路线、方针、政策的会议，标志着中国革命开始自觉地走上独立的道路。

中国共产党探索民族独立、人民解放的道路也是马克思主义中国化的发展道路，也是对未来国家的不断憧憬和设想之路。中国共产党在争取民族独立和人民解放的过程中，经过学习探索，将空洞抽象的马克思主义与中国实际相结合，直到其成为中国革命和信仰的指导思想。1939年至1940年，毛泽东先后发表了《〈产党人〉发刊词》《中国革命和中国共产党》以及《新民主主义论》等著作，系统地阐述了新民主主义理论。1945年，中共七大正式提出毛泽东思想，实现了马克思主义在中国革命实践中的飞跃。新民主主义理论总结了以往革命斗争的经验，包含着对未来国家的设计、规划和想象。这种对未来社会的想象，毛泽东在《论持久战》一文中这样描述：“抗日战争的目的是驱逐日本帝国主义，建立自由平等的新中国。”1940年，他又在《新民主主义论》中明确提出：“我们共产党人，多年以来，不但为中国的政治革命和经济革命而奋斗，而且为中国的文化革命而奋斗；一切这些的目的，在于建设一个中华民族的新社会和新国家。在这个新社会和新国家中，不但有新政治、新经济，而且有新文化。这就是说，我们不但要把一个政治上受压迫、经济上受剥削的中国，变为一个政治上自由和经济上繁荣的中国，而且要把一个被旧文化统治因而愚昧落后的中国，变为一个被新文化统治因而文明先进的中国。一句话，我们要建立一个新中国。”这个新中国就是政治自由、经济繁荣、文化文明、人民幸福的“真正的民主共和国”。毛泽东对未来中国的构想和设计，对中国以后的革命和建设影响深远，意义重大。

三、对现代化梦想的探索与实践

1.新中国的建立和社会主义改造

在新民主主义理论中，毛泽东就对新中国进行过描绘和设想，也寄予了中国共产党人对新中国的美好想象，即建立一个统一富强、自由平等、幸福文明的“民主共和国”。这种设想所包含的价值追求与中国古代“天下为公”的大同世界相联系，是中华民族一直以来的梦想和奋斗目标。1949年6月，党的七届二中全会召开，毛泽东在《论人民民主专政》中指出，总结我们的经验，集中到一点，就是工人阶级（经过共产党）领导的以工农联盟为基础的人民民主专政。这个专政必须和国际革命力量团结一致。这就是我们的公式,这就是我们的主要经验,这就是我们的主要纲领。只有如此,中国才会实现农业国到工业国的转变,实现新民主主义到社会主义的转变。1949年10月1日,中华人民共和国成立,民族独立和人民解放的梦想终于实现,共产党人对新中国的想象也由此变为现实。在七届二中全会上,毛泽东就提出着力恢复和发展生产,将中国由农业国转变为工业国、建设成社会主义国家的论断。新中国成立后,中国共产党开始致力于国家富强梦,确立了新民主主义的三大经济纲领——没收封建地主阶级的土地归农民所有,没收官僚资本归国家所有,保护民族工商业。当时在华的外国资本主义企业有1300多家,中央人民政府首先废除了外国资本企业在不平等条约保护下享有的经济特权,然后通过监督和管制、收购、征购等办法,逐步清理帝国主义在华的经济势力,直至1952年年底,基本完成了清理。并在此基础上,建立起强大的国营经济,从而形成了人民共和国的物质基础,成为整个国民经济的领导和核心,为社会主义经济奠定了基础。

土地革命的完成,是新中国成立后的一项重大社会改革,为了“耕者有其田”,完成民主革命的任务,从而实现社会主义,中央废除了建立在封建社会经济基础之上的地主土地所有制。1950年中央人民政府颁布的《中华人民共和国土地改革法》指出:“废除地主阶级封建剥削的土地所有制,实行农民的土地所有制,借以解放农村生产力,发展农业生产,为新中国的工业化开辟道路。”到1952年年底,除西藏外全国农村土地改革基本完成。这是民主革命取得最后胜利的重要标志。

在我国新民主主义革命胜利和土地制度改革完成以后,中国共产党开始在全国范围内组织针对农业、资本主义工商业和手工业进行的社会主义改造。农业改造采用建立合作社的形式进行,以生产资料集体所有制为基础,实行集体劳动,按劳分配,更合理利用了土地和其他生产资料,提高了社员的积极性和劳动效率。手工业的改造贯彻自愿互利的原则,以生产小组、合作社的方式进行,随着手工业私有制生产关系的变革,生产技术逐步由手工业转变为机械化生产。对于资本主义工商业的社会主义改造是三大改造的重点,改造分为两个步骤:第一步是把资本主义转变为国家资本主义;第二步是把国家资本主义转变为社会主义。到1954年年底,主要的大型私营工业企业多数已经通过公私合营的方式转变为公私合营企业。在商业方面,则在国家掌握一切重要货源的情况下,通过使私营商业执行经销代销业务的方式向国家资本主义商业转变,1955年下半年,不少大中城市出现了资本主义工商业全行业公私合营的趋势。1956年,北京首先宣布实现全行业公私合营，接着，上海、天津、广州、武汉、西安、重庆、沈阳等大城市以及50多个中等城市相继实现全行业公私合营。在1956年的第一季度末，全国全行业公私合营的私营工业已达到99%，私营商业达到85%，对资本主义所有制的社会主义改造基本完成。

公私合营中的绸布商店挂牌

社会主义改造的完成，实现了从私有制向公有制的转变，完成了生产关系的根本变革，所有制方面的社会主义革命取得了决定性的胜利，标志着社会主义制度在中国的全面确立。经济基础的变化导致上层建筑阶级基础的转变，工人阶级摆脱了雇佣剥削，农民的个体劳动变为走集体化道路劳动模式，工农联盟更加牢固；与此同时，小资产阶级开始发生根本性的转化，知识分子成为工人阶级的一部分；民族资产阶级因此丧失了自己的经济基础，作为阶级已经不复存在。这样，作为当时我国社会主要矛盾的资产阶级与无产阶级之间的矛盾也基本解决，政权的基础由原来工人、农民、小资产阶级和民族资产阶级四个阶级的联盟变成工人、农民、知识分子和其他拥护社会主义的劳动者的联盟；人民民主专政的性质也发生了变化，人民民主专政日益巩固。从此，中国进入历史发展的新时代，由新民主主义社会进入社会主义社会。

2.社会主义现代化建设的探索与成就

一直以来，中国共产党都在努力追求和探索如何实现国家现代化。新中国成立之初，主要借鉴苏联的发展模式，随着社会主义建设的深入开展，这种模式的弊端开始显露。1956年，毛泽东在《论十大关系》中分析了经济建设中存在的问题并总结经验，开始明确提出走独立自主的建设道路。1957年，他又在《关于正确处理人民内部矛盾的问题》一文中指出要破除教条主义的影响，独立自主地探讨建设道路，开始了对社会主义建设道路的真正探索。中间有过成果，也经历过挫折，为改革开放后的现代化建设提供了可参考的有利经验。

新中国的现代化建设思想源于追求国家富强、人民幸福的奋斗目标，源于毛泽东之前对新中国的设想，毛泽东在中国共产党第七次代表大会上第一次提出要把中国从农业国变为工业国，把发展工业作为实现国家富强的途径，他说："中国一切政党的政策及其实践在中国人民中所表现的作用的好坏、大小，归根到底，看它对于中国人民的生产力的发展是否有帮助及其帮助之大小，看它是束缚生产力的，还是解放生产力的。消灭日本侵略者，实行土地改革，解放农民，发展现代工业，建立独立、自由、民主、统一和富强的新中国，只有这一切，才能使中国社会生产力获得解放，才是中国人民所欢迎的。"[①]新中国成立后，对农业国转变为工业国的重要性的认识在探索和实践中不断得到强化：1954年，中共一届全国人大一次会议首次提出实现工业、农业、交通运输和国防四个现代化的任务，其中核心就是工业现代化。1964年12月，周恩来在三届全国人大一次会议上再次提出实现四个现代化的发展战略，并将原来的交通运输现代化改为科学技术现代化，即要把我国建设成为一个具有现代农业、现代工业、现代国防和现代科学技术的社会主义强国，赶上和超过世界先进水平。1975年1月，邓小平在四届全国人大一次会议重申了三届全国人大一次会议提出的实现四个现代化的战略目标。1978年12月，党的十一届三中全会的召开，基本形成了一个可供实施的完善的现代化战略思想体系。

从新中国成立初至1978年的30年间，虽然存在国际上反华势力的敌视、封锁和干扰，虽然在探索社会主义建设道路的过程中出现过偏差，但还是取得了举世瞩目的成就。据国家统计局1989年编写的《奋进的四十年》统计，这期间，社会总产值年平均增长8.2%，其中工业总产值年平均增长11.4%。能在这么长的时期内，保持这样高的平均增长速度，这在世界上是罕见的。国家还曾投入大约7000亿元资金，建设了3000多个大中型项目，重工业、交通运输业和科学技术都有了相当发展。如大庆油田、胜利油田、辽河油田、华北油田的开发建设，攀枝花钢铁基地和六盘水煤炭基地的建成，多个化肥、化纤、化工工厂的兴建，多条铁路和众多深水码头的建设，"两弹一星"的研制，一大批经济、科技和文化建设骨干力量的培养等等，都为现代化建设提供了宝贵经验，并奠定了初步的物质和技术基础。

① 毛泽东：《论联合政府》，见《毛泽东选集》第3卷，人民出版社1991年，第1079页。

从新中国成立以来到1978年的30年间，对社会主义现代化建设道路的探索，是对中国特色社会主义道路的早期探索，习近平指出："社会主义实现中国梦必须走中国道路。这就是中国特色的社会主义道路。这条道路来之不易，它是在改革开放30多年的伟大实践中走出来的，是在中华人民共和国成立60多年的持续探索中走出来的，是在对近代以来170多年中华民族发展历程的深刻总结中走出来的，是在对中华民族5000多年悠久文明的传承中走出来的，具有深厚的历史渊源和广泛的现实基础。中华民族是具有非凡创造力的民族，我们创造了伟大的中华文明，我们也能够继续拓展和走好适合中国国情的发展道路。全国各族人民一定要增强对中国特色社会主义的理论自信、道路自信、制度自信，坚定不移沿着正确的中国道路奋勇前进。"①

① 习近平：《在第十二届全国人民代表大会第一次会议上的讲话》，载《人民日报》2013年3月18日。

第三章 中国梦的现实际遇

第一节 中国梦的时代背景

2012年11月29日，习近平总书记参观《复兴之路》展览时指出，实现中华民族伟大复兴，就是中华民族近代以来最伟大的梦想。中国梦不是凭空产生的一场梦，而是近代以来中国历史发展的主题和主线，更是新中国成立以来特别是改革开放以来中国人民可期、可盼、可望的蓝图。2013年3月17日，在十二届全国人大一次会议闭幕会上，习近平总书记再一次对中国梦进行了系统、深刻的阐释，指出，实现中华民族伟大复兴的中国梦，就是要实现国家富强、民族振兴、人民幸福。实现中国梦必须走中国道路，必须弘扬中国精神，必须凝聚中国力量。中国梦归根到底是人民的梦。此后，又阐述了中国梦与世界和平、与国际社会发展及与世界梦的关系。它的基本内涵是国家富强、民族振兴、人民幸福，即国家富强之梦，民族振兴之梦，人民幸福之梦。三者互为联系，唇齿相依。但是，为什么提出中国梦，如何在纷繁复杂的国际局势和周边环境下，在解决生态环境、资源能源、社会发展等一系列的问题和矛盾中实现中国梦，也成为我们面临的重大课题。

一、致力和平，积极应对挑战

中国梦的提出，有着深刻的时代背景和社会背景。经济的全球化和政治的多元化成为国际社会总的发展态势，不同地区、不同国家都开始了新形势下新的远景规划。新中国成立以来，中国的社会主义现代化建设也取得了巨大的成就：综合国力不断增强，国家形象不断提升，人民生活水平显著提高，各领域成果不断涌现。同时，实现中国梦还面临着许多挑战，国际社会中各种麻烦和障碍，社会发展中的许多问题和困难，都在一定程度上会延缓中国梦的实现。但我们不论面对多少困难，都会继续向中国梦迈进，“我们将高举和平、发展、合作、共赢的旗帜，始终不渝走和平发展道路，始终不渝奉行互利共赢的开放战略，致力于同世界各国发展友好合作，履行应尽的国际责任和义务，继续同各国人民一道推进人类和平与发展的崇高事业”[①]。

1.中国梦面对的国际趋势

20世纪90年代以来，整个世界的情况发生了巨大而深刻的变化。苏联的解体，标志着世界两极格局的结束，世界进入了向多极化发展的转折时期。国际上原有的平衡被打破，新的多元组合已经开始。在多极化趋势下，世界局势呈现出一种前所未有的复杂情况，各力量中心之间形成了多重层次、相互交叉、变化频繁的复杂组合，彼此间的合作与抗争也围绕各自的经济利益和国际安全发生变化。而且这种多极化使得经济全球化的进程加快，国际关系的内容更加丰富，行为主体更加多元化，国与国之间的相互依存关系得到强化，国际合作成为国际关系的主旋律，和平与发展两大主题更加突出，国际机制的作用也得到加强。

进入新世纪以来，由于旧的国际经济体制没有根本改变，传统安全威胁和非传统安全威胁相互交织，恐怖主义危害上升，霸权主义和强权政治仍旧存在，各种民族、宗教导致的冲突增加，因此国际社会呈现出在总体和平与局部战争、总体缓和与局部紧张、总体稳定与局部动荡的环境中曲折发展。此外，科技日新月异的发展、综合国力的激烈竞争、各种思想文化的相互激荡、敌对势力的分化图谋等，都是我们实现中国梦面对的挑战，综合起来，主要体现在政治、经济、军事三大领域。

经济方面，已经形成全球化发展态势，对发展中国家而言，这是机遇，也是挑战。比如美国的金融危机对世界经济产生了广泛深刻的影响，我国在海外的许多投资都受到了不小的冲击，尤其对进出口贸易影响重大。此外，对我国金融业、旅游业、房地产业、劳动就业等方方面面都产生了不同程度的影响。政治方面，我国的社会主义现代化建设的目标就是实现现代化，实现民族的全面复兴，这个战略目标的制定实施，与西方大国的霸权主义相对立，这也决定了我们在实现民族复兴的路上面临的前所未有的、最为广泛的全球性挑战。例如美国打着反对恐怖主义的幌子，先发制人，进一步强化其外交政策，目的是防止别的国家或地区威胁其在全球的领导地位。军事方面，美国仍然在积极调整其在亚太地区的部署以便更好地为其全球性战略服务，这使得我国在解决台湾问题、南海问题、东海问题上面临更大的挑战。但是，国家主权不容侵犯，我们必须不断发展自己，提高包括经济和军事实力在内的综合国力，积极推进中国特色的新军事变革，使我军建设更加适应未来战争的要求。

---

① 习近平:《在第十二届全国人民代表大会第一次会议上的讲话》，载《人民日报》2013年3月18日。

在新的国际形势下，中国的和平崛起，必然要面临国际经济、政治、军事等诸多方面带来的压力，面临前所未有的艰难和挑战，但是，“不管国际风云如何变幻，我们都要始终坚持和平发展、合作共赢，要和平不要战争，要合作不要对抗，在追求本国利益时兼顾别国合理关切”[①]。“中国的发展，是世界和平力量的壮大，是传递友谊的正能量，为亚洲和世界带来的是发展机遇而不是威胁。中国愿继续同东盟、同亚洲、同世界分享经济社会发展的机遇。”[②]

2.中国梦面对的周边环境

中国梦面临的挑战，除了国际大趋势，还有国家周边环境。近年来，中国周边地区事件频发，周边国际环境呈现日益复杂化的倾向。中国同其他大国相比，周边地缘环境极为复杂，面临的问题最多，且有些问题较为紧迫。地理位置和地缘环境的特殊性将长期制约中国周边环境，中国是世界上拥有邻国最多的国家，达到29个，其中越南、朝鲜既是陆上邻国又是海上邻国。中国周边国家的人口众多，总数超过世界人口的1/3，全世界10个人口最多的国家中，有6个在中国周边（印度、印度尼西亚、俄罗斯、日本、巴基斯坦、孟加拉国）。周边国家和地区的政治制度及经济发展水平差距较大，多样性的特点十分突出，有社会主义国家，有资本主义国家，有民族主义国家，还有君主制国家。这些国家民族众多，历史文化传统、宗教信仰、经济发展模式和水平很不相同，各国所奉行的国家安全战略和外交政策不同。这一系列特点决定了中国的周边环境比较复杂，尤其是东南亚形势较为复杂，问题也最为突出，而西北方向的中亚相对安定，形势也比较稳定。主要表现在以下几个方面：

首先，南亚酝酿重大变局，如美国对南亚政策的调整方面。美国与塔利班武装展开和谈，但是美国的南亚政策具有不确定性，其对南亚地区形势的影响错综复杂。其次，南亚的恐怖活动具有“有国际色彩的本土化”特点，给南亚地区的和平稳定带来严峻挑战。美国当地时间2011年5月1日晚，本·拉登在伊斯兰堡以北150公里的阿伯塔巴德的住宅被美军击毙。但是，在“后拉登时代”，消除恐怖主义的道路，注定还会漫长和艰难。再次，水资源争夺造成国家之间的紧张关系。水资源紧张对南亚地区经济安全和环境安全产生不利影响。南亚地区的水资源已经成为南亚安全的新

① 习近平：《携手合作　共同发展——在金砖国家领导人第五次会晤时的主旨讲话》，人民网理论频道，2013年3月27日。

② 习近平：《携手建设中国—东盟命运共同体——在印度尼西亚国会的演讲》，载《人民日报》2013年10月4日。

隐患，可能成为南亚地区国家间关系进一步紧张的催化剂，尤其是印巴关系。最后，东南亚"麻烦不断"，地区形势"有些吃紧"，世界主要大国对东南亚控制权的争夺日趋激烈，使原本异常复杂的东南亚地区新变数与新"乱子"骤然增加，不稳定性与不确定性明显上升。如湄公河惨案、密松水坝停建使中缅关系突然遭遇敏感期的考验。上述事件成为考察周边邻国对华政策动向的一个风向标，在很大程度上影响到了中国周边环境的稳定性。加之在美国的支持下，越南、菲律宾等国频频挑起南海事端，竞相对中国发难，例如2011年3月初，菲律宾在南沙礼乐滩附近水域探油；2011年6月14日，越南外交部发表声明，宣称应通过"国际社会的参与"，维持南海的和平；6月17日，美越在华盛顿举行"政治、安全及防务对话"，协调在南海问题上的立场，双方将南中国海描述为关乎"国际社会共同利益"的地方，强调"所有涉及南中国海的领土争端都应通过外交合作程序而非施压或动武来解决，领土以及相关海事要求应遵循公认的国际法原则"；进入2011年6月以来，中越、中菲南海主权争议持续升级，严重威胁中国周边安全环境；西北方向的中亚相对安定，尽管中国西北方向面临美国势力渗透，还有新疆分裂、恐怖势力盛行的挑战，但是该地区形势相对稳定。东北亚是当前中国周边安全最关键、最微妙的地区，也是美、俄、日等大国利益交汇之处。2010年朝鲜半岛相继发生的天安舰事件，日美军演使东北亚安全形势急剧恶化。2011年以来朝鲜半岛形势有所缓和，钓鱼岛风波平稳过渡后，中日关系也迎来相对发展的新机遇。

由此看来，当前中国周边环境还是极为复杂的，这与中国和平崛起有一定的联系。中国的快速崛起以及与世界的积极互动无疑是当今世界格局最显著的变化之一，也必然给周边环境带来多方面的影响。从心理层面的角度看，周边大国对中国崛起容易产生失衡心态，部分周边大国对中国崛起方式深表疑虑，并对中国崛起进程表现出不适应。中国崛起也让美国加紧了外交和战略防范，加大了"重返亚洲"的力度。随着对中国未来发展担忧的加剧，周边国家也希望借助域外大国的力量增加与中国接触的筹码。上述力量结合在一起，自然会导致中国周边环境出现不曾有过的复杂变化。

中国梦的提出，是国家发展到当前阶段的一种需要与必然，但是也比以往任何时期都更具现实性和挑战性，尤其是在这样的周边环境日益复杂化的条件下提出，更具挑战性与紧迫性。众所周知，中国近代的很多大麻烦都来自周边，尤其是安全威胁、战争。所以我们需要为中国梦的实现时刻保持警醒意识，密切关注周边地区动态，保证中国梦的实现有一个相对良好和稳定的周边环境。

二、合乎国情，顺应时代要求

1.时代要求提出中国梦

在全球化背景下构建中国梦，除了面对复杂的国际形势带来的压力和挑战，我国在道路、制度、理论和文化方面的自信也空前增强，使中国梦的提出有了坚实的背景和依据。

我国在探索现代化建设的道路上充满艰辛，历经沧桑，在不断实践中才找到中国特色社会主义这条实现中华民族伟大复兴的正确道路。从最初的开创到后来的完善、拓展，从改革开放到建立社会主义市场经济体制，从实现人民的共同富裕到建设小康社会、构建和谐社会，它的优越性不断彰显，实现中华民族伟大复兴的中国梦从未像今天这样离我们如此之近。这条道路，"是近代以来中国社会发展的必然选择，是历史和人民的选择。中国特色社会主义伟大实践，不仅使我们国家快速发展起来，使我国人民生活水平快速提高起来，使中华民族大踏步赶上时代前进潮流、迎来伟大复兴的光明前景，而且使中国人民和中华民族为世界和平与发展做出了重大贡献。事实雄辩地证明，要发展中国、稳定中国，要全面建成小康社会、加快推进社会主义现代化，要实现中华民族伟大复兴，必须坚定不移坚持和发展中国特色社会主义"[①]。

坚持中国特色社会主义道路离不开中国特色社会主义理论的指引。中国特色社会主义理论经过不断的发展和创新，形成了包括邓小平理论、"三个代表"重要思想以及科学发展观等重大战略思想在内的科学理论体系，有力地指导了社会主义现代化建设和党的建设，坚定了我们实现中国梦的理论自信，这也是中国梦提出的理论背景。以"什么是社会主义，怎样建设社会主义"为主题的邓小平理论，奠定了中国特色社会主义理论体系的理论基础，也为中国梦的实现提供了道路和步骤上的指导；以"建设什么样的党，怎样建设党"为核心的"三个代表"重要思想指明了实现中国梦的领导核心；"以人为本，促进经济社会和人的全面发展"的科学发展观为中国梦的实现提供了发展模式，也成为实现"两个一百年"目标而必须长期坚持的重要指导思想。

国家和社会的进步离不开制度的保障，要实现中国梦，就要坚定中国特色社会主义的制度自信，它包括人民代表大会制度、中国共产党领导的

---

① 习近平：《全面贯彻落实党的十八大精神要突出抓好六个方面工作》，载《求是》2013年第1期。

多党合作和政治协商制度、民族区域自治制度以及基层群众自治制度等，此外还包括中国特色社会主义法律体系，公有制为主体、多种所有制经济共同发展的基本经济制度以及建立在这些制度基础上的经济体制、政治体制、文化体制、社会体制等各项具体制度。改革开放30多年来，中国特色社会主义制度的框架不断得以完善，制度的功能更加完备，制度的成效明显增强，既保障了国家和社会的长治久安与民族的团结，也推动着政治文明的不断进步，既保障了我国经济的健康、稳定、快速发展，也为政治、经济、社会等领域的规范发展提供了保障。

综上所述，中国梦的提出，源于经济全球化背景下的国家发展，源于我们在发展道路、制度和理论方面的高度自信。在这样的战略机遇期提出中国梦，可谓应时应势，而要实现中国梦，还要承担各种压力、困难和挑战，只有把这种自信转化为解决困难、应对压力和挑战的能力，才能离梦想更进一步。

2.社会要求提出中国梦

改革开放以来，伴随着经济体制改革和社会结构转型，各类问题和矛盾也接踵而至，有些涉及社会道路发展，有些反映社会结构失衡。比如当下收入差距的矛盾，人民群众期望廉政的激情与官员腐败之间的矛盾，低收入与高价位、高支出之间的矛盾，守法与违法或有法不依、执法不严、违法不究之间的矛盾，垄断行业与非垄断行业之间的矛盾，传统思维定式与经济大环境波动性变化之间的矛盾，以及工农之间、城乡之间、地区之间、发达地区与欠发达地区和贫困地区之间的矛盾，先富阶层与贫困人口之间的矛盾等等，归纳起来，主要是社会发展中的人口问题、城乡关系问题、人与生态问题、种族与民族问题、国人的精神信仰以及和谐社会的建设问题。这些问题相互交叉，关联密切，增加了治理的难度，如人口问题造成的直接后果就是生态环境的污染和资源的短缺，大量的农村剩余劳动力涌向城市，导致严重的失业问题。此外，经济的高速发展刺激人们对物质的欲求，社会诚信意识和人们之间的信任度整体降低，重建社会道

广州海珠区的广州塔

德价值规范迫在眉睫。

社会问题的出现，究其原因，是中国从传统的农业国向工业国、向开放的现代社会的转型中付出的必然代价。解决这些问题，也是实现中国梦的必然要求，所以必须“坚持把最广大人民的根本利益作为党和国家一切工作的根本出发点和落脚点，进一步增强决策的科学性、全面性、系统性，善于正确反映和兼顾不同方面的利益，努力使全体人民共享改革发展的成果，朝着共同富裕的方向不断前进”[①]。必须深入研究社会管理规律，更新社会管理观念，找到相应的切入点，具体问题具体分析，在对社会各领域的管理方面，同时抓好体制改革和规范建设；在对社会各领域的发展方面，同时抓好物质文明和精神文明建设。首先，应该是政府职能的转变，将公共权力在中央和地方之间进行合理配置，使人民获得最大的利益和满足；其次，推进公共服务建设，建立政府公共服务原则，改革政府公共服务模式，建立和健全全社会的基本公共服务体系，提高政府工作人员的专业和道德水平，改进服务态度，提升公共服务水平，从而缓解城乡矛盾；再次，大力推进生态文明建设，遵循尊重自然、顺应自然、保护自然的生态文明理念，努力形成人与自然和谐相处；最后，加强意识形态领域的建设，践行社会主义核心价值观。加强和培养公民社会共同体意识，尽最大努力防止因各种社会问题造成的社会道德的滑坡；扩大政治参与，推进民主政治化进程和法制化建设，保证公民享有社会主义民主的同时，维护法律的权威。此外，坚持民族平等原则，巩固和发展各族人民的团结，努力消除一切不利于民族团结的因素，坚定不移地维护民族团结，坚持和完善民族区域自治制度，加快少数民族和民族地区的经济发展，努力实现各民族共同团结奋斗、共同繁荣发展，这是构建社会主义和谐社会的前提。

当然，要全部解决这些问题，任重而道远，我们需要齐心协力，同舟共济，努力构建人民期盼的民主法治、公平正义、诚信友爱、充满活力、安定有序、人与自然和谐相处的社会主义和谐社会，为实现中华民族伟大复兴的中国梦创造良好的社会环境和奠定坚实的基础。

---

① 胡锦涛:《在中共中央政治局第二十次集体学习时的讲话》，载《新闻和报纸摘要》2005年2月23日。

第二节　实现中国梦的机遇与基础

一、实现中国梦的战略机遇

维护和平，促进发展，事关各国人民的福祉，也是各国人民的共同愿望，也势必成为不可阻挡的历史潮流。世界多极化和经济全球化趋势的发展，给世界的和平与发展带来了机遇和有利条件，也为中国的发展提供了战略机遇期，中国梦的实现仍然存在较为广阔的外部空间。

经济全球化局势下，资源能够得到世界范围内的优化配置，有利于国内和国外两种资源的利用，做好统筹兼顾，组织和协调好各方各面，发挥优势，有利于产业结构的改善与提升。中国可以利用西方国家产业调整的机会，加快自身的产业结构优化，从而加速工业化进程。此外，还有利于引进先进技术和管理经验，推动技术进步和管理水平的提高。同时，国家间的合作呈现前所未有的广度和深度，合作共赢成为合作的主要目标，例如新世纪以来，中非贸易额从1950年的1200万美元跃升至2010年的1296亿美元，2011年更是突破了1600亿美元。中国已成为非洲最大的贸易伙伴。

同时，世界的多极化加速了世界各国社会发展的新态势。当今世界任何国家或国家集团都再也无法单独主宰世界事务，所有的国家都处在利益和安全的共同体当中，形成此消彼长之势。树立你中有我、我中有你的意识，推动世界发展迈上新台阶。这是应对人类共同挑战的新型全球价值理念，体现了国家的使命担当。

在这样的现实际遇下，习近平同志提出实现中华民族伟大复兴的中国梦，并多次阐明其国际内涵，强调中国梦与世界各国人民的美好梦想息息相通，不仅造福中国人民，而且造福世界人民。这一重大理念增进了国际社会对中国发展道路的理解认同，赢得了绝大多数国家的欢迎与支持。处于多变的国际环境中，首先就必须坚持独立自主政策，坚定不移走中国特色社会主义道路，同时顺应和平与发展的主流，坚定不移地走和平发展道路，让求和平、谋发展、促合作、图共赢成为时代潮流。此外，丰富和深化了国家利益观的内涵，充分表达了中国维护自身核心利益的坚定意志和决心。最后是对新型大国关系新理念的深入阐释与构建，从而全面规划经略周边新蓝图。习近平同志在与美国总统奥巴马“庄园会晤”时，精辟阐述了新型大国关系的内涵是“不冲突、不对抗，相互尊重，合作共赢”。要想推动中美关系沿着长期健康稳定的方向发展，需要中美双方坚持从战略高度和长远角度把握两国关系，需要以积极态度和发展眼光推进对话合作，需要以相互尊重、求同存异精神妥善处理分歧矛盾，需要不断充实合作伙伴关系的战略内涵，需要走出一条平等互信、包容互鉴、合作共赢的新型大国关系之路。推动构建新型大国关系，有利于破解守成大国与新兴大国必有一战的历史宿命，对推动建立新型国际关系具有重要启迪。大国关系平稳是整个国际关系体系正常运行的前提，也是增强全球经济复苏确定性、解决地区热点问题、消除各种安全隐患的必要条件。顺应经济全球化和世界多极化趋势，实现国际秩序的平稳转换，尤其需要大国关系的稳定。2013年10月，中央召开了新中国成立以来的首次周边外交工作座谈会，习近平同志发表重要讲话，确立了今后5至10年我国周边外交的战略目标、基本方针和总体布局。其中的“亲、诚、惠、容”四字理念，充分展现了我国谋求与周边国家友好相处、共同发展的包容大度与宽广胸襟。睦邻、安邻、富邻是中国周边外交主题词，这既不是冠冕堂皇的表述，也不是什么权宜之计。营造和睦安宁的周边环境，与周边国家一道把握共同发展机遇，是中国和平发展道路的必然选择，也是中国长期以来执着追寻的目标。不为严峻挑战所动，不为复杂局面所惑，需要非同寻常的定力，此举赢得了大多数周边国家的理解和支持，极大拓展了合作空间，收获了丰硕合作果实。新世纪以来，中国同周边国家贸易额由1000多亿美元增至1.3万亿美元。中国成为众多周边国家的最大贸易伙伴、最大出口市场、重要投资来源地。中国将加快同周边国家的互联互通建设，积极探讨搭建地区性融资平台，促进区域内经济融合，提高地区竞争力。中国将积极参与亚洲区域合作进程，坚持推进同亚洲之外其他地区和国家的区域、次区域合作。中国将继续倡导并推动贸易和投资自由化便利化，加强同各国的双向投资，打造合作新亮点。中国将坚定支持亚洲地区对其他地区的开放合作，更好促进本地区和世界其他地区共同发展。

党和国家领导人高瞻远瞩地对中国梦的实现尽量创造良好适时的国际大环境，在严峻的国际形势下打造了一条实现中国梦的坦途。中国梦不仅是中国人民的梦想，更是全世界人民追求和平发展的共同梦想。

二、实现中国梦的现实基础

1.道路探索

中国的百年近代史，写满了屈辱与血泪，也写满着抗争与自强，从梁启超提出“少年中国”，到孙中山提出“振兴中华”，民族复兴成为近代中国的最重要历史使命，也成为每一位中国人民魂牵梦萦、日思夜想的中国梦。

中国共产党建立后,开始领导人民探索寻找实现这个中国梦的道路,探索的道路坎坷而艰辛。在一个经济文化落后的东方大国实行彻底的民主革命并取得胜利已然不易,更不用说建设社会主义现代化国家这样一件前无古人的伟业。以毛泽东为代表的新中国第一代领导集体,建立了以工人阶级为领导、工农联盟为基础、最广泛的人民民主统一战线为纽带的人民民主专政的国体,确立了社会主义基本制度。党的十一届三中全会以来,邓小平同志一面坚持和发展毛泽东思想,实事求是地纠正社会各领域出现的错误,实事求是地充分肯定毛泽东同志的历史地位和伟大功绩,一面应对新问题、解决新问题,开创了改革开放和中国特色社会主义事业,建立和完善了社会主义市场经济,极大地解放和发展了社会生产力,形成公有制为主体、多种所有制经济共同发展的基本经济制度新格局。中国特色社会主义建设,随着道路的拓展、理论的创新不断向前发展,总体布局从经济建设、政治建设、文化建设三位一体发展为四位一体,最后发展为经济、政治、文化、社会、生态文明建设五位一体,中国特色社会主义道路越走越宽广。经过60多年的艰辛探索,终于走上了一条符合中国国情的社会主义发展道路——中国特色的社会主义道路,形成了中国特色社会主义理论体系,确立了中国特色社会主义制度。它们“三位一体”,分别以实现途径、行动指南、根本保障共同支撑着中国特色社会主义伟大实践,形成了最鲜明的中国特色、中国经验。

改革开放30多年,是中国的理论探索和实践探索步入快车道的历史时期。胡锦涛同志指出:“经过长期努力,我们坚持和发展中国特色社会主义取得了重大理论和实践成果,最重要的就是,开辟了中国特色社会主义道路,形成了中国特色社会主义理论体系,确立了中国特色社会主义制度。”[①]可以说,道路的探索所提供的理论和制度的成果,从根本上为中国梦的实现提供了保障。经过30多年改革开放,中国道路的优越性与合理性在实践中不断彰显,中国的社会主义现代化建设取得了巨大的成就。继2009年中国超过德国成为世界第一大出口国后,中国的经济总量在2010年超过日本,位居世界第二。展望未来,这条道路也是实现中国梦的必由之路。

总体而言,中国在经济建设、政治建设、文化建设和社会建设等方面取得了举世瞩目的巨大成就,拥有了比较雄厚的物质基础,具备了进一步发展的良好条件,为中国梦的实现提供了基础性的支撑。

---

①《学习胡锦涛总书记7·23重要讲话精神》,载《贵州日报》2012年8月9日。

2. 精神塑造

中国梦是国家富强之梦，在世界范围内，最大限度地体现了社会主义国家的价值追求；中国梦是民族振兴之梦，是几千年悠久历史文明的传承，反映了近代以来一代又一代中国人的美好夙愿，揭示了中华民族的历史命运和当代中国的发展走向；中国梦还是人民幸福之梦，是关于每一个中国人的发展之梦。实现中国梦，离不开弘扬以爱国主义为核心的民族精神，最大限度地凝聚共识、汇聚力量，使每个中国人的梦想凝聚到一起，汇聚成实现中国梦的巨大精神力量，凝聚成推进全面建成小康社会、实现中华民族伟大复兴的巨大能量。中国精神是中华民族共同创造、共同依托、共同传承的文化精神、价值观念的总和，是中华民族赖以生存和发展的精神财富，是中华民族生生不息、团结奋进的精神动力。中国精神包括以爱国主义为核心的民族精神和以改革创新为核心的时代精神。这种民族精神和时代精神的有机结合，构成了凝聚中华民族团结一心、促进中华民族发展壮大的强大精神力量。每一个梦想的实现都需要精神的引领，都离不开强大的思想保证和坚实的精神支撑。中国梦就其外在表现形式而言，就是一种精神追求和理想追求。中国梦是中国特色社会主义价值目标的总和，而以“三个倡导”——倡导富强、民主、文明、和谐，倡导自由、平等、公正、法治，倡导爱国、敬业、诚信、友善为主体的社会主义核心价值观是中国梦的精神指引，它高度凝练概括了未来国家、当今社会和公民个人三个层面的价值目标、价值取向和价值准则，这些核心价值元素和中华民族伟大复兴梦的理念，共同构成时代精神的精华，引领着社会的发展和进步。

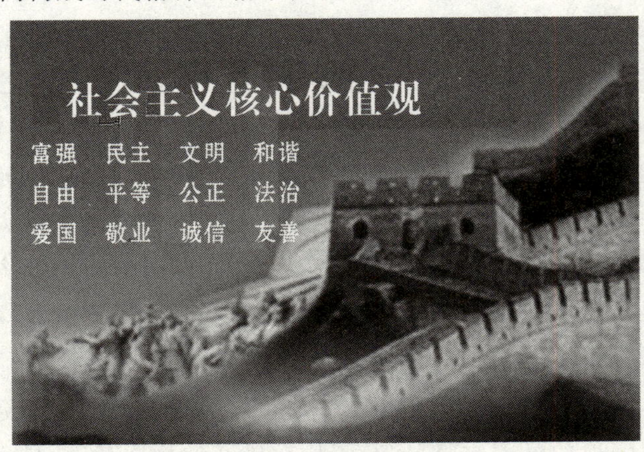

社会主义核心价值观

社会主义核心价值观是一个相互联系相互贯通的整体，体现国家精神、民族精神和社会风貌的同时，又反过来对社会个体的活动和实践产生影响。国家精神和民族精神的核心是富强、民主、文明、和谐，体现了中国特色的社会主义属性和本质要求，而国家精神和民族精神外在表现为自由、平等、公正、法治，两者统一构成当代中国的精神力量，社会主义核心价值观对社会个体的要求是爱国、敬业、诚信、友善，也是社会主义核心价值观得以实现和丰富的动力源泉。作为社会成员的每一个人，也要身体力行，积极培育和努力践行社会主义核心价值观并以其为指引，使中国梦梦想成真：一个富强、民主、文明、和谐的未来国家，一个自由、平等、公正、法治的现代社会以及生活在其中的爱国、敬业、诚信、友善的人民。因此，中国梦与社会主义核心价值观紧密相连，互为统一，共同贯穿和体现在中国特色社会主义总体布局的各个领域，在较长时期内，为社会主义事业的发展在基本理念、根本目标、价值取向和实践要求方面指明了方向。

3. 力量激发

民为邦本，本固邦宁，中国梦归根结底就是人民的梦，是每一个中国人的梦，中国梦的实现必然要依靠亿万人民群众的积极参与，也必然要依靠一代又一代中国人的不断奋斗，体现了中华民族和中国人民的整体利益，是全体中华儿女共同的期盼和追求。要调动和激发人民群众的积极性和主动性，就要将坚持党的领导和人民当家做主结合起来，坚持人民的主体地位，扩大人民民主，推进依法治国，坚持和完善人民代表大会制度、中国共产党领导的多党合作和政治协商制度、民族区域自治制度以及基层群众自治制度等基本政治制度，建设服务政府、责任政府、法治政府、廉洁政府。同时，坚持经济建设为中心，坚持改革开放，全面推进社会经济、文化、生态文明等领域的建设，不断夯实实现中国梦的物质文化基础。此外，多倾听和关注人民大众的呼声和期待，维护社会公平正义，保证人民在教育、医疗、养老等生活的基本需求。这样，才会激发人们对未来美好生活的憧憬，从而产生改变现状的动力和勇气，最大限度地调动和发挥每个人的主动性、创造性。从更广泛的意义来讲，还能够将个人之力汇聚成无往不胜的强大精神动力，激发民族的斗志，凝聚所有正能量，最大限度地动员和团结各族人民，最大限度地保持不同阶层不同群体之间的和谐，最大限度地为所有人的全面发展给予机会、创造条件和提供空间，从而形成民族团结、和睦相处、和衷共济、和谐发展的良好局面，形成历史前进的合力，推动实现中华民族伟大的复兴梦想的进程。生活在我们伟大祖国和伟大时代的中国人民，共同享有人生出彩的机会，共同享有梦想成真的机会，共同享有同祖国和时代一起成长与进步的机会。只有亿万中国人都确立为实现中国梦而不懈奋斗的信念和信心，心往一处想，劲往一处使，那么13亿中国人的智慧和力量就必然会凝聚成一种无坚不摧、战无不胜的巨大力量。有了这种力量，中华民族伟大复兴就一定能尽快变为现实，中国梦就一定能梦想成真。

4. 党的领导

鸦片战争后，资本主义列强的坚船利炮打开了中国的大门，从此中国逐渐沦为半殖民地半封建社会。长期以来，中国人民为摆脱资本主义和封建主义的压迫，进行着不屈不挠的斗争和探索，但都以失败告终。对梦想的追求，离不开正确方向的引领。历史的选择让中国共产党承担了领导中国人民争取民族独立、实现国家富强和人民幸福的历史使命。新中国建立后，以毛泽东为核心的第一代中央领导集体，带领全国各族人民完成了新民主主义革命，进行了社会主义改造，确立了社会主义基本制度，成功实现了社会变革。以邓小平为核心的第二代中央领导集体，深刻总结了社会主义建设中正反两方面的经验，把党和国家的工作重心转移到经济建设上来，实行改革开放，开创了中国特色的社会主义。以江泽民同志为核心的第三代中央领导集体，坚持党的基本路线、理论，面对复杂的国内外环境，成功带领中国走向21世纪。

回溯历史，中国共产党之所以能够始终保持旺盛的生命力和战斗力，团结、带领全国各族人民战胜各种困难和挑战，不断取得革命、建设和改革的伟大胜利，最根本的原因就是中国共产党最广泛地代表人民，是人民群众根本利益的切实捍卫者，始终扎根于人民群众之中，维护和代表最广大人民群众的根本利益；始终保持马克思主义政党的先进性，保持中国特色社会主义的道路自信、理论自信、制度自信；始终坚持在历史中不断自我发展与自我革新，顺应形势，与时俱进。党从诞生之日起，就把实现人民解放和幸福鲜明地写在自己的旗帜上，融入全部的奋斗实践中。正因为这样，中国共产党才赢得了人民群众的热情拥护、支持和加入。群众的问题，就是党的问题，群众的路线，就是党的根本路线。与群众心相连、情相系，保持同群众的血肉联系和鱼水深情，是我们党的根本优势，也是我们党的制胜法宝。只有坚持人民主体地位，更好保障人民权益，才能让广大人民把中国梦真正视为自己的幸福梦和未来梦，从而激发他们的勇气和斗志，倾其热情和智慧，为梦想而奋斗。

长期以来，我们党始终将马克思主义基本原理与中国实际相结合，依靠人民，经过漫长的探索和实践，取得了社会主义现代化建设的巨大成就，其间涌现出许许多多共产党员的优秀楷模，他们始终走在时代的前列，奉献不止，弘扬正气，成为推动社会发展的中坚力量。新的时代，赋予我们新的理想和追求，也赋予中国共产党新的历史重任，这对党的思想、组织、作风和纪律，对党的战斗力和领导水平都是一次严峻的考验，“历史和人民既赋予我们重任，也检验我们的行动。崇高信仰始终是我们党的强大精神支柱，人民群众始终是我们党的坚实执政基础。只要我们永不动摇信仰、永不脱离群众，我们就能无往而不胜。我们十八届中央委员会一定要不负重托，忠于党、忠于祖国、忠于人民，以自己的最大智慧、力量、心血，做出无愧于历史、无愧于时代、无愧于人民的业绩”[①]。这个历史重任的提出，既着眼于新形势下国情的变化，又着眼于党情的现状与变化。作为一个拥有90多年历史，8500多万党员的大党，作为领导中华民族事业的核心力量，中国共产党对于自身建设和纯洁性、先进性的要求坚定不移、始终如一。尽管在推进党的建设中，党的执政能力有所提高，党的领导也得以加强和改善，但是，党的领导和执政水平以及党员干部素质、能力、作风和国内外形势，和党承担的历史重任相比，还有不小差距。全党要增强紧迫感和责任感，牢牢把握党的建设总要求，不断提高党的领导水平和执政水平，提高拒腐防变和抵御风险能力，为人民造福，激发人民实现中国梦的动力。也只有这样，才能使我们党成为人民信任的领导核心，才能在纷繁复杂的世界局势和中国社会发展中始终走在时代前列，才能在坚持和发展中国特色社会主义的历史进程中带领中国人民早日实现中国梦。

第三节　实现中国梦的现实驱动力

一、中国特色社会主义是中国梦的根本保证

中国特色社会主义的实现历经艰难，它在一代代共产党人的探索实践中得来，成为引领现代化建设，引领整个社会发展进步的光辉旗帜，它凝结着以爱国主义为核心的民族精神，凝结着以改革创新为核心的时代精神，包含着几十年来开拓得来的正确道路、制度体系和科学理论，在实现民族振兴、国家富强、人民幸福的中国梦过程中，必须高举这面旗帜，“才能团结带领全党全国各族人民，在中国共产党成立100年时全面建成小康社会，在新中国成立100年时建成富强民主文明和谐的社会主义现代化国家，赢

① 习近平：《全面贯彻落实党的十八大精神要突出抓好六个方面工作》，载《求是》2013年第1期。

得中国人民和中华民族更加幸福美好的未来”[①]。

1.道路自信

中国特色社会主义道路，是我们党在探索社会主义现代化建设过程中，把马克思主义基本原理同当代中国国情和时代特征相结合而形成的一条实现中华民族伟大复兴的正确道路。党的十八大报告指出，中国特色社会主义道路，就是在中国共产党领导下，立足基本国情，以经济建设为中心，坚持四项基本原则，坚持改革开放，解放和发展社会生产力，建设社会主义市场经济、社会主义民主政治、社会主义先进文化、社会主义和谐社会、社会主义生态文明，促进人的全面发展，逐步实现全体人民共同富裕，建设富强民主文明和谐的社会主义现代化国家。中国特色社会主义道路建立在中国精神的基础上，符合全体中国人民的意愿，体现着社会主义核心价值观，提升着中国的国际形象，使我国在世界范围内得到越来越多的理解和认可。

正是有了这条正确道路的引领，中国在改革开放30多年来，取得了令世界瞩目的成就，经济保持持续快速发展，远远高于同期世界经济平均增长速度。我国国民经济生产总值从1978年的3624.1亿元增加到2012年的51.9万亿元，总规模居世界第二位。同时，我国的科技、教育、文化、卫生、体育等各项社会事业发展迅速，民主法制建设不断进步，社会生活方式日益丰富，人们的整体精神面貌发生了巨大的变化。这些成就的取得，使我们对这条道路的自信空前高涨，始终相信这是一条引领中国走向繁荣富强、和谐幸福之路，是通向中华民族伟大复兴的必由之路，也是中国梦得以实现的成功之路。

2.理论自信

中国梦的实现要有正确先进的理论作为指导，中国特色的社会主义理论作为马克思主义中国化的最新成果，以其高度的科学性和强大的实践性为中国梦的实现提供了坚实的思想支撑。

在追求中国梦的道路上，会充满挑战和困难，会不断出现新的问题、新的情况。中国特色社会主义理论体系集合了马克思主义的精髓，结合中国国情，始终与时代保持同步，始终着眼于民族性，勇于开拓、富于创造，能够对社会主义建设规律真实、深刻、准确地把握。有了这个科学理论的指导，就不至于偏离方向和目标，走弯路、错路。中国特色社会主义理论体系分别就什么是社会主义、怎样建设社会主义，建设什么样的党、怎样建设党，

① 习近平：《紧紧围绕坚持和发展中国特色社会主义 学习宣传贯彻党的十八大精神》，载《人民日报》2012年11月19日。

实现什么样的发展、怎样发展等新时期中国面临的重大实际问题做出了解答和部署，对当前和今后的发展实践有很强的指导意义。中国特色的社会主义理论始终以人民群众作为最广泛的基础，以人民意愿作为创新发展的动力和源泉，致力于思考和解决改革开放与现代化建设中的实际问题，致力于实现人民创造幸福生活的梦想，因此具有强烈的感召力，从而形成我们的精神支持和思想基础，让我们对实现中华民族伟大复兴的中国梦充满自信。

三峡大坝

3.制度自信

回顾历史中出现的数次盛世，无不与较先进的社会制度密切相关，它犹如一股强大的力量，决定着国家的盛衰与存亡，要想长治久安，撑起民族振兴的梦想，必须寻找一种先进健全的社会制度作为坚实保障。

几十年的探索奋斗、建设发展与改革创新，使中国特色的社会主义制度不断被夯实，中国特色的社会主义其他各项制度不断得以完善，并以其独特的创造性和无可比拟的优越性，长期以来保持了政局的稳定和社会和谐，维护了国家统一和民族团结，使得人口与民族众多、起步较晚的中国以世界少有的速度快速发展起来。近年来，中国经济年均增长率为9%~10%。成为世界第二大经济体；城镇化率首次突破50%，进入了以城市型社会为主体的新时代；编织起世界上最大的社会保障网，构建了社会保障新格局；城镇和农村居民收入增1.8倍，迎来了生活水平的新提升。而且，中国特色社会主义制度的不断完善和发展，能够最大限度地整合社会资源、发扬人民民主、维护社会的公平正义、促进社会和谐、凝聚社会力量、形成共同理想，这都是对中国的“制度优势”一个个贴切的注释。

党的十八大明确提出了制度建设目标，即构建系统完备、科学规范、运行有效的制度体系，使各方面制度更加成熟更加定型。通过结合理论和实践，与时俱进，锐意改革与创新，使我们在实现现代化的建设过程中，始终坚定着对社会主义制度的自信，在中国特色社会主义旗帜的引领下，坚定不移地走中国道路，最终实现民族振兴、国家富强、人民幸福的中国梦。

二、中国精神是中国梦的思想根基

中国梦的思想根基在于中国优秀的传统文化，它是我们充满自信的"根"与"本"。我们百年来所取得的一切成就，今天所达到的辉煌高度，以及在民族复兴方面所创造的一切奇迹，都不离"根""本"。中国古人崇尚"天下为公"与"世界大同"，期盼老有所安与少有所养，我们的中国梦是民族振兴、国家富强、人民幸福，古今梦想一脉相承，体现了文化的延续与传承。

一百年前，中国为了实现工业近代化的目标，为了富强，进而在国力上跟西方平起平坐，先辈们不得已选择了西方文化。从这个角度看，这种特定时代下的抉择是合理的。但是今天，当中国正在崛起，民族复兴的中国梦渐趋实现的时候，选择了中国传统文化作为立国之本，作为我们的民族灵魂，只有这样才有可能真正实现我们的民族复兴。做不到这一点，我们中国梦的实现和民族复兴就会大打折扣。中国最近几十年所出现的对于传统文化的重新审视，是一种很好的社会现象。在这种现象的基础上，如果进一步思考，就会发现，当中国GDP达到世界第二、制造业规模跃居世界第一的时候，中华民族自身感受到了内在的需求，也即中华民族需要激活已被抛弃了100多年的传统文化，并让其在现实的语境中重放光芒，有力地激发了我们的文化自信，成为中国梦和中国未来发展的思想支撑。

中华民族拥有着两种巨大的文化资源，都是值得我们引以为傲的民族瑰宝。首先是5000年文明所凝聚成的传统文化资源，中国的传统文化始终追求"天下为公""世界大同"的社会理想，始终追求公平、平等与共同致富，这与西方的扩张掠夺根本对立。其次是中国共产党人在其革命斗争和社会主义建设实践中所形成的文化传统，以毛泽东思想等思想成果为代表，以中国特色社会主义理论体系为核心，其中包含了马克思主义对资本主义的分析与批判和对恢宏壮丽的社会主义理想的构建。

实现中国梦必须弘扬中国精神，习近平同志指出："这种精神就是以爱国主义为核心的民族精神，以改革创新为核心的时代精神。这种精神是凝心聚力的兴国之魂、强国之魂。爱国主义始终是把中华民族坚强团结在一起的精神力量，改革创新始终是鞭策我们在改革开放中与时俱进的精神力量。”[①]中国精神是中华民族共同创造、共同依托、共同传承的文化精神、价值观念的总和，是中华文化的核心价值在当代的集中体现，它的塑造、培育和弘扬，离不开对历史的思考，离不开时代的要求与考量。它源远流长，在历史的发展进程中，形成了以爱国主义为核心、团结统一、爱好和平、勤劳勇敢、自强不息的伟大民族精神。它引领着一代又一代的中华儿女前赴后继，中国共产党作为中国精神的继承者和铸造者，致力于当代中华民族精神的弘扬与发展，在执政实践中，注重坚持党的传统革命精神、党的先进性、党的建设等方面与中华民族精神的统一，成为当代中华民族精神历史演进的决定性要素，成为弘扬与发展中华民族精神的主导力量。以毛泽东、邓小平、江泽民、胡锦涛、习近平为代表的几代中央领导集体，在革命和建设中都积极培育、弘扬与发展中华民族精神，如井冈山精神、长征精神、延安精神、大庆精神、雷锋精神、“两弹一星”精神、改革创新精神、抗洪精神、奥运精神、航天精神等，使中华民族展现出崭新的精神风貌。

中国传统文化使中国梦的实现具有了深厚的思想基础和广泛的群众基础，而中国精神的培育和弘扬又使优秀的传统文化得以广泛的传播。两者的结合，使中国梦在实现的过程中更具时代感。

三、经济发展是中国梦的物质基础

中国梦本质上是中国人民安居乐业的梦，这就要实现中国经济升级，为安居乐业的梦想实现提供强有力的经济物质保障，让中国人民过上更加幸福美满的生活。

中华人民共和国成立后，通过有计划地进行大规模经济建设，中国已成为世界上最具有发展潜力的经济大国之一，人民生活也整体达到小康水平。自1953年以来，中国已陆续完成十二个“五年计划”，并取得了举世瞩目的成就，为国民经济的发展打下了坚实基础。1979年以来的改革开放，则使中国经济得到前所未有的快速增长。进入21世纪后，中国经济继续保持稳步高速增长。目前，社会主义市场经济体制已经初步建立，市场在资源配置中的基础作用显著增强，宏观调控体系日趋完善；以公有制经济为主体，个体和私营等非公有制经济共同发展的格局基本形成，经济增长方式逐步由粗放型向集约型转变。英国《金融时报》报道称，中国2013年进出口总值达到4.16万亿美元，经人民币汇率因素调整后同比增长7.6%，标志着中国跻身全球最强大国家之列，同时标志着全球经济实力发生了

① 习近平:《在第十二届全国人民代表大会第一次会议上的讲话》，载《人民日报》2013年3月18日。

变化。

改革开放30多年来中国正一步步走向富强,迎来中国历史上的空前盛世。这30年,是经济繁荣、社会稳定、人民安居乐业的30年,是解放思想、实事求是,同心同德、锐意进取,是建设中国特色社会主义的历史性、创造性活动的30年。改革开放不仅使中国的经济实力和综合国力不断增强,人民的生活水平和国民福利得到了实质性的提高,而且也使中国日益融入世界经济和主流文明之中。

作为享受改革开放成果的一代人,我们经历了香港澳门回归的感动,北京奥运会举办的自豪,上海世博会承办的骄傲,以物质生活的发展带来的便利和精神文明的进步带来的满足。正是因为改革开放的伟大决策,我们才能沐浴在和谐社会的生活中,正是改革开放为精神文明发展提供了物质基础,我们才能更加自信、自觉、自强,努力建设强盛、文明、和谐、美丽之中国。

上海东方明珠塔

四、和平崛起是中国梦的未来图景

自20世纪70年代末实行改革开放以来,中国变化之大,经济发展速度之快都令世界刮目相看,在国际和地区事务中的作用也越来越明显。中国力量的上升,成为冷战后国际形势走向的一个鲜明特点,对此,国际上出现了类似"中国经济威胁"论、"中国军事威胁"论、"中国文明威胁"等声音。但是,中华民族是爱好和平的民族,中国的发展也需要和平稳定的国际局势,而中国梦的内涵,也决定了中国将继续推行独立自主的和平外交政策。2013年3月19日,习近平同志在接受金砖国家媒体联合采访时讲道:"尽管中国经济总量已位居世界第二位,但人均国内生产总值同世界平均水平相比还有不小差距，实现富民强国还有很长的路要走。现在，国际上有人担心，中国发展起来后会不会也搞霸权主义、欺负别人。这种担心完全没有必要。中国已经多次向国际社会庄严承诺，中国将坚定不移走和平发展道路，永远不称霸，永远不搞扩张。'君子一言，驷马难追'，我们说话是算数的，实践已经证明中国是说到做到的。我们也希望世界各国都走和平发展道路，共同致力于促进世界和平与发展。"①

在21世纪的世界格局中，中国与各主要国家的关系继续保持良好的发展与合作，既重视与大国间的关系，也重视发展和周边国家或地区的关系，使得周边经济形势呈现良好的发展趋势。例如亚洲国家开展地区合作积极性较高，区域合作保持较快发展势头；周边传统热点问题多有降温，中国与菲律宾、越南在南海落实"共同开发"取得突破；中国快速发展和周边政策得当，加深了与邻国的利益交融；塑造周边环境的能力增强，各国加强对华合作仍是其政策的基本面。因此中国也成为国际社会中重要的平衡稳定力量，积极参加以联合国为中心的多边活动；积极推动经济、环境等领域的国际合作；积极参与世界重大的灾难救助，派出维和部队，保护公民海外利益；积极进行文化交流等，塑造了负责任的大国形象，所以关于中国威胁的论调纯属无稽之谈，中国经济发展和国体影响力提升的根本目标是实现民族振兴、国家富强和人民幸福的中国梦，而非称霸世界，更不是未来威胁别国的发展。中国始终坚持合作共赢与维护国家利益的有机统一原则，倡导合作共赢、讲信修睦、善待他人，积极为世界和平与发展做出自己的贡献，努力维护世界和地区和平稳定。此外，中国对平等互信、包容互鉴、合作共赢的新型大国关系的积极构建，说明了中国梦是携手共赢的世界梦。但是和平外交决不能牺牲国家的利益，习近平同志在中央政治局第三次集体学习时强调，我们要坚持走和平发展道路，但决不能放弃我们的正当权益，决不能牺牲国家核心利益。任何国家不要指望我们会拿自己的核心利益做交易，不要指望我们会吞下损害我国主权、安全、发展利益的苦果。实现中国梦，从对外交往的层面来说，底线和前提在于坚决维护我国主权、安全、发展等核心利益，既应对传统安全威胁，又维护国家发展利益；既维护领土、领海、领空安全，又维护海洋、太空、网络空间以及其他方面的国家安全；既维护国内安全稳定，又积极参与国际和地区安全合作、联合国维和、国际反恐、国际人道主义救援等，为维护世界和平贡献力量，展示了当代中国的崭新形象。

① 习近平：《在接受金砖国家媒体联合采访时的答问》，载《人民日报》（海外版）2013年3月20日。

中国的和平崛起对世界文化的影响重大，随着我国综合国力的提高和在国际事务中影响力的提升，中华民族优秀的文化正在以其独特的价值进入世界的视野，给世界的发展以崭新的启迪和前所未有的影响。近年来，在全世界范围内形成学习汉语的热潮，数据显示，2005年全世界学习汉语的人数已经达到3000万，共有100多个国家的2300所大学开设了汉语课程，这是中国文化影响力的一个重要体现。中国科学院中国现代化研究中心于2009年1月17日在北京发布《中国现代化报告2009——文化现代化研究》，报告依据2005年世界各国的各项指标数据，认为中国的文化影响力指数在全世界排名第七，居于美国、德国、英国、法国、意大利、西班牙之后。报告同时还指出，截至2005年，中国的文化生活现代化指数位列世界第五十七位，文化竞争力指数居第二十四位。这就说明随着社会的发展，文化的地位与作用愈加凸显，作为民族凝聚力和创造力重要源泉的中华文化，丰富了世界文化的多样性，成为国家间相互较量的一种软实力。

中华文化价值体系中的许多思想和理念，为其他国家提供了借鉴和参考。比如“天人合一”的哲学观，既强调整体和谐，又重视个人修养，体现在国家关系中就是“你中有我，我中有你”的命运共同体。又如“知行合一”的认识论，强调实践是检验真理的唯一标准，重视务实求真，体现在国际交往中，就是诚信意识。再如“自强不息”的进取精神，强调坚持与执着，重视勇于开拓创新的精神，此外，还有家国意识、仁义观念、大同思想等中国文化的精髓，为世界的和平发展提供了新的思路和探索，强有力地启迪着未来世界的发展。

所以，中国的和平崛起向世界展示了中国的崭新形象，这个崭新形象集合了中国智慧、中国精神、中国道路和中国力量，集合了中国历史、中国现实、中国政治和经济、文化以及生活方式，表达了中国与世界在思想和情感交流中的意愿，提升了国家的国际影响力，为实现民族振兴、国家富强、人民幸福的中国梦创造了天时、地利与人和的环境。

第四章　传统文化的现代复兴

第一节　传统文化与文化传统

实现中华民族的伟大复兴，是近代以来华夏儿女最伟大的梦想。实现这个伟大的中国梦，一个重要方面就是要传承和弘扬中华优秀传统文化。自党的十八大以来，习近平同志在其系列重要讲话中大力倡导中华优秀传统文化，强调："中国传统文化博大精深，学习和掌握其中的各种思想精华，对树立正确的世界观、人生观、价值观很有益处。"[①]并指出："一个国家、一个民族的强盛，总是以文化兴盛为支撑的，中华民族伟大复兴需要以中华文化发展繁荣为条件。对历史文化特别是先人传承下来的道德规范，要坚持古为今用、推陈出新，有鉴别地加以对待，有扬弃地予以继承。"[②]我们坚信，中华民族自身厚重丰富的优秀传统文化的现代复兴，必将助推美丽中国梦的实现。

一、传统文化与文化复兴的内涵诠释

要实现传统文化的现代复兴，首先得弄清楚什么是"传统文化"？其次，还得弄清楚传统文化生成和发展的文化环境，我们可以称之为"文化传统"。关于"文化传统"与"传统文化"的关系，目前学界尚未形成统一看法，一般认为，这两个概念的区分主要表现在：传统文化的全称大概是传统的文化，落脚在文化，对应于当代文化和外来文化而谓，其内容当为历代存在过的种种物质的、制度的和精神的文化实体和文化意识。文化传统的全称大概是文化的传统，落脚在传统，与传统文化不同，它不具有形的实体，不可抚摸，仿佛无所在；但它却无所不在，既在一切传统文化之中，也在一切现实文化之中，而且还在你我的灵魂之中。可以说，文化传统是形而上的道，传统文化是形而下的器；道在器中，器不离道。文化传统是不死的民族

① 2013年3月7日在中央党校建校80周年庆祝大会暨2013年春季学期开学典礼上的讲话，转引自叶自成：《传统文化精华与习近平治国理念》，载《人民论坛》2014年2月7日。

② 2013年11月26日在山东考察时的讲话，转引自叶自成：《传统文化精华与习近平治国理念》，载《人民论坛》2014年2月7日。

魂，它产生于一个民族的历代生活，成长于民族的重复实践，形成民族的集体意识和集体无意识。

根据现在通行的解释，我们通常所谓“传统文化”，是指一种文明形态在不断演化过程中汇集而成，能够反映其民族特质和风貌的民族文化，是一个民族历史上各种思想文化、观念形态的总体表征。

从传统文化的内容来看，应当包括历代存在过的种种物质的、制度的和精神的文化实体和文化意识。世界各地各民族都有自己的传统文化，中国传统文化便是中华文明演化而汇集成的一种反映中华民族特质和风貌的民族文化，是中华民族历史上各种思想文化、观念形态的总体表征，是居住在中国地域内的中华民族及其祖先所创造、为中华民族世世代代所继承发展、具有鲜明民族特色、历史悠久、内涵博大精深、传统优良的文化形态。

二十四史

在中华民族漫长的历史发展过程中，我们的先民积累了丰厚的文化遗产，这些遗产既有以物质形态出现的包括各类遗址、遗存、文物、文献等的物质文化遗产，也有以非物质形态流传下来的包括语言、文学、音乐、舞蹈、神话、礼仪、习俗、手工艺、技艺等的非物质文化遗产。这些优秀的传统文化遗产是我们民族的宝贵财富，因为它们都凝聚着中华民族自强不息的民族精神追求和历久弥新的文化底蕴，也是我们当下发展社会主义先进文化的深厚文化基础，同样也是今天建设中华民族共有精神家园的重要支撑。今天，我们要实现中华民族的伟大复兴，要想实现美丽中国梦，就必须传承中华民族的优秀传统文化，因为经过历史积淀的优秀传统文化不仅仅是我们民族赖以生存的基础，也是我们民族文化继续发展的前提。面对当前世界经济一体化和国际文化霸权主义渐渐抬头的趋势，我们必须清醒地意识到，如果不能很好地传承我们自己民族的文化，就可能要面临被异族异域文化逐渐一体化的威胁，我们的文化遗产及其生存环境也会受到严重威胁。正如人们常说的，一个没有自己文化传统的民族必然会走向灭亡之路，面对亡种的危险，我们没有理由不对自己的传统文化进行梳理和传承，为此，作为当代中国人必须多措并举，传承好、保护好中华优秀文化遗产。

今天我们提倡弘扬传统文化，绝不是要用传统文化来装点门面，也绝不是要把传统文化仅仅当作研究对象，正如有学者[①]所说，对当代中国人来讲，传统文化并不能简单地看作“博物馆里的展览品”，相反，作为我们的文化血脉，传统文化正在以各种形态活在我们的日常生活当中。同样，对于传统文化的继承者来说，弘扬中华优秀传统文化，绝不是要做一项考古工作，只是把一些死的东西挖出来供人展览和欣赏，我们要自觉地立足现实生活本身，把传统文化看作我们骨子里的文化基因，用它来丰富我们的精神生活，提高我们的生活质量和生命厚度。作为有着五千年文明史的古老大国，中国传统文化不仅在内容上丰富多彩，而且在结构上也有着自己的层次和功能分工，传统文化中以“仁义礼智信”为代表的价值性内容构成了传统文化的核心，以“经史子集”为代表的经典文献则是我们传承传统文化的重要载体，而生活中的服饰器物则是传统文化的具体表现，各种民俗文化活动又是传统文化的活态载体。

自从党的十八大以来，中国人从中央领导到普通民众都深深意识到了传统文化复兴的重要性和必要性，那么传统文化与我们究竟有什么样的密切关系呢？换句话说，在已经迈入现代化的今天，我们为什么还需要弘扬遥远的古代流传下来的传统文化？有学者如此回答：“时代越现代，传统似乎离我们越远，我们重视传统到底是因为什么呢？其实道理很简单，中华优秀传统文化是中国人共同的精神家园，是我们共同的文化心理。历史是不能割断的，历史也是割断不了的，我们思考中华民族的今天与未来，必须要面对我们的传统。传统时时刻刻就在我们身边，影响着我们对世界的看法。”[②]的确，传统文化对于我们每个人来说，就如同我们的生物基因，无论你走到哪里，它都会如影随形地跟着你，即使你的生命不在，这种文化基因还会传给你的后人。马克思主义经典理论认为，任何一个民族都是漫长的历史上逐渐形成的有着共同语言、共同地域、共同经济生活基础，以及表现于共同文化上的共同心理素质的稳定的人群共同体。中华优秀传统文化对于中华民族的当代影响同样也表现在语言、地域、经济生活等诸多方面，其中“最为重要的是，它构成了我们共同心理素质的核心，构成了当代中国人共同的文化心理与身份认同。中华民族可以称得上一个共同的民族，重点在于文化上的关联，中华民族更强调一种‘文化群’，而不是血缘上的种族”[③]。李泽厚先生曾经指出，在几千年的中国历史和文化的发展过程中，

① 赵金刚：《传统文化教育更应注重价值传承》，载《中国教育报》2014年9月24日。

② 赵金刚：《传统文化教育更应注重价值传承》，载《中国教育报》2014年9月24日。

③ 赵金刚：《传统文化教育更应注重价值传承》，载《中国教育报》2014年9月24日。

中华民族逐渐形成的“对待人生、生活的积极进取精神，服从理性的清醒态度，重实用轻思辨，重人事轻鬼神，善于协调群体，在人事日用中保持情欲的满足与平衡，避开反理性的炽热狂迷和愚盲服从，它终于成为汉民族的一种无意识的集体原型现象，构成了一种民族性的文化—心理结构”①。今天，当我们试图从民族传统文化中汲取精神养料、弘扬中华民族的优秀传统文化时，首先必须对传统文化中形成的那些优秀价值进行认真的研究和学习，“这些价值不仅对当代中国人有重要意义，而且有着重要的世界意义。面对全球化浪潮，中国需要面对世界、走向世界，但这一切必须以中华文化的主体性为基础，实现民族文化传统的伟大复兴，只有这样，在全球化当中，才能保持自身民族的独立性，才能为全球化做出独特的中国贡献”②。

那么究竟什么才是“传统文化的复兴”呢？我们认为，传统文化复兴或者叫作传统文化热的出现，正是当代社会对自身文化建设的反思，也是对当下文化领域出现的乱象的一种补救。当前，传统文化的确面临现代化的全方位挑战，在全球化浪潮的裹挟之下，人们越来越找不到自己灵魂的栖息地，于是呼唤民族精神的回归就成为必然。学者郑家栋在接受媒体访问时指出：“近代以来，‘传统文化复兴’始终是与强国梦联系在一起的。可是人们今天已经开始注意到所谓‘文化复兴’可能较之政治经济意义上的强盛更为复杂，也更需要假以时日。今天人们通常只是从‘道德’功能层面理解传统经典，无论是倡导读经者还是反对读经者都是如此。而实际上，经典所凝聚的乃是我们民族数千年的生存经验，数千年的过滤与沉淀，数千年的整理与反思，这条线索始终没有中断，这是一件不得了的事情，是一种不可替代的财富！完全脱离了这条主线，我们根本就谈不上真正理解和把握我们民族的现在与未来。”③正是基于这样一种认识，他进一步指出我们今天所谓“复兴传统文化”，“意味着把历史上的源头活水接引过来，浇灌我们现实的土壤。‘复兴’的实质性内涵绝不是用‘传统’取代‘现代’，不是要回到某一个原点，或者恢复某种过去时态的东西，而是意味着重新确立我们民族的主体意识，重建我们民族的历史叙事，建构具有民族特色、民族底蕴的现代文化，包括民族特色的哲学、艺术、宗教、教育理念和教育体制、价值系统和生活方式”④，正是在这个意义上，我们认为“民族文化复兴”本质上不是因循而是创造。复兴不是复古，更不是食古不化，而是要把优秀的

①李泽厚：《中国古代思想史论》，三联书店2008年。

②赵金刚：《传统文化教育更应注重价值传承》，载《中国教育报》2014年9月24日。

③杨波：《国学复兴：传统文化的现代寻根之旅？》，载《解放日报》2004年11月16日。

④杨波：《国学复兴：传统文化的现代寻根之旅？》，载《解放日报》2004年11月16日。

传统文化与复杂的现实生活对接，用传统文化解决现实问题，在解决问题的过程中不断丰富我们的传统文化内涵。

二、中国传统文化的精神特征

对于中国传统文化的精神特征，不同学者都试图做过许多论述，且形成了自成一家的说法，我们认为中国传统文化精神是围绕“和合”观念建构而成的文化系统。张岱年先生在《论中国文化的基本精神》一文[①]中对中国文化的基本精神做了全面阐释：“何谓精神？精神即是思维运动发展的精微的内在动力。中国文化中有一些思想观念，在历史上起了推动社会发展的作用，成为历史发展的内在思想源泉，这就是文化的基本精神。当然，社会发展的基本原因在于生产力的发展，但是思想意识在一定条件下也有一定的积极作用。”[②]

陕西黄陵的黄帝陵

在此基础上，他指出中国几千年来文化传统的基本精神其主要内涵有四项，即天人合一、以人为本、刚健自强、以和为贵，并对这四项基本观念分别做出了自己的阐释。他说：“天人合一即肯定人与自然的统一，亦即认为人与自然不是敌对的关系，而是具有不可割裂的关系。所谓合一是指对立的统一，即两方面相互依存的关系。天人合一思想在春秋时即已有之。”[③]行文中他还把“天人合一”观念与西方所谓“克服自然”“战胜自然”的观念进行比较，认为二者有很大区别。对于“以人为本”的观念，他指出这是相

①张岱年：《论中国文化的基本精神》，载《中国文化研究集刊》1982年第1期。

②张岱年：《论中国文化的基本精神》，载《中国文化研究集刊》1982年第1期。

③张岱年：《论中国文化的基本精神》，载《中国文化研究集刊》1982年第1期。

对于宗教家“以神为本”而言的，并说：“孔子虽然承认天命，却怀疑鬼神。他说：‘务民之义，敬鬼神而远之，可谓知矣。’认为人生最重要的是提高道德觉悟，而不必求助于鬼神。孔子更认为应重视生的问题，而不必考虑死后问题。”[①]他进一步分析：“受儒家思想影响的中国知识分子，宗教意识都比较淡薄。在中国文化中，有一个以道德教育代替宗教的传统。虽然道德也是有时代性的，但是这一道德传统仍有其积极的意义。”[②]对于中国文化精神中的“刚健自强”这一先秦儒家提出的人生准则，张岱年先生也有深刻认识，并举孔子“刚毅木讷近仁”之说，认为孔子也是重视“刚”的品德的，而这里的刚毅即是具有坚定性。张先生还指出：“儒家的以和为贵的思想在历史上曾经起了促进民族团结，加强民族凝聚力，促进民族融合，加强民族文化的同化力的积极作用。在历史上，得民心者得天下，失民心者失天下，已成为长期起作用的客观规律。在历史上，汉族本是由许多民族融合而成的；在近代，汉族又和五十几个少数民族融合而合成中华民族，中华民族内部密切团结而成为一个统一的整体。中华民族是多元的统一体，中国文化也是多元的统一体。多元的统一，正是中国古代哲学所谓‘和’的体现。所谓‘和’，不是不承认矛盾对立，而是认为应该解决矛盾而达到更高的统一。”[③]在对他提出的四个观念做完阐述后，张先生总结道：“以上所谓‘天人合一’、‘以人为本’、‘刚健自强’、‘以和为贵’，都是用的旧有名词。如果采用新的术语，‘天人合一’应云‘人与自然的统一’，或者如恩格斯所说‘人与自然的一致’、‘自然界与精神的统一’。‘以人为本’，应云人本主义无神论。‘刚健自强’，应云发扬主体能动性。‘以和为贵’，即肯定多样性的统一。这些都是中国古代哲学中的精湛思想，亦即中国文化基本精神之所在。”[④]作为当代文化名宿，张先生对中国文化的基本精神鞭辟入里，可谓是真得传统文化之三昧矣。

毫无疑问，张先生针对中国文化精神的上述论说，对我们今天实现传统文化的伟大复兴和新文化建设是有着极大的启示意义和参考价值的。对于中华优秀传统文化的核心理念，也有学者概括为：“天人和谐、道法自然、居安思危、自强不息、诚实守信、厚德载物、以民为本、仁者爱人、尊师重道、和而不同、日新月异、天下大同。”[⑤]看得出来，中国人对自己的文化精

①张岱年：《论中国文化的基本精神》，载《中国文化研究集刊》1982年第1期。

②张岱年：《论中国文化的基本精神》，载《中国文化研究集刊》1982年第1期。

③张岱年：《论中国文化的基本精神》，载《中国文化研究集刊》1982年第1期。

④张岱年：《论中国文化的基本精神》，载《中国文化研究集刊》1982年第1期。

⑤张岂之：《深刻认识中华文化的历史渊源》，载《人民日报》2014年5月16日。

神，判断基本是相互一致的。

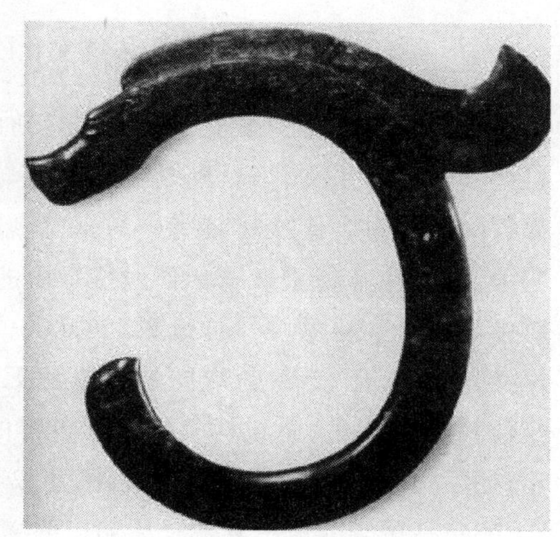
红山文化的玉龙

对中国传统文化的基本精神，习近平同志在访问比利时的讲话中则做出了这样的阐释："中国是有着悠久文明的国家。在世界几大古代文明中，中华文明是没有中断、延续发展至今的文明，已经有5000多年历史了。我们的祖先在几千年前创造的文字至今仍在使用。2000多年前，中国就出现了诸子百家的盛况，老子、孔子、墨子等思想家上究天文、下穷地理，广泛探讨人与人、人与社会、人与自然关系的真谛，提出了博大精深的思想体系。他们提出的很多理念，如孝悌忠信、礼义廉耻、仁者爱人、与人为善、天人合一、道法自然、自强不息等，至今仍然深深影响着中国人的生活。中国人看待世界、看待社会、看待人生，有自己独特的价值体系。中国人独特而悠久的精神世界，让中国人具有很强的民族自信心，也培育了以爱国主义为核心的民族精神。"[①]他还说："中华文化源远流长，积淀着中华民族最深层的精神追求，代表着中华民族独特的精神标识，为中华民族生生不息、发展壮大提供了丰厚滋养。中华传统美德是中华文化精髓，蕴含着丰富的思想道德资源。不忘本来才能开辟未来，善于继承才能更好创新。对历史文化特别是先人传承下来的价值理念和道德规范，要坚持古为今用、推陈出新，有鉴别地加以对待，有扬弃地予以继承，努力用中华民族创造的一切精神财富来以文化人、以文育人。"[②]并且要求全党领导干部"要认真汲取中华优秀传统文化的思想精华和道德精髓，大力弘扬以爱国主义为核心的民族精神和以改革创新为核心的时代精神，深入挖掘和阐发中华优秀传统文化讲仁爱、重民本、守诚信、崇正义、尚和合、求大同的时代价值，使中华优秀传统文化成为涵养社会主义核心价值观的重要源泉。要处理好继承和创造性发展的关系，重点做好创造性转化和创新性发展"[③]。尽管，时至今日，我们对中国文化的精神特征有着不同的解读，但是，传统

① 2014年4月1日习近平在比利时欧洲学院谈中华文明。

② 2013年8月19日习近平在全国宣传思想工作会议上的讲话。

③ 2014年2月24日习近平在中共中央政治局第十三次集体学习时的讲话。

文化的优秀精神却渗透在我们的精神血液中。

三、中国传统文化的主体价值

自鸦片战争特别是五四新文化运动以来，有关传统文化与现代文化、传统文化与外来文化，特别是传统文化与马克思主义的关系问题，在文化界曾经引发过若干次比较集中的研究热潮，在这一次次省察和反思中，人们关注的“焦点似乎在于如何对待中国的传统文化，这个问题本身又涉及对中国传统文化的主体价值观念的认识”①。传统文化是一个民族各种思想文化、观念形态、价值取向的总体表征，就中国传统文化的内涵而言，不仅包括儒家文化，还包括其他各种各样的文化形态，如道家文化、法家文化、墨家文化、名家文化、佛教文化；不仅包括以中原文化为核心的汉族文化，还包括中华大地上其他民族创造的文化。张岱年先生曾说：“中华民族是由许多的民族(或称为种族)共同构成的一个整体。在长期的发展过程中，中国各族的文化相互交融，共同构成为丰富灿烂的中华民族文化。从历史来看，不能不承认，汉族文化在中华民族文化的发展过程中居于主导的地位。汉族文化曾经对各兄弟民族的文化产生深刻的影响，但也汲取过各兄弟民族的文化成就。汉族和各兄弟民族，彼此之间有一个长期的文化交融的过程。从世界范围来看，中国文化是一个独立发展的体系，有一个连续不断的发展过程。在这发展过程中，虽经常吸收外来文化的长处，但始终保持着自己的独立性，因而成为世界上一个独特的文化类型，影响及于国外，对于世界文化作出过巨大的贡献。”②在这里，张岱年先生用“独特的文化类型”对中国传统文化进行了准确定位，这也恰好就是中国传统文化的主体价值所在。

兰亭序

① 王杰：《传统文化中的主体价值及其现代转换》，载《中共中央党校学报》2006年第3期。

② 张岱年：《论中国文化的基本精神》，载《中国文化研究集刊》1982年第1期。

对于中国新文化的建设与传统文化的关系，早在20世纪80年代初期，张岱年先生就有过精辟的论述："近代以来，由于中国受帝国主义的欺凌，由于反动统治者的腐败无能，由于中国沦为半殖民地，人们特别注意考察中国旧有的思想意识中有消极衰朽的方面，注意考察旧有思想意识中的陈腐萎靡的病态。这当然是必要的。对于这些缺点、病态，必须有清醒的认识，坚决地加以改革。但是，如果中国文化仅仅是一些缺点、病态的堆积，那么，中华民族就只有衰亡之一途了。过去，一些帝国主义者正是以此对中国进行恶毒的攻击。我们在严正地予以反驳的同时，应当注意考察传统文化中所包含的积极的健康的要素，深切地认识到中国传统文化中具有指导作用的推动历史前进的精神力量。"[①]在这里强调传统文化推动历史前进的指导作用和精神力量，就是在强调中国文化的主体性。有学者指出："在中国思想文化发展史上，思想文化发展的多元性表现在除了儒家文化外，还存在大量独立于儒家文化之外的文化内容。这些文化内容都程度不同地渗透、影响着民族心理素质、风俗习惯乃至人们的思维、行为、生活方式。这些思想意识对中国国民心理影响至深至远，在意识形态上往往与儒家文化形成互补结构。这些内容不同、类型相异的思想文化，与儒家思想文化相互激荡、吸收、融合，共同熔铸了中国的传统文化。"[②]也就是说，向来被视为中国传统文化主体的儒家文化，在其历史演进过程中也是大量融汇、吸收了其他各种不同思想文化形态的内容。这一过程可称为文化的"内融合过程"。到了东汉末年，源自印度的佛教文化传入中土，这使得中国传统文化第一次真正意义上受到异域文化的挑战，在此后的几个世纪中，印度佛教文化与中国传统文化在意识形态领域不断展开斗争和融合，在克服所谓"夷夏之辨"的重重障碍之后，"在长期的论争过程中，佛教文化从传入、依附、分化，到渗透、融合，逐渐注入中国文化的血液，我中有你，你中有我，成为一对难舍难分的'孪生兄弟'。这一文化融合过程长达一千年之久，最后孕育出中国思想史上新的思想果实，即宋明理学。宋明理学就是以传统儒家思想为核心，以佛、道思想为骨架建构起来的"[③]。这种外来思想文化与传统思想文化冲突、融合的过程被称为文化的"外融合过程"。这两种思想文化的融合形式，是思想自身辩证发展的必然产物。

中国传统文化的核心精髓是儒家文化，这已经成为学界的共识。其实，无论是在历史上若干次围绕中国传统文化的论争中，还是当下如火如

① 张岱年：《论中国文化的基本精神》，载《中国文化研究集刊》1982年第1期。

② 王杰：《传统文化中的主体价值及其现代转换》，载《中共中央党校学报》2006年第3期。

③ 王杰：《传统文化中的主体价值及其现代转换》，载《中共中央党校学报》2006年第3期。

荼的传统文化复兴热潮中，人们通常所说的“传统文化”往往仅仅是指“儒家文化”，或者说更多的时候，在我们的潜意识中，中国的传统文化就是孔孟之道。也正因如此，学者王杰对“传统文化”做过这样的概括：“中华民族共有的、以儒家思想文化为基线的、涵括其他各种不同思想文化内容的有机的文化体系，它是一个国家和民族的集体记忆与精神寄托。”[①]传统文化是一种“观念之流”和“价值取向”，作为观念和价值取向的传统文化渗透在一个民族的集体无意识中，我们必须清醒地意识到：“被称为传统文化的东西，必定是在社会机体组织及人的心理—生理结构中有着强大生命力和潜在影响力的东西。这些业已积淀为人的普遍心理—生理素质的因素，时刻在规范、支配着人们未来的思想、行为。不具备这一特征，就不能划归到传统文化的范围。”[②]

张衡创制的地动仪

世界上不同民族都有其构成本民族精神凝聚力的文化传统，中华民族也是如此。构成民族精神凝聚力的传统文化往往会作为价值判断系统，对整个民族文化系统的发展轨迹和方向起着调控、制约的作用，价值判断系统的这种调控制约的属性被称为“传统文化的价值取向性”。中国传统文化之所以有别于西方传统文化，这主要是因为二者之间有着迥然不同的价值取向。同样因为两种不同的价值判断组合形式，从而导致中西方文化中非常不同的内容形式和思维方式：“一方注重对自然本体的追求，一方注重对社会人生的探讨；一方是纯知识体系的建构，一方是道德规范原则的叠加；一方是理论性思想的突破，一方是直观性思维的构想。”[③]在比较中，我们可以看出，中西两种不同类型的民族文化其各自的特征十分明显，通过这种简单的中西文化和思维方式的对比，我们同样可以看出，中国传统文化在价值取向上有着浓厚的伦理道德倾向的重要文化特性。西方思想家对中国思想文化的这一特征早有察觉，孟德斯鸠就曾经说中国人经常“把宗教、法律、风俗、礼仪都混在一起。所

① 王杰：《传统文化中的主体价值及其现代转换》，载《中共中央党校学报》2006年第3期。

② 王杰：《传统文化中的主体价值及其现代转换》，载《中共中央党校学报》2006年第3期。

③ 王杰：《传统文化中的主体价值及其现代转换》，载《中共中央党校学报》2006年第3期。

有这些东西都是道德，所有这些东西都是品德，这四者的箴规，就是所谓礼教。中国人把整个青年时代用在学习这种礼教上，并把整个一生用在实践这种礼教上"。[①]黑格尔也指出："在中国人那里，道德义务的本身就是法律、规律、命令的规定……这道德包含有臣对君的义务，子对父、父对子的义务以及兄弟姊妹间的义务。"[②]重视道德在人际关系中的建构作用，而不是一味依赖于法律的约束，这的确是中国传统文化的重要观念。早在先秦时期，我们就形成了"厚德载物"的民族精神和价值观念，今天我们要实现中国梦，途径是多样的，但对中国人来说，首先想到的便是如何通过文化来实现人与人、人与社会、人与自然的和谐，通过文化道德建设来增强我们的凝聚力和竞争力。时至今日，伦理道德观念在中国传统文化中依然占有重要的地位。

第二节　传统文化与现代文明

人类历史上的四大古文明中唯有中华文明没有中断，这说明中华文化在延续力上有自己的优势，今天我们要实现传统文化与现代文明的衔接，就必须认识到其内在的规律，同时要认识到传统文化在现代依然有着旺盛的生命力。优秀的传统文化与时代精神相结合，是中华文化发展和建设的重要途径。

一、近现代文化转型：传统文化的迷失之痛

一般认为，随着中国社会的近代转型，中国传统文化也渐渐失落，这种失落"主要是指轴心时代出现的、秦汉之后逐渐稳定的儒家文化为主导，释道文化为补充的整体文明解构的瓦解。其中最主要的是维系中国封建宗法社会的'三纲五常'道德伦理观念，在以新文化运动为代表的启蒙思想冲击下的崩溃"[③]。五四新文化运动之后，中国的文化构成形式发生了新的变化，即以新儒家为代表的保守主义思想，以西方自由主义为代表的激进主义思想，以马克思主义为代表的革命主义思想，共同构成了中国文化的新的结构特征。

中华民族有着悠久灿烂的文明，长期居于世界文明发展的先进行列。据有关学者测算，直到18世纪末期，中国的经济规模仍是世界上最大的，

①孟德斯鸠：《论法的精神》，商务印书馆1978年，第313页。

②黑格尔：《哲学史讲演录》，商务印书馆1996年，第125页。

③汪洋：《中国文化复兴历程》，载《经理日报》2012年2月16日。

相当于20世纪末期美国经济总量在世界经济总量中的比重。但近代以来，在西方坚船利炮的侵略下，中华民族遭受了深重苦难、付出了重大牺牲，辉煌不再，尊严难立，中华儿女也从此开始了百年中国梦的辛苦求索、艰难追寻。[①]

1.洋务派与“中本西末”论

两次鸦片战争和太平天国运动后，古老的中国迎来了“千年未有之变局”。面对军事上的节节败退，技术上的落后于人，中国人第一次开始认真思考，要不要向西方学习以及如何学习和学习什么的问题。痛定思痛之后，洋务派首先发起向西方学习、引进先进的科学技术的新思潮，于是采西学、制洋器、设船炮局、聘请西人技师等活动次第展开，借诸国富强之术以自强之风骤然兴起，一度“人人有自强之心，亦人人为自强之言”蔚然成风。[②]鸦片战争后，西学东渐之风日盛，如何对待西学的问题越来越受到人们的普遍关注。洋务思潮兴起后，用道器论的观点看中学与西学的关系成为那些喜谈洋务的政治家和思想家热衷的话题。在全国上下“求强”与“求富”的号角声中，洋务运动的倡导者们在心理上克服了“华夷之辨”的障碍，初步解决了“为什么学”的问题，至于“学什么”和“怎样学”的问题，则成为困扰他们的关键问题，经过漫长的摸索，他们最终用“中本西末”的理论做出了回答。我们可以想见，在一个有着千年封建历史的大国里，传统的势力和权威性向来是不允许冒犯的，对“夷族蛮邦”之“奇技淫巧”，中国人向来是不屑并保持着距离的。洋务派创造性地提出了“中本西末”理论，巧妙地搭建起了中学和西学的沟通平台，一方面保持了传统的至尊地位、维护了封建的纲常名教；另一方面又及时地把西方先进的科学技术引入中国。不过令人遗憾的是，通过他们的论述我们可以发现，在洋务派的观念中，三纲五常的伦理道德依然是“本”是“体”，西方的奇技淫巧不过是用来“卫吾之道”的“末”和“器”而已，既然西方的学说只是点缀性质的“末”，这在最大程度上减少了向西方学习的阻力。正如汪澎白先生在《艰难的转型》里说的：“文化系统的器物层面的变异不至于严重威胁到被冲击的社会体制与心理结构，因而遇到最少的情绪上的抵抗。”[③]

从冯桂芬的“中主西辅”说到李鸿章的“中本西末”说，从王韬的“中道西器”论再到李圭的“体用必备”，最后由张之洞总结为“旧学为体，西学为用”，都可以看出作为中国最早一代面对中西问题的读书人被动中的无奈，

①辛鸣：《中国梦：实现每个人自由全面的发展》，载《深圳特区报》2013年3月5日 。

②中国近代史资料丛刊编写组：《洋务运动》，神州国光社1954年，第26页。

③汪澎白：《艰难的转型》，湖南出版社1991年，第131页。

甚至可以看成是洋务人士的"应急之作",但是他们却历史性地圈定了西学传入的范畴和规模。当这次中西文化的正面交锋突破了"器物"层面、突破了"中本西末"设定的框架,就必然会导致运动的夭折。对此,曹锡仁做出了这样的分析:"功利的文化态度虽然有其历史的进步性,却不能从长远上为文化的发展提供更为良好的发展机制。"[①]

长期以来,论者总是习惯于用"中体西用"这一概念来概括19世纪60—90年代关于中西学关系的不同论点,甚至断言"中体西用"是洋务运动的指导思想。事实上,经过文献查证,我们发现,除顽固的守旧派之外,这一时期关于中西学关系的认识的概括不仅不一样,而且不同派别的认识也迥然有别。详查有关资料,从1861年到1894年的三十余年间,洋务政治家和思想家在论及中学与西学关系时,曾有过"中本西辅""中本西末""中体西用""中道西器""中道西艺"等等不同提法。但是,在大多数情况下,他们是用"本""末"这对概念来表述中学与西学的关系的。不仅"中道西器""中道西艺"的提法只是偶尔出现,"中体西用"的提法的出现也不过寥寥数次,居于主流地位的是"中本西末"论,而且,"中体西用"这一提法只是在1895年维新思潮兴起后才开始流行。[②]一般认为,"西学"的概念首次出现在冯桂芬1861年所撰写的《采西学议》一文[③],不仅首次对西学做了明确的界说,而且还阐述了中学与西学的关系,认为国人须"以经、史等学兼习算学",并且提出"以中国之伦常名教为原本,辅以诸国富强之术"[④]。冯桂芬的"中本西辅"说,便成为尔后洋务派"中本西末"论之滥觞。

洋务派的代表人物在论述"自强"口号时,总是提到中学与西学的关系问题,曾国藩、左宗棠、李鸿章都曾经谈及中西学的关系问题。曾国藩尽管没有明确地提出"中本西末"问题,但他却用本末观来看待中学与西学的关系。左宗棠曾对中学与西学的关系做过专门的论述,在1866年的奏文中说:"中国之睿知运于虚,外国之聪明寄于实。中国以义理为本,艺事为末;外国以艺事为重,义理为轻。彼此各是其是,两相不逾,姑置弗论可耳。谓执艺事者舍其精,讲义理者必遗其粗,不可也。谓我之长不如外国导其先可也;谓我之长不如外国,让外国擅其能不可也。此事理之较著者也。"[⑤]在他看来,中学与西学二者泾渭分明。李鸿章对中学与西学的关系问题做过

①曹锡仁:《中西文化比较导论》,中国青年出版社1992年,第54页。

②戚其章:《从"中本西末"到"中体西用"》,载《中国社会科学》1995年第1期。

③冯桂芬:《校邠庐抗议》卷下,第67-69页。

④冯桂芬:《校邠庐抗议》卷下,第67-69页。

⑤左宗棠:《重刻〈海国图志〉叙》。

较多的论述，其中1864年《致函总理衙门》中明确指出："中国文武制度，事事远出于西人之上，独火器万不能及。……中国欲自强，则莫如学习外国利器；欲学习外国利器，则莫如觅制器之器。师其法而不必尽用其人。欲觅制器之器与制器之人，则或专设一科取士；士终身悬以为富贵功名之鹄，则业可成，艺可精，而才亦可集。"[①]翌年，他在《置办外国铁厂机器折》中进一步阐述了这一观点："中国文物制度，迥异外洋獉狉之俗，所以郅治保邦固丕基于勿坏者，固自有在。必谓转危为安、转弱为强之道，全由于仿习机器，臣亦不存此方隅之见。顾经国之略，有全体，有偏端，有本有末，如病方亟，不得不治标，非谓培补修养之方即在是也。"[②]在这里，他明确提出"中国文物制度"不可动摇，是本；而西学不能说就是"转危为安、转弱为强之道"，犹如急病不得不用治标之方，是末。据上所述，我们不难看出洋务派的主要代表人物都是主张"中本西末"论的，"中本西末"成为洋务派处理中学与西学的关系的基本准则。

2.维新派与"中体西用"说

洋务运动时期的京师大学堂

从时间上看，1895年4月，沈康寿在《万国公报》发表文章首提"中学为体，西学为用"之说。之后，孙家鼐在筹议京师大学堂、张之洞在改革两湖书院、梁启超在起草大学堂章程的时候，都使用了"中学为体，西学为用"的概念。现在一般认为，对"中体西用"说做出系统深入阐释者则是洋务派的张之洞，1898年在《劝学篇》中不仅给"中体西用"下了确切的定义，也首次将"中体西用"思想理论化表述，张之洞提出："中学为内学，西学为外学；中学治身心，西学应世事。"[③]在近代学人中，第一次从位置和功能两方面对中西学之间的关系进行了论证。之后，随着中西接触的频繁，"中体西用"作为一种思想理论和文化观念，成为19世纪下半叶先进中国人的基本共识，甚至被看作是救世的文化政策，可以说，"中体西用"是洋务

①《李文忠公全集》，奏稿卷9，第35页。
②《李文忠公全集》，奏稿卷19，第9页。
③〔清〕张之洞：《劝学篇》，吉林出版集团有限责任公司2011年。

派在中西文化碰撞后经过对时局的自我判定最终采取的文化选择模式，但是我们应该注意到，这里的“中体西用”依然有着浓浓的“中本西末”味道，也就是说，对于大多数洋务派人士而言，他们往往口头说的是“体用”观，行动上却是以“本末”观为指导。

其实，早期维新派也是“中本西末”论者。但是，早期维新派的“中本西末”论与洋务派的“中本西末”论相较，二者既有相同之处，也有相异之点。在早期维新派中，郭嵩焘、薛福成、王韬、郑观应等都论述过“中本西末”问题。郭嵩焘在条议海防事宜时，即对“中本西末”问题进行了比较全面的阐明，认为本末一体，不能截然分开，西洋立国也是有本有末，其本在朝廷政教，其末在商贾、造船、制器等，不是仅仅有末而已。薛福成在1872年送陈兰彬带幼童赴美留学时写有赠言：“中国所长，则在秉礼守义，三纲五常，犁然罔玫，盖诸国之不逮亦远矣。为今之计，莫若勤修政教，而辅之以自强之术。其要在夺彼所长，益吾之短，并审彼所短，用吾之长。中国之变，庶几稍有廖乎？”[①]在薛福成看来，中国之所长在“秉礼守义，三纲五常”，这自然应该成为“本”；西方之所长在“自强之术”，便只能起到辅助作用，也就只能是“末”。王韬也是一位重要的“中本西末”论者，他说：“治天下者，当立其本，而不徒整顿其末。”[②]他在为郑观应《盛世危言》一书所写的跋中指出：“诚使孔子生于今日，其于西国舟车、枪炮、机器之制，亦必有所取焉。器则取诸西国，道则备自当躬。盖万世而不变者，孔子之道也。孔子之道，儒道也，亦人道也。道不自孔子始，而道赖孔子以明。”[③]继郭嵩焘、薛福成、王韬之后，郑观应成为“中本西末”论的主要代表人物，他明确提出自己的主张：“中学，其本也；西学，其末也。主以中学，辅以西学。”他还专门写了一篇《道器》，用道器论的观点来考察中学与西学的关系。他说：“孔氏云：‘物有本末，事有始终。知所先后，则近道矣。’既曰物有本末，岂不以道为之本，器为之末乎？又曰事有始终，岂不以道开其始，而器成其终乎？”[④]陈炽在为《盛世危言》所写的序中用“道之中有器焉”“器存而道亦寓焉”[⑤]二语概括了郑观应的观点。通过上述文献可知，早期维新派虽然和洋务派都是“中本西末”论者，但他们的观点却有着重要的差异，主要表现为：“第一，洋务派把中学和西学看成是完全不同的事物，中学是本，西学是末，所以本末关系

①《庸庵文编》卷2，第62-63页。

② 中国近现代史资料丛刊编写组：《戊戌变法》，神州国光社1954年，第135页。

③《郑观应集》上册，第167页。

④《郑观应集》上册，第167页。

⑤ 陈炽：《〈盛世危言〉序》，见《郑观应集》上册，第230页。

是不同事物之间主要和非主要的关系；早期维新派则主张本末一体，事物各有其本末，西洋立国亦有本有末，并非仅仅有末而已。第二，洋务派用静止的眼光来看本和末，强调中国的政教远出西人之上，本是永远不能变的；早期维新派则认为，中国的落后不仅表现在末的方面，更主要的是表现在本的方面，本不但应该变，而且非变不可。第三，洋务派把本和末视为主与辅的关系，末为辅，只是外加的附属物；早期维新派则认为，本与末是对立统一的，本寓于末，有末就有本，故可以末化为本。”[①]正是因为早期维新派在思想上与洋务派的这些差异，才会有后来的维新运动和“中体西用”观念的落地。

1895年维新思潮兴起之后，“中体西用”逐渐成为流行口号，在此后的几年内，“中体西用”似乎成了各类人物都能接受的普遍原则。但事实并非如此简单，经过比较变化发现，时人在具体使用到“中体西用”这一概念时，往往不同的人有着不同的着眼点，维新派人士和洋务派人士对“中体西用”的认识有时候表现得大相径庭。学者戚其章对此做过精辟的论断，指出洋务派在使用“中体西用”概念时，主要着眼于“补救”二字，即用西学“补救”中学之缺失，所以把洋务派的“中体西用”论称为“补救”论。维新派在用“中体西用”论指导维新运动时多着眼于“会通”二字，即中学与西学的“会通”，所以把维新派的“中体西用”论称为“会通”论。郑观应最先提出了中学与西学“会通”的初步设想：“融会中西之学，贯通中西之理。”到戊戌维新时期，由于康有为和梁启超的大力宣传，“会通”论一时盛行起来。1896年9月，梁启超在《时务报》上发表《学校总论》一文，明确提出“达于中外之故”的要求。同年10月，又发表《西学书目表后序》，指出：“舍西学而言中学者，其中学必为无用；舍中学而言西学者，其西学必为无本。无用无本，皆不足以治天下。”次年8月，发表《学校余论》进一步申述自己的观点。梁启超所说“达于中外之故”、中学与西学“参合”，以及反对“无用无本”，都有要求“会通”之意。[②]

3.五四新文化运动以来的文化论争

在中国近现代思想研究史上，“五四”始终是最引人注目的课题之一。从某种意义上说，“五四”已经成为中国文化的一种象征符号，或者说“五四”本身标志着一个新的文化时代的开启；我们甚至可以说“五四”以后的中国历史，尤其是中国文化发展的历史，都或直接或间接地与“五四”发生着这样那样的联系，有学者指出“现代中国的许多问题也都导源于‘五四’

① 戚其章：《从“中本西末”到“中体西用”》，载《中国社会科学》1995年第1期。

② 戚其章：《从“中本西末”到“中体西用”》，载《中国社会科学》1995年第1期。

运动”[①]。然而涉及“五四”的讨论中，“五四”又往往变成最具争议性的问题，由于个人的文化立场和政治倾向的不同，在论及“五四”对中国文化的意义时，有人把它抬得很高，有人又把它贬得很低。20世纪80年代，由于“西学”在中国大陆很受重视，在西学热潮中“五四”也随之受宠；可是等到90年代“国学”盛行之后，“五四”连同它特有的科学与理性精神却一再受到质疑。进入新世纪以来，人们在论及“五四”及其文化意义时，依然会时不时翻出以前的论调，文化激进派大多对“五四”肯定有加，而文化保守派则对“五四”多有诟病。

一个值得深思的现象是：人们对“五四”或褒或贬都基于这样一种预设，即“五四”是一次激进的反传统运动。这样一来，激进派认为“五四”有着非同小可的创新意义，而守旧派则认为“五四”破坏了文化传统，导致了我们的文化断裂。因此，梳理“五四”与传统的关系便成了认识“五四”、了解“五四”的关键。同时，也是我们今天如何把“前五四”的中国古代传统和“五四后”的新传统续接和打通的关键所在。我们认为，无论“五四”前后的中国有多么不同，它都是在同一个文化母体——中华文化的土壤上生成的，因此，当我们今天要进行新的文化建设时，“五四”前后的“传统”，都是我们难以逾越的，也正是基于此，我们必须给“五四”一个准确的文化定位。

20世纪90年代海外华人学者林毓生、余英时对“五四”进行反思时，在对“五四”做出某种程度的肯定的同时，就“五四”对中国文化尤其是传统文化的贡献做出了否定性的结论，他们认为“五四”的基本特征是：把“现代化等同于西化”，甚至主张“全盘西化”，“五四”时期“全面抛弃中国文化传统”，所以说它是一种“全盘否定传统主义”，是一种“彻底的全盘否定论”，基于此，他们提出现在的当务之急是必须“超越‘五四’”，尽快“跳出‘五四’”的迷圈，还中国传统文化应有的历史文化地位。林余的主张引起了王元化、陈来等国内学者的共鸣与响应，他们纷纷撰文将“五四”归结为“激进主义”，认为“五四”激烈的反传统思潮导致了“价值失落的危机”，因而今天不得不面临“超越‘五四’的历史任务”[②]。从此以后，“五四”又一次成为人们讨论中国文化建设时，总也绕不开的焦点话题。

我们认为，对“五四”的误解始自“五四”的“政治化”，这里其实有一个如何区分五四新文化运动和五四运动的问题，在我们看来，五四新文化运动是思想领域的一次革新运动，1915年陈独秀创办《青年杂志》，次年改称

① 欧阳军喜：《论“五四”新文化运动对儒学的态度》，载《中国文化研究》1999年夏之卷。

② 陈来：《人文主义的视界》，广西教育出版社1997年，第80、32页。

《新青年》,举起“民主”和“科学”两面旗帜,猛烈抨击封建主义旧文化,提倡新文化,随后,还提倡白话文代替文言文,并在“文学革命”的口号下,提倡新文学。五四运动是1919年5月4日在北京爆发的中国人民反对帝国主义、封建主义的爱国运动。五四运动是新文化运动的继续和发展,也是中国旧民主主义革命的结束和新民主主义革命的开端,中国革命从此进入了一个新的历史时期。之所以要做这样的区分,那是因为孙中山、蒋介石、毛泽东这些政治领袖对“五四”价值的态度则与蔡元培、陈独秀、胡适等“五四”学者显然不同。

孙中山从民族主义出发,将个人自由曲解为一盘散沙,明确规定自由只能用于国家,不能用于个人。蒋介石不仅继承孙中山这一思想,曲解自由,否定自由,而且还要求“建设国家至上民族至上之新伦理”,明确规定“国家政府的命令,应引为个人自主自动的意志。国家民族的要求,且应成为个人自主自动的要求”[①]。毛泽东突出地强调“五四”反帝反封建的政治意义而轻视其文化意义,认为“五四运动成为文化革新运动,不过是中国反帝反封建的资产阶级民主革命的一种表现形式”[②],所以他也是从民族主义角度看待“五四”及其价值的。但与孙中山、蒋介石相比,毛泽东更多地接受列宁、斯大林的观点,认为“战争和俄国十月革命已把民族问题从资产阶级民主革命的一部分变成了无产阶级社会主义革命的一部分了”,认为“现在的世界是……资本主义决然死灭和社会主义决然兴盛的时代”,资本主义思想体系“已有一部分进了博物馆(在苏联);其余部分,也已‘日薄西山,气息奄奄,人命危浅,朝不保夕’,快进博物馆了”,所以资产阶级的文化思想已经落后、过时,“所谓新民主主义的文化……只能由无产阶级的文化思想即共产主义思想去领导”,只应成为“革命的有力武器”[③],所以就必须提倡“毫不利己专门利人”的“共产主义精神”[④],批判人性论、人类之爱、人道主义,破坏“自由”主义、个人主义以及其他种种非人民大众非无产阶级的创作情绪[⑤],在毛泽东看来,对“自由主义者或民主个人主义者”,则必须加以改造[⑥]。1949年后,毛泽东更明确规定“现在是社会主义革命,革命的

①蒋介石:《中国之命运》,南方印书馆1943年,第133-135页。

②毛泽东:《五四运动》,见《毛泽东选集》2卷,人民出版社1952年,第545页。

③毛泽东:《新民主主义论》,见《毛泽东选集》2卷,人民出版社1952年,第663、673、679、685、691、699、70页。

④毛泽东:《纪念白求恩》,见《毛泽东选集》2卷,人民出版社1952年,第653页。

⑤毛泽东;《在延安文艺座谈会上的讲话》,见《毛泽东选集》2卷,人民出版社1952年,第876页。

⑥毛泽东:《别了,司徒雷登》,见《毛泽东选集》2卷,人民出版社1952年,第1500页。

锋芒是对着资产阶级……主要矛盾就是社会主义和资本主义，集体主义和个人主义，概括地说，就是社会主义和资本主义两条道路的矛盾"[①]，于是就将"自由主义者或民主个人主义者"当成了革命的对象，于是就有了"兴无灭资"，有了"无产阶级专政条件下的继续革命"。孙中山、蒋介石、毛泽东的上述思想均明确否定了人本主义、个人主义、自由主义，此类思想指导下的社会环境不仅不利于人本主义、个人主义、自由主义的生根发育，这也就导致了"五四"价值在20世纪的半个多世纪中的命运，而五四新文化运动对中国文化建设的新贡献被淹没，在政治大气候中，"五四"成了任人打扮的小姑娘，有时是激进的反传统，有时又成了全盘西化，有时则成了新文化建设的功臣。今天我们回首这段历史时，必须意识到，应该给"五四"及其形成的新传统一个准确的定位，对"五四"及其后形成的各种主张和学说进行新的认识和理清。

"传统文化失传"几乎成了当代人的共识，当代中国人的精神世界严重缺乏传统文化的滋养和熏陶，那些历经千年传承下来的礼仪、德行、价值、伦理观念也与我们渐行渐远，传统文化在当代中国人的人格养成和精神塑造中是严重缺位的。学者陈占彪把百余年来中国传统文化的"失魂落魄"总结为"四个阶段"："五四"一代知识分子在20世纪初喊出的"打倒孔家店"往往被视为传统文化厄运的肇始，在国家体制根本转型的时代里，与封建帝制有着千丝万缕关系的孔夫子被拉下"圣坛"，与千年帝制配合的儒家思想在被人们攻伐的同时，其精华部分也被不自觉地摒弃了；"文革"时期，"孔老二"及其所代表的封建社会思想文化形态成为被扫除的对象；"文革"结束后，痛定思痛的"80年代"的人们又一次将救赎的目光瞄向了西方思想文化，在"告别黄土地，走向蓝海洋"的思维定式下，"阴魂不散"的中国文化成了"实现四个现代化"的历史包袱；今天我们又面临着商业社会的功利思维造成的新的阻碍，"一切向钱看"逐渐成为整个社会的新价值准则，在这套实用主义、工具主义、物质主义、功利主义的新价值体系中，文化的精神意义和道德价值被悬置，只有在其成为"产品"时才具有价值。[②]正是在这样的背景下，我们认为实现传统文化的现代复兴，不仅仅是一个当代人必须面对的理论问题，更是一个建设当代文化的实践活动。

二、传统文化的现代观照：传统文化的现代价值

今天，当我们要建设当代新文化时，必然要对中华优秀传统文化进行

①毛泽东：《做革命的促进派》，见《毛泽东选集》5卷，人民出版社1977年，第475页。

② 陈占彪：《传统文化缺位与当代社会三重危机》，载《群言》2013年2期。

现代性转换工作，而且这个转换必须顺应时代发展的要求，能够为现代化建设提供思想指南和精神动力。为此，我们要下大力气发掘中华优秀传统文化的核心内容和当下功用，使之成为大众广泛接受的文化常识和普遍践行的价值参照，“只有这样，才能对传统文化与外来文化、传统文化与现代社会的关系形成成熟稳定的科学判断，才能重新找到中华民族独有的文化基因，延续薪火相传的文化血脉”[①]。

1.西方文化与中华文明的交流融合

文化是人类适应环境并改造环境的历史产物，任何一种富有生命力的文化都始终处于不断变迁和发展的过程中，在不断吸收外来文化丰富自己内涵的同时，还表现出明显的地域性与时代性。与生物多样性相类似，人类文化的发展方式和表现形态也是多姿多样的。据统计，目前世界上有200多个国家和地区、2500多个民族、6000多种语言，不同的民族为人类文明创造了各自独特的文化，不同国家和地区的人民又共同创造了丰富多彩的世界文化。今天，人们已经渐渐意识到，只有保持世界文化多样化的趋势，人类文明才能获得进步的重要动力，维护和促进世界文化多样化已经成为大多数国家的共同愿望。而联合国教科文组织先后发布的《世界文化多样性宣言》，以及《保护世界文化和自然遗产公约》《保护非物质文化遗产公约》《保护和促进文化表现形式多样性公约》三部公约，也为尊重、保护与促进世界文化多样化提供了法理依据与制度保障。

世界文化多样化格局，是在不同文化之间相互依存和对话交流中逐步形成的，具有明显的“和而不同”的特征。随着经济全球化和政治多极化深入发展，人类文化多样化格局又面临着新的机遇和挑战，一方面随着全球化进程的不断加速，各种思想文化交流交融机会增多，另一方面各种思想文化的冲突与交锋也更加频繁，不同区域和国家的文化如何在保持独立自信的同时，最大限度地吸收现代文明成果，成为新的研究课题和人们不得不面对的问题。如前所述，文化多样化是人类文化深度交流的结果，在今天这样一个信息时代和开放时代，不同文化之间的相互学习和交融显得尤为重要。无论是保守派的抱残守缺，还是复古派的文化傲慢，都不可能从多样的世界文化宝库中汲取营养，也就不可能在不同文化的对话与交流中发展和丰富自己。在实现伟大中国梦的征程中，我们主张要首先实现民族传统文化的伟大复兴，但绝不允许故步自封、墨守成规、厚古薄今的风气有任何抬头的机会，因为“只有善于通过文化交流从其他文化中汲取有益养

①吴迪：《优秀传统文化传承体系建设路径》，载《辽宁日报》2014年7月15日。

分的国家和民族，才能实现自身文化的发扬光大；只有善于通过有效途径向外传播自身文化的国家和民族，才能为维护和促进世界文化多样化做出更大贡献”①。

中华文化自古就有开放包容、兼收并蓄的优良传统。今天，在我们倡导传统文化的现代复兴时，更应加强中华文化与世界其他文化的对话、交流，在维护和促进世界文化多样化的同时，要进一步提高中华文化的国际传播力和影响力，从而全面提升国家文化软实力。维护和促进世界文化多样化是中华文化应有的使命，这就需要我们站在人类文化的高度树立世界眼光，强化中华文化的世界意识和世界关怀，要与人类一切文明成果结缘，创造出自己的文化新风貌。纵观历史，我们会发现，中华文化实际上并不缺少世界意识和世界关怀，“在五千年的发展史中，中华文化正是因为有较强的世界意识和世界关怀，才能尊重、维护世界文化的多样性，才能融合儒、道、释等不同文化，使自身不断繁荣发展”②。今天，在我们已经成为世界第二大经济体，并且在国际影响力不断提升的背景下，我们更应该增强文化自觉和文化自信，一方面通过研究不断明确中华文化的特色和优势，另一方面要自觉培养世界意识和世界关怀，以便使中华文化为维护和促进世界文化多样化做出更大的贡献。

敦煌莫高窟

2.传统文化的创新及其现代价值

近年来，重新意识到传统文化的价值，并有意识地推动传统文化的复

① 李文堂：《世界文化大趋势：交流交融交锋》，载《人民日报》2013年1月8日。

② 李文堂：《世界文化大趋势：交流交融交锋》，载《人民日报》2013年1月8日。

兴，已成为学界、官方和民间的共识。传统文化复兴的"必要性"蕴含在长期以来与传统文化缺失相关的三大社会危机之中[①]：从文化安全层面看，面临着开放社会中文化的"失传"和"失守"问题；从精神慰藉层面看，面临着物质社会中精神的"空洞"和"空虚"问题；从道德重建层面看，面临着市场社会中道德的"失序"和"失范"问题。而这三大社会危机的解决都能在传统文化中找到或多或少的回应，这是复兴传统文化的必要性所在。可问题的关键在于，我们面对传统文化，复兴什么？如何复兴？显然，我们这里的复兴不是复古派的一味回到从前，从故纸堆里寻求精神自慰；也不是保守派的一切先进文化我们都古已有之，只顾自娱自乐式地进行中西的比较寻找我们传统文化的闪光点；当然更不是激进派的放弃主体性主张"全盘西化"，把自己的文化生命寄托在他者文化的土壤中。我们的主张是，吸收一切有利于当代文化建设的文化因素，不分古今，不论中西，只要对中华新文化建设有益，我们就坚决予以借鉴和采纳，真正做到古为今用、洋为中用。

任何一种文化都不只是国民精神的显现，同时也为塑造国民性格和精魂发挥着不可替代的作用，绵延数千年的中国文化在国民精神塑造和社会文化建设层面更有着极其重要的价值。当下国家所倡导的科学发展观其源头便是传统文化中崇尚和谐、全面发展及民本思想的继承和创新。科学发展观之所以得到了各层次甚至各民族人民的赞同欣赏，并成为引领着整个民族的发展方向，其原因在于这一主张完全符合我们的民族文化性格。我们认为，对传统文化进行创新不能仅仅停留在形式的层面，而是要把传统文化的具体内容与当代的现实生活密切联系起来，对其内涵进行深层次的挖掘，对传统文化进行符合时代要求的筛选继承和丰富拓展。对传统文化的创造性继承，不仅是文化本身丰富的过程，而且也丰富着社会生活的各个方面。

3.传统文化的现代阐发：当代文化建设对传统文化养分的汲取

核心价值观是一个社会主流意识形态的综合体现，集中反映着社会成员普遍认同的思想观念、价值理念、道德规范，影响着一国经济、政治、文化的发展，也是引领社会发展的精神旗帜。党的十六届六中全会提出建设社会主义核心价值体系的重大战略任务，强调马克思主义指导思想、中国特色社会主义共同理想、以爱国主义为核心的民族精神和以改革创新为核心的时代精神、社会主义荣辱观构成社会主义核心价值体系的基本内容。党的十八大又提出，倡导富强、民主、文明、和谐，倡导自由、平等、公正、法治，

① 陈占彪：《传统文化缺位与当代社会三重危机》，载《群言》2013年2期。

倡导爱国、敬业、诚信、友善,积极培育和践行社会主义核心价值观,从国家、社会、公民三个层面明确了社会主义核心价值观的科学内涵。党的十八届三中全会提出,要紧紧围绕建设社会主义核心价值体系、社会主义文化强国深化文化体制改革,推动社会主义文化大发展大繁荣。中华优秀传统文化是中华民族的灵魂和血脉,是中华民族几千年来在经济、政治、文化、社会、生态文明等各领域沉淀下来的物质财富和精神财富,也是寄托灵魂、激发民族创新的智慧源泉。新的时代条件下,只有不断从中华优秀传统文化中汲取养分,才能不断丰富社会主义核心价值观的内涵,更好地推进社会主义核心价值体系建设。

世界各国的发展经验表明,核心价值观的形成植根于各个国家、各个民族传统文化的深厚土壤中。社会主义核心价值体系内含着中华民族几千年来最深层的精神追求和道德规范准则,具有鲜明的民族特色。中华民族的传统文化中,虽然存在一些糟粕,但更多的是至今仍然为全人类所认同的优秀思想文化,它能够为社会主义核心价值观的培育提供深厚土壤和精神源泉。例如,"民贵君轻"的民本思想,"天下兴亡,匹夫有责"的爱国精神,"言必行、行必果"的诚信态度,"鞠躬尽瘁、死而后已"的责任意识,"和而不同"的包容思想等,都凝结着中华民族的共同价值诉求。民本思想在我国传统文化发展过程中源远流长,是传统文化中重要的思想资源,深厚的家国意识是中国人的一贯遵循,诚信是中国传统文化中最为倚重的社会道德规范之一,敬业蕴含于中华传统文化之中并为众多贤人志士所践行,和谐友善是我国传统文化中重要的思想元素。源远流长、博大精深的中华优秀传统文化,积淀着中华民族最深层的精神追求,包含着中华民族最根本的精神基因,是社会主义核心价值观的深厚源泉。培育和践行社会主义核心价值观,就要从中华优秀传统文化中充分汲取思想道德营养,结合时代要求加以延伸阐发,既使中华民族最基本的文化基因与当代文化相适应,与现代社会相协调,又让社会主义核心价值体系之树深深植根于中华优秀传统文化沃土,不断从优秀传统文化思想精髓中吸取养分。

核心价值体系和核心价值观,是决定文化性质和方向的最深层次要素,是一个国家的重要稳定器。2014年5月4日,习近平同志在同北京大学师生座谈时指出:"人类社会发展的历史表明,对一个民族、一个国家来说,最持久、最深层的力量是全社会共同认可的核心价值观。核心价值观,承载着一个民族、一个国家的精神追求,体现着一个社会评判是非曲直的价值标准。"我国是一个有着13亿多人口、56个民族的大国,确立反映全国各族人民共同认同的价值观"最大公约数",使全体人民同心同德、团结奋进,关乎国家前途命运,关乎人民幸福安康。

培育和弘扬社会主义核心价值观,必须立足中华优秀传统文化。牢固的核心价值观,都有其固有的根本。习近平同志指出:“中华文明绵延数千年,有其独特的价值体系。中华优秀传统文化已经成为中华民族的基因,植根在中国人内心,潜移默化影响着中国人的思想方式和行为方式。今天,我们提倡和弘扬社会主义核心价值观,必须从中汲取丰富营养,否则就不会有生命力和影响力。”要利用好中华优秀传统文化蕴含的丰富的思想道德资源,使其成为涵养社会主义核心价值观的重要源泉。

第三节　传统文化与文化复兴

一、文化复兴的基本立场

进入21世纪以来的近十年里,中国大陆逐渐兴起一股传统文化复兴的热潮。这次传统文化热有一些象征性的事件:2000年以来兴起的少儿读经运动、大量涌现的推广传统文化的民间团体、中央电视台面向大众的传统文化普及节目《百家讲坛》、北京大学哲学系的“乾元国学班”、中国人民大学成立具实体性质的“国学院”都是这次文化复兴热潮的表征。此外,可以视为一个基本背景的是,民间大量涌现礼俗重建的活动,修宗祠、撰族谱的活动与民间信仰活动结合,在基层社会蔚然成风。作为这一系列传统复兴现象之某种官方反应象征的是,2006年《光明日报》开办“国学版”,开始用整版的篇幅以国学的名义正面宣传传统文化。同时,国家领导人也在一些场合发表肯定传统文化的讲话。

21世纪是中国和平崛起的历史机遇期,要建设与中国特色社会主义相适应的文化形态,广泛开展文化复兴运动有着极其重要意义。中国特色社会主义核心价值的重构是文化复兴的主命题,而社会主义核心价值重构必须放在全球化的大背景下,支撑中国特色社会主义建设、中国和平崛起、民族团结、社会和谐、实现中国梦等重大使命。我们急需在社会主义核心价值体系的基础上,对中华文化进行整理凝练,从而构建为中华民族和老百姓广泛认同并自觉实践的核心价值体系。

中华优秀传统文化积淀着中华民族最深层的精神追求,实现中国梦需汲取中华优秀传统文化的强大正能量。强大的中国,离不开文化繁荣。中华优秀传统文化指的是历经沧桑而积淀传承下来的文化精华,是中华民族五千年文明的智慧和精神的结晶,具有超越时代局限,反映文明永恒性的价值特征,与整个民族,乃至整个人类的共同利益和福祉相契合,并对社会的发展产生深刻的影响。

复兴不是复古,这是我们主张传统文化的现代复兴时,必须坚持的立场和应有的原则。而且,我们所谓的复兴,也不是说要回到传统文化的具体场域中去,而是如何让优秀传统文化的精神血脉在当代得以延续和继承的问题。中华民族伟大复兴必然伴随着中华文化繁荣兴盛。推进社会主义文化建设,应在坚持以马克思主义为指导、坚持社会主义先进文化前进方向的基础上进一步弘扬优秀传统文化,建设中华民族共有精神家园。作为历史产物的传统文化,既包含许多优秀成分,也不可避免地混杂一些糟粕成分。因此,对传统文化必须进行扬弃。只有科学地界定传统文化中的精华与糟粕,去粗取精,去伪存真,净化文化土壤,才能为社会主义先进文化建设奠定坚实的基础。对传统文化进行扬弃,也是保证传统文化健康发展的需要。如果忽略了对传统文化中糟粕的剔除,那么,在弘扬优秀传统文化的同时也会导致传统文化中的糟粕滋生蔓延。因此,弘扬优秀传统文化要以区分、认清传统文化中的精华与糟粕为前提,弘扬精华,批判糟粕,使真正的优秀传统文化得到继承和发扬。在推进社会主义文化建设中必须坚持正确导向,实现优秀传统文化的创造性转化和新的升华,保持民族性,体现时代性。

2013年11月26日,习近平同志在历史文化名城山东曲阜,参观考察孔府、孔子研究院并同专家学者座谈时强调,中华优秀传统文化是中华民族的突出优势,中华民族伟大复兴需要以中华文化发展繁荣为条件,必须大力弘扬中华优秀传统文化。中华民族具有五千多年连绵不断的文明历史,创造了博大精深的中华文化,为人类文明进步做出了不可磨灭的贡献。中华文化积淀着中华民族最深沉的精神追求,包含着中华民族最根本的精神基因,代表着中华民族独特的精神标识,是中华民族生生不息、发展壮大的丰厚滋养。中国共产党自成立之日起,就既是中华优秀传统文化的忠实传承者和弘扬者,又是中国先进文化的积极倡导者和发展者。要用中华民族创造的一切精神财富来以文化人、以文育人,决不可抛弃中华民族的优秀文化传统。

孔子像

当代要实现传统文化的复兴,必然要对传统文化进行创造性转化、创新性发展。中华优秀传统文化与社会主义市场经济、民主政治、先进文化、社会治理等还存在需要协调适应的地方。弘扬中华优秀传统文化,要处理好继承和创造性发展的关系,重点做好创造性转化和创新性发展。创造性转化,就是要按照时代特点和要求,对那些至今仍有借鉴价值的内涵和陈旧的表现形式加以改造,赋予其新的时代内涵和现代表达形式,激活其生命力。创新性发展,就是要按照时代的新进步新进展,对中华优秀传统文化的内涵加以补充、拓展、完善,增强其影响力和感召力。

传承和弘扬中华传统文化,并不意味着故步自封,闭上眼睛不看世界。中华民族是一个兼容并蓄、海纳百川的民族,在漫长历史进程中,不断学习他人的好东西,把他人的好东西化成我们自己的东西,这才形成我们的民族特色。文明因交流而多彩,文明因互鉴而丰富,对各国人民创造的优秀文明成果,我们当然要学习借鉴,而且要认真学习借鉴,在不断汲取各种文明养分中丰富和发展中华文化。

二、构建传统文化的传承体系

党的十七届六中全会提出要“建设优秀传统文化传承体系”,这对于继承、弘扬中华文明,满足国人精神需求,建设社会主义文化强国,实现中华民族伟大复兴具有重要意义。但是必须认识到,建设优秀传统文化传承体系,不是要简单地复归传统文化,为保障优秀传统文化健康发展,我们一定要坚持“取其精华、去其糟粕,古为今用、推陈出新”的原则,辩证分析,区别对待,特别是要防止当前兴起的几种不良倾向:一是要防止传统文化被迷信化的倾向。一定要警惕以传统文化为幌子,宣传封建迷信的东西。要积极弘扬科学精神,普及科学知识,倡导移风易俗,抵制封建迷信。二是要防止传统文化过分商业的倾向。不能把没有承载任何有价值的文化在弘扬传统文化的名义下一味谋求经济利益。三是要防止传统文化保守复古的倾向。在近些年的传统文化热或国学热中,始终有这样一股思潮,似乎中国文化一切都是好的,只有中国文化才能解决中国及人类面临的一切问题,21世纪就是中国文化的世纪等,这种思潮的结果,必然会导致复古主义和狭隘的文化保守主义。在全球化的大背景下,在中西文化交流更加频繁的情况下,我们更应该进一步深入了解和研究西方文化,大胆地吸收西方文化的文明成果,不断繁荣和发展中华民族的先进文化。

1.“国学热”的冷思考

近年来,“国学热”在国内外持续升温,社会上广泛兴起了学习传统文化的活动。这些现象引起了学术界和媒体的强烈关注，引发了如何重新评价传统文化在现代中国的地位及作用、如何看待“国学热”问题的争论。关于“国学”一词的界定，可谓是仁者见仁、智者见智。有学者认为，从广义上看，国学是涵盖哲学、历史、文学、美学、音乐等各领域的传统文化体系，从狭义上讲，则指占据中国文化主导地位的儒学及其价值取向；也有学者认为，“国学”是指讲述和研究中国传统文化与学术的学问或学科，主张把“国学”界定在传统思想、学术范围内；也有人认为，“国学”所指的对象是中华民族优秀传统文化，它不仅包括儒家学说中的“国粹”部分，同时也包括道家、墨家等流派的学说中的“国粹”部分，而“国学”存在的状态，是个动态的发展过程，是随着中国的实际而不断与时俱进，并在发展中折射出中国传统文化坚韧的生命力。

十三经

“国学”是一个动态的概念，是不断丰富和发展的。需要特别指出的是，虽然儒家学说是中国传统文化的主干，是中国传统思想文化的主流和基础，但国学却并不仅限于儒学。目前对什么是国学，人们见仁见智，有不同的看法。譬如朱维铮先生认为：“如果讲‘国学’，就必须先确定两个前提，第一，我们现在中华人民共和国的疆域，包括台湾在内，这是我们国的空间范围；第二，要承认中华民族是个复合体，‘国学’一定要包括各个民族群体。”[①]季羡林先生的意见比之朱维铮先生又有一个更新、更进一步的看法，季老把“融入中国文化里的外来文化也应属于国学范围”的提法上升到“国学视野”的层面[②]。当然，这种看法的不同本身就从一个侧面反映了“国学”内容的丰富性和界定的复杂性。《辞海》“国学”条曰：“犹言国故，指本国故有的学术文化。”[③]从这个意义上说，近20年人们所热谈的国学，其实是传统文化的别称，包括古代和近现代，包括人文社会科学和自然科学，而非本国文化、民族文化的代称的近现代意义的国学。

如何对待传统文化，自近代以来一直是中国文化发展中的一个中心问题。自“五四”以来，中国学术与文化不断在提倡国学和废除国学间摇摆反

① 朱维铮：《“国学”答问》，载《书城》2007年第9期。

② 季羡林：《国学应该是“大国学”》，载《人民日报》（海外版）2007年6月22日。

③ 中华书局辞海编辑所：《辞海》，上海辞书出版社1999年，第2355页。

复，其实，这正是自近代开始的“中国向何处去”问题的反映。围绕这个问题，有过许多不同意见和争论，而在一个长时期内，否定和批判传统文化的思潮曾经占着上风，并且在“文革”的十年中达到顶点。正所谓“物极必反”，十年“文革”对传统文化的“横扫”及其所带来的破坏，也在促使人们反思，人们从反思中认识到近代以来批判和否定传统文化的错误，进而从几十年来占主导地位的批判与否定传统文化的思潮中解放出来，重新认识传统文化。这一认识与转变的历程，反映了时代发展的需要，标志着这个民族渐渐告别过去的“批判、否定传统文化思潮”占主导地位的时代，标志着这个民族的文化觉醒。随着改革开放后经济发展取得伟大胜利，而要全面建设小康社会、迎接民族伟大复兴，但在反观现代社会发展中显现出的种种弊病，也促使人们对文化问题有了更多的关注和思考，试图从传统文化中寻找应对现实种种问题的资源——这些就是“国学热”形成的时代背景。

“国学热”不能演变成“复古风”，我们要对传统重新判断，进行批判的继承，在创新中发展；国学的复兴也不是唯国学独尊，而是以国学文化为根吸取更加丰富的养分，是现代中国文化新的繁荣和新的发展。当前，人类共同面临着人与自然、人与社会、人与人的冲突，以及由此造成的生态危机、人文危机、道德危机、精神危机和价值危机。在这种背景下，以世界的视野和与时俱进的思维来发展国学，使国学不仅仅是“一国固有之学问”，而是建立一种包容性的、不断更新和创新的民族文化。我们必须放眼看世界，从西方文化中引入我们民族文化中缺乏且有利于我们民族文化发展的文化元素。

“国学热”更多体现的是一种对中国历史文化的认同。近些年来，随着中国在国际政治经济格局中的影响日益扩大，海外华人对中国历史和文化的认同感也进一步增强。“国学热”的出现和升温，在某种程度上可以说是这种认同感增强的一个重要标志。如果考察“国学”倡导者的文化背景，应当说这些人对“国学”的认知并不一致，甚至是参差不齐，但是，可以肯定的是，他们对中国历史和中华文化的认同是一致的。他们提倡国学的一个重要目的，就是要促使人们对中国历史和文化的了解，同时也是为了增强华人世界的凝聚力。实事求是地说，目前真正能将华人世界联系在一起的，除了黄皮肤、黑眼睛和华语之外，可能更多的是他们对中国历史和文化的认同。应当说，这种历史文化的认同在所有的华人，特别是海外华侨的心中，都是时刻存在的。但是，在不同历史时期，这种认同感的强弱程度是不同的：当中国国力十分虚弱时，这种认同感是潜在的，甚至被掩藏了起来；当中国的影响日益扩大时，这种认同感则会强烈地表现出来。海外有不少华人对中国的历史和文化有着浓厚的感情，或者有着深入的研究。目前国内“国学热”的出现和升温，除了国内的自发因素外，也与海外一些华人的推动有着很大的关系。这是一件有益于国家发展和民族团结的事情。

2. 建设优秀传统文化传承体系

党的十七届六中全会决定指出，要“建设优秀传统文化传承体系”，强调“要全面认识传统文化，取其精华、去其糟粕，古为今用、推陈出新，坚持保护利用、普及弘扬并重，加强对优秀传统文化思想价值的挖掘和阐发，维护民族文化基本元素，使优秀传统文化成为新时代鼓舞人民前进的精神力量”。党的十八大报告指出，全面建成小康社会，实现中华民族伟大复兴，必须发挥文化引领风尚、教育人民、服务社会、推动发展的作用，并强调建设优秀传统文化传承体系、弘扬中华优秀传统文化。加强文化遗产保护，加强对优秀传统文化思想价值的挖掘和阐发，加快构建优秀传统文化传承体系，已成为全国上下的广泛共识。任何一个国家或地域的文化，都有其既有的传统、固有的根本。抛弃传统，丢掉根本，就等于割断了自己的精神命脉，就会丧失文化的特质。构建优秀传统文化传承体系，必须保护、挖掘、创新、利用、发扬优秀传统文化。这既是实现可持续发展的文化根基，也是顺应时代潮流不断进行新的文化创造的需要。

第一，精英文化与通俗文化之间的对话与转化。复兴传统文化有两个问题：一是如何重建当代中国的文化秩序，二是当代中国需要什么样的文化。其中，理顺精英文化与通俗文化的关系显得尤为重要。精英文化与通俗文化之间的对话与转化，是20世纪中国文化发展的一个重要侧面。相对于秦汉或者明清这些大小传统交流较为畅通的时代，近百年中国雅俗文化的急剧转化仍是个无法回避的严肃课题。晚清维新志士考虑的是如何使精英文化“通于俗”，以利于改良群治；如今我们讨论的是在通俗文化大潮冲击下，如何为精英文化保留一席地位。表面上还是雅、俗对话，可主动权和立足点均发生根本性的变化。通俗文化的崛起非自今日始，精英文化的失落也不是中国独有的现象，只不过千里之堤溃于一旦，不免有点触目惊心。早已酝酿、积蓄多年的商品经济大潮，在20世纪90年代终于得到官方意识形态的认可。此后文化精英们所主要面对的，已经由政治权威转为市场规律。对他们来说，或许从来没像今天这样感觉到金钱的巨大压力，也从来没像今天这样意识到自身的无足轻重。

四通八达的城市立交桥

百年中国，在雅俗对峙中，精英文化基本上处于主导地位。尽管在绝对数量上，通俗文化早就占有明显优势；可整个社会的价值观念，仍然系于精英文化的诠释。清末民初的上海，各种或“品花”或“嘲世”的游戏文字风行一时，追求的都是“一编在手，万虑都忘，劳瘁一周，安闲此日”的娱乐效果[①]。这一通俗文化潮流，同时受到两种力量的夹击。先是传统士大夫斥责其伤风败俗，若《游戏报》主笔李伯元便受到“文字轻佻，接近优伶”的指控；后又有新文化人批评其拜金主义，若文研会和创造社联手“攻击《礼拜六》那一类的文丐”[②]。“五四”以降，拜金色彩浓烈的通俗文化一直难登大雅之堂，很大原因是遭到新文化运动的沉重打击。

在新的文化环境中，我们需要深入检讨这场传统复兴运动发生的社会文化脉络，并尝试追问其中所蕴含的当代中国问题。中国历史进程中，传统文化始终是中华民族精神生命和群体人格得以发育、生长的根源，也是这种精神生命和群体人格能够绵延不断、演变发展的取之不竭的资源。正因为有着根源性因素和资源性因素的双重组合，传统文化不仅处处呈现出隽永的历史价值，而且内蕴有实践品格和现代意义。对此，学术界早已有共识，近年来，在社会大众层面上也获得越来越多的认同性回应。传统文化研究和现代文化建设有机地联系起来，从经典文本的解读到大众文化的研究，从分门别类的知识性、学理化梳理到传统文化精神的综合理解和整体把握，从传统文化载体的重视到文化多样形态和多元传统途径的研究，

① 钝根：《〈礼拜六〉出版赘言》，载《礼拜六》1914年第1期。

② 参阅《李伯元研究资料》，上海古籍出版社1980年，第9页。

从学院派、精英式学问风格转向大众化、民间性的文化活动等，都有了长足的进步，并取得积极的成果。可以说，古代先哲们曾大力倡导的“弘道”精神以及“学术乃天下之公器”的理念，在新的时代条件下得到了再生和发扬。

第二，寻找传统文化复兴的活态载体。文化是一个国家民族身份的标志，不可谓不重要。然而，我们却面临着“文化的失传”和“文化的失守”双重危机，由此造成了中国文化的“安全问题”。为了实现民族文化的伟大复兴，我们必须给传统文化寻找合适的承载物：其一，要重视民间文化的传承。优秀传统文化多数来自民间，在对这些民间文化活动的长期保护、挖掘、演绎、传承中，产生了大量的民间文化组织，涵盖民俗、民歌、舞蹈、戏曲、庙会、书画、雕刻、剪纸、摄影等各项传统文化艺术，以协会、学会、研究会、艺术团体等形式组成。这些民间文化组织活动丰富、形式多样、活力十足，积极发挥各自专长，参与优秀传统文化挖掘、保护、传承和发扬，已成为构建传统优秀文化传承体系的重要力量。其二，要构建优秀传统文化传承的文化产业体系。传统文化资源体现为良好的社会效益，才能形成可持续的传承循环。文化产业的根本动力在民间，发展的关键在于如何走向市场化。一些比较有实力的文艺演出团体，要广泛吸收社会资本，发展成为影响力较大的文化企业；各类文化协会、文化研究会，也可以大胆改革创新，创办适合自身发展的文化产业；政府要鼓励民间绝技、传统习俗、民间艺人自筹资金组建文艺表演团体，只要是群众喜欢的优秀文艺演出，就应该大力支持发展，使其尽快走向市场化产业化。

第三，他山之玉，可以攻石：日韩文化发展的他者经验[①]。弘扬中华优秀传统文化，实现文化强国梦想，要大力解放文化生产力，发展文化生产力，提高文化的传播力。要坚持以现有文化资源为依托，以整合资源为第一目标，加强对文化资源的开发和利用，推进文化创意发展和文化科技创新，将文化资源优势转化为经济优势、社会发展优势，推动社会主义文化大发展、大繁荣和经济社会又好又快发展。我们常说“他山之玉，可以攻石”，与我们相邻，并且同受中国传统文化影响的韩国，或许可以给我们提供借鉴的意义。

近年来，韩国文化产业的迅速发展得益于其对民族传统文化从观念和行为等各方面的有力保护和传承，其具体做法是：其一，强烈的民族传统文化自觉意识。由于历史原因，韩国同中国在传统文化上有很相似的地方。

① 邓昌发：《从日韩文化产业发展看中华文化传承之路》，中国儒教网2013年9月2日。

现在，每年二月和八月初一，韩国还有到文庙祭祀孔子孟子的习惯。在传统的281所乡校和84所书院，仍然还设立有“忠孝教育馆”，经常开展有关儒学的学术活动。其二，政府的有效管理是民族传统文化得以保护与传承的制度保障。自“文化立国”的战略提出后，韩国先后颁布多项政策促进文化产业事业的发展。还成立了各种行业协会，具体负责协调每个行业的发展。韩国还设立多个专项基金，如文艺振兴基金、文化产业振兴基金、信息化促进基金、广播发展基金、电影振兴基金、出版基金等。其三，韩国电视剧是韩国民族传统文化和现代文化工业的成功结合。韩国认真思考和研究了本国的传统文化特点和其他周边国家地区的国情和文化。立足自身的文化和地理优势，巧妙地把自身的传统文化和现代传媒工具有机地相互结合，多方位多渠道地向周边国家乃至世界推销他们引以为自豪的韩国传统文化，产生了有着世界范围内的巨大影响。在韩国，保护和传承民族传统文化的很重要的原因是广大民众有强烈的文化自觉意识，韩国的文化产业迅猛发展与他们重视传统文化是分不开的。

韩国对于传统文化的保护策略和传承意识是很值得我们学习和借鉴的。我国应该以战略性发展眼光认识文化产业和传统文化，加强各民族凝聚力，提升民众传统文化自觉意识。让新一代的年轻人在接受现代文化知识的同时也爱上传统文化，乐于传播与传承中国传统文化。切不可让中国的传统文化在经济全球化的背景下渐渐消失。

传统构成了一个民族的文化记忆，使我们获得了有别于其他民族的特殊品质。传统也是一个民族得以延续、得以生长的根脉，它把我们和本民族久远的历史连接起来，使我们感受到自己是一棵有根的大树上长出来的枝叶，而不是现代化潮流之下的浮萍。因此，保护我们的传统，就是保护我们的未来。重振国学，对于唤起中华文化自觉，恢复中华文化自信，实现中华文化认同，增强中华民族凝聚力，具有重要的理论价值；对于提高国人的道德水准，提高个人的文化素养，提高国民的精神生活水平，建设和谐社会，实现中华民族伟大复兴的中国梦，具有重大的现实意义。

第五章　文化全球化视域下的中国梦

第一节　全球化背景下的"中国崛起"

伴随着当代全球化的时代进程,"中国崛起"现象成为国际社会广泛关注和热烈讨论的一个话题。如同全球化进程一样,中国的崛起是一种历史性的现象。从公元1500年左右第一次全球化浪潮的涌动,经19世纪末20世纪初第二次全球化浪潮,到20世纪80年代开始的第三次全球化浪潮,迄今已经经历了500多年的历史行程。如果说第一次全球化浪潮中的古老中国处于世界或亚洲的中心,而第二次全球化浪潮之时的中国已经被世界边缘化了,那么正是借助第三次全球化运动的汹涌浪朝,中国开始重新崛起了。许多观察家认为,中国充分利用了当代经济全球化的战略性机遇,就像其他历史上若干崛起的大国那样,成为"世界工厂",改革开放的革命性效应获得了空前的释放,因此,中国是第三次或当代全球化进程的最大赢家之一。美国高盛公司预测,2027年中国的经济规模将超过美国,到2050年,中国的经济规模将达到美国的两倍。当然,也有的人不大认同中国的崛起,认为当下的中国只是一个"表面巨人",尽管从远处看中国的一切似乎显得很强大,但是一旦从近处观察中国,所谓"中国崛起"的陶醉情绪就会很快消失。然而,无论人们对"中国崛起"持有何种看法,当代中国的综合国力之强大,作为一个负责任的发展中的世界大国,中国已经或正在崛起,这都是一个无可否认的客观现实。这是国际社会当前关于中国问题的主流话语。

一、当代中国崛起的历史进程

当代中国的迅速崛起始于20世纪70年代末的改革开放。这一时期,中国的国际政治地位已确立起来,主权与周边和平环境基本上得到了保证,又顺利地成为世界上仅有的几个拥有核武器国家之一;民族工业体系基本上建立起来,更重要的是,六七十年代的探索历程使中国人民下定决心走改革开放的道路,认识到只有同国际社会与世界市场相互依赖才能迅速地发展自己。与此同时,中国又具备责任心强烈的领导人、正确的国际战略以及一大批得力的干部队伍，中国崛起由此进入了历史的快车道。

学界在看待中国崛起时，认为其有五个基本标志：一是经济指标，国民经济实现了GDP总量的跨越式发展，GDP总量居世界第二位，超过了美国以外的所有大国。二是军事指标，中国不仅拥有一支军事力量过硬的军队，而且在核武器、卫星技术特别是航天技术上走到世界前列，航天大国地位的确立，为中国的国家安全与国防安全夺取制高点打下了坚实的基础。三是社会文化指标，中国在2008年奥运会上成为本届运动会获得金牌最多的国家，打破了美国一统天下的局面，为中国人的民族自豪感与自信心提升创造了巨大的条件。而孔子学院在全世界的兴盛，则进一步表明中国的文化软实力在影响世界。四是国家统一，中国统一进程取得了突破性进展，香港、澳门顺利回归，体现了中国捍卫主权的决心；对台湾采取新思维，运用《反分裂国家法》打击分裂势力，对两岸关系采取务实灵活的路线方针，推动国共第三次合作取得实质进展，为两岸和平发展开创了新局面。五是国际协调，中国成为国际会议与协商机制的主要参与国或发起国，多次在联合国发出倡议并行使各种实质性权力推动世界和平，创建上海五国合作组织为中亚安全进行独立自主的制度化努力，中国成为G20、G8 +5、G8会议的核心国家或重要参与国，成为“六方会谈”东北亚和平安全机制运行的骨干国家。中国在这五个方面的表现，以无可辩驳的姿态宣告了一个经济繁荣、文化昌盛、综合国力日益强大的“东方大国”的崛起。

崛起的中国人

30多年的改革开放是中国迅速崛起的时期，如果使用三个十年的划分方法，那么，第一个十年（1980—1989年）中国崛起的特点主要表现为以下几点：一是为整个30年的改革开放奠定了基础。无论是关于时代发展的基本判断，还是对于中国外交原则与政策的调整，无论是对中国国际地位和身份的界定,还是中国关于世界秩序与多极化的倡议,至今都发挥着框架性的作用。二是成功地维护了和平的环境与改革开放的大国形象。通过外交战略调整、中美关系正常化、中苏关系正常化、政治体制改革、经济体制改革和思想解放运动等,中国大大提高了国内政治的凝聚力和国际社会的影响力,树立了中国愿意融入国际社会的良好形象,为中国迅速崛起营造了有利的和平环境。三是全面地融入国际多边制度,这一时期是历史上中国缔结多边国际条约最多的十年。

从1990年开启的第二个十年(1990—1999年)开始,中国步入迅速崛起的快车道,在中国与世界关系方面呈现出四方面的特点:一是加入世界贸易组织(WTO)和签署两个国际人权公约标志着中国融入国际体系的程度由浅及深;二是随着香港与澳门顺利回归祖国,中国的统一进程逐渐加快;三是在建立中俄战略协作关系的基础上积极参与创建国际组织活动,尝试进行国际制度创建;四是将中国的和平外交环境拓展到中亚以西的中东地区,并恢复了与周边国家的睦邻友好关系,形成了借助地区一体化来实现国家崛起的格局。

而进入21世纪的第三个十年(2000—2009年),中国迅速崛起又有了新的特征:其一是中国的发展模式受到世界尊重。由于中国充分发掘政府主导型市场经济的长处,克服了各种经济困难特别是全球性经济危机,故中国的发展模式被提高到了与欧美道路相提并论的层次,这是中国崛起的软性体现。其二,中国的崛起被世界强烈感知。除了GDP等经济指标的不断攀升外,北京奥运会金牌总数第一与航天载人工程的成功,实现了20世纪60年代美国肯尼迪总统炫耀美国大国地位的"两个基本条件"。其三,中国在迅速崛起的同时也承担起一系列相应的国际义务,在国际社会中发挥越来越重要的作用。在担负向非洲等援助、国际气候控制、世界金融危机和国际维持和平行动等国际义务方面中国均有重大举措。其四,中国崛起融入大国联合崛起之中,进入了依托发展中大国群体共同崛起、联合与发达国家进入战略协商对话的新时代。这一时期的中国,国内社会建设与国际政治关系达到了大致的平衡,拥有了强大的国民经济实力,又注重和平发展合作与国际责任,积极参与国际社会协商对话活动,中国的物质性成长与社会性成长达到了较大的统一,中国的崛起成为21世纪最令人瞩目的重大历史事件。

同一个世界　同一个梦想

二、中国崛起的目标、模式及特征

改革开放30多年来，中国的经济发展取得了惊人的成绩，赢得了世界的广泛关注。中国的崛起不仅是对“中国正在崛起”这一现实的客观描述，也是对未来中国的美好展望。中国的快速发展赢得了世界的尊重和称赞，也让世界对中国的发展模式产生浓厚的兴趣，应该说中国的崛起是有其特定的目的和形式的，其崛起的过程及速度也因为特殊的政治经济基础及国际国内背景而被打上了浓重的“中国特色”印记。

1.中国崛起的目标——“全面建设小康社会，实现中华民族的伟大复兴”

中国的崛起过程是特指从1978年年底中共十一届三中全会开始到21世纪中叶，中国在和平与发展的时代主题下，通过改革开放，在持续、快速、协调、健康的发展中，国家的综合实力快速提升，并对国际体系产生重大影响的过程。

从历史上来看，中国作为一个文明古国，在政治、经济、文化等方面曾经长期居于世界前列。黑格尔曾说，“历史开始于中国”，中国“实在是任何民族所比不上的”。[①]从宋元至明初，在世界重大科技成就中，由中国人创造的约占58%，直到18世纪前，中国总体经济水平一直位于世界前列。可是中国封建社会经过2500多年的运转，到明清时期，已进入腐朽衰败阶段。相对于新生的资本主义制度，它变为弱者、落伍者、被动挨打者，“注定

① 黑格尔：《历史哲学》，三联书店1956年，第157页。

最后要在一场殊死的决斗中被打垮”[①]。

新中国成立以来，由于我国坚持社会主义道路，坚持从实际出发进行创新发展，尤其是进行改革开放，社会生产力有了前所未有的巨大发展。截至2012年，我国经济总量已从1978年的世界第15位上升到目前的第二位，已从一个落后的农业国变为富强的工业国，形成了比较完整齐全的工业体系、基础设施体系和国民经济体系，高科技工业占工业产值的15%以上，以信息、航空航天、生物医药、新材料为代表的高新技术产业规模居世界第三位，有200多种工业产品以及粮、棉、肉、禽、蛋等主要农产品产量多年居世界第一位。2012年国内生产总值达到51.9万亿，对外贸易总额达到3.8万亿美元，居民储蓄存款余额达到40万亿元，人均可支配收入达到2.1986万元，外汇储备达到3.31万亿美元，成为世界第一大外汇储备国。我国进出口贸易在近五年内每年以26.4%的速度递增，成为自1993年以来已连续17年吸收外资最多的发展中国家。这是中国近代以来所没有的事，也是汉唐和“康乾盛世”的发展所不可比的，世人称为“奇迹”，应该说是崛起的表现，也为我国进一步发展壮大奠定了坚实的物质基础。

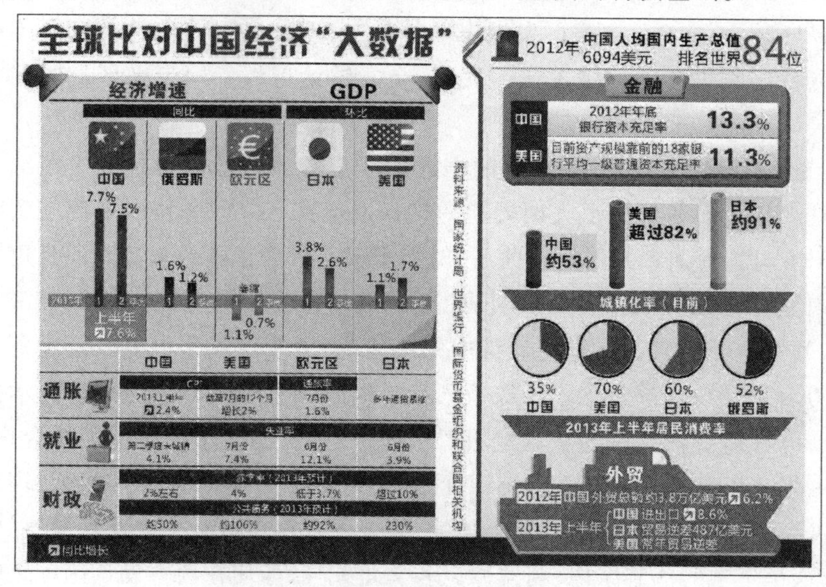

全球比对中国经济“大数据”

但中国的崛起并非意在图谋全球霸主地位，也不是以威胁和震慑其他国家为目的，而是有自己的发展和奋斗目标，这一目标就是“全面建设小康社会，实现中华民族的伟大复兴”。这个目标的出发点和最终落脚点，就是不断提高人民群众的物质文化生活水平；尊重和保障公民的各项权利；不

① 《马克思恩格斯选集》第1卷，人民出版社1995年，第716页。

断提高人们的素质;创造人们平等发展、充分发挥聪明才智的社会环境,促进人的全面发展。与这个目标相对应,中国新的领导集体把以人为本作为自己的执政理念和要求。马克思说过,未来的新社会是“以每个人的全面而自由的发展为基本原则的社会形式”①。在中国特色社会主义道路上实现中国和平崛起,理所当然地必须坚持以人为本,一切为了人民,一切依靠人民,不断满足人们的多方面需求。因此,中国的崛起,中国在政治、经济、内政、外交和国防方面的一切努力,真正目的就是为了使人民的生活过得更好、更富裕,就是为了更好地维护和实现13亿中国人的人权,更好地实现中华民族的伟大复兴。

2.中国崛起的基本模式——“和平崛起”

中国的崛起,走的是一条“和平崛起”的发展模式。“和平”和“崛起”作为中国发展战略的有机组成部分,紧密相关,不可分割。“和平”是“崛起”的根本手段和根本保证,它规定着“崛起”的性质、方向、方式,同时“和平”又构成目标本身;“崛起”既依赖于“和平”,又有利于“和平”。因此,中国不仅把和平的国际环境作为自己发展的基本条件,努力争取和平的国际环境来发展自己,而且又以自身的发展来不断促进和平。中国的和平崛起是不给现有秩序带来冲击的情况下的发展,是能够给近邻各国带来好处的崛起方式。

30多年的实践证明,中国的崛起主要是依靠自己的力量。中国选择的是内敛式而非历史上大国崛起的扩张型道路。中国坚持在平等互利的原则下与其他国家开展经济关系,努力实现经济合作中的双赢。而且更多地同全球化趋势相结合,把中国的力量增长作为全球化的组成部分来考虑,理性地寻找自己在全球经济中的新角色,自觉地成为世界经济中负责任的国家。在全球化进程屡次遭到挫折的时候,中国均能挺身而出,承担自己应有的责任。中国认真地履行了入世承诺,高度重视区域经济合作,并主张东亚经济应该齐心协力、共同发展。当然,中国经济在市场化、国际化进程中,与现存体系的摩擦会增加,甚至不可避免地会出现某种冲突,但是,这是正常的体制摩擦、利益冲突和文化差异,即使在西方发达国家之间也不可避免。一切将证明中国经济崛起是世界经济繁荣的积极因素,而不会对其他国家形成威胁。

3.中国崛起的特征——长期性与艰巨性

中国崛起是一个相当长期的自主发展过程,这是由中国崛起的和平性

---

①《马克思恩格斯全集》第46卷上册,人民出版社1979年,第649页。

质和中国的自身条件客观决定的,充分认识这一点是坚持和平崛起的思想基础。中国的现代化建设具有起点低、人口多、任务重和发展不平衡等特点,目前,我国的经济总量位居世界第二,但政治实力、文化实力、军事实力尚难达到世界第二的水准,其中文化实力尤为薄弱。从经济产业的内部结构来看,中国有“世界工厂”之称,但“中国制造”在很大程度上集中于低端制造业领域。由于创新能力不足,“中国创造”处于蹒跚学步阶段,导致中国在高端制造业、高科技产业、金融服务业等领域实力较弱,尤其与西方发达国家相比,中国的产业结构不尽合理,技术含量和附加值都比较低,劳动密集型企业、资本密集型企业、资源密集型企业仍然占主导地位。这种不合理的产业结构如果不尽快改变的话,不仅影响中国综合国力的提升和国际经济竞争力的提高,而且影响作为整体的中国强国梦的实现。

从国际环境来看,世界总体和平的局面短期内不会改变,这对中国崛起是一个利好消息,但与总体和平相伴随的是,多年来世界仍然很不安宁。国际金融危机影响深远,世界经济增长不稳定不确定因素增多,全球发展不平衡加剧,霸权主义、强权政治和新干涉主义有所上升,局部动荡频繁发生,粮食安全、能源资源安全、网络安全等全球性问题更加突出 。国际形势的严峻对中国的继续崛起构成重大挑战,因此,中国的现代化事业必然是一项长期而艰巨的任务,我们要在充分认识问题与挑战的前提下,迎难而上,化解危机,坚定不移地推进实现民族复兴的伟大事业。

三、中国崛起的世界影响

30多年来中国的崛起不仅是经济总量、贸易总量和综合国力的崛起,而且是一种新的发展模式,道路的探索、创新和展示,这对世界上大多数的发展中国家而言,具有极其重要的启示作用和示范作用。中国的成功证明了一个长期落后的发展中国家仍然有可能在相对短的时间内追赶发达国家,快速实现工业化与现代化,“中国之路”对整个世界而言具有重大的历史与现实意义。

第一,从全球范围来看,中国崛起开辟了社会主义国家跨越式发展的新型道路。中国的大国成长不是简单的民族国家崛起,也不仅仅体现了中华民族的复兴,它的每一项进步都彰显了社会主义制度的优越性。从历史上来看,中国是在半殖民地半封建社会背景下进行新民主主义和社会主义革命与建设的。中国走了一条不同于苏联模式的社会主义道路,开辟了有中国特色的社会主义道路。这种道路的一个重要特点是将马克思主义的立场方法和中国实际相结合,吸取了资本主义国家创造的优秀人类文明成果，将物质文明、精神文明与政治文明建设纳入了世界文明发展的大框架之内。它在一定程度上体现了社会主义制度的优越性，对于仍在坚持社会主义探索的国家具有重要的借鉴与参考意义；对于世界政治体制的未来变迁和世界政治文明的多样性发展，也会产生潜在、深远的影响。

第二，中国崛起树立了国家复兴成长的典范。中国崛起并没有像美国或欧洲国家那样走一条现实主义加孤立主义的道路，恰恰相反，国际政治要求它必须注重与国际社会的合作及认同。中国有着60多年以来不变的对外方针，如和平共处五项原则，反对霸权主义的外交立场，独立自主的外交路线，积极融入联合国与国际社会的政策，建立世界范围内的统一战线，始终注意发展与发展中国家的关系，等等。中国的崛起是对过去国际关系史上成功崛起的大国经验的借鉴，又有所超越，这些都为正在崛起的其他国家社会性成长提供了宝贵的经验，也树立起了大国成长的典范。

第三，中国崛起推动了国际格局多极化与国际关系民主化。中国的崛起对于世界政治的影响是多方面的，就其结构性而言，它推动了国际格局的多极化发展；就其价值性而言，它推动了国际关系民主化发展；就其功能而言，它推动了世界秩序向多样性、稳定性方向发展。其原因在于：其一，中国崛起成为亚洲第一强国，成为独立于美、俄、欧之外的战略力量中心，造就了反对帝国主义、霸权主义的良好态势，不但瓦解了以冷战格局为特征的两极体系，削弱了超级大国控制世界事务的能力，而且使国际战略力量中心的分布更趋合理化，实现了美、欧、亚三大洲实力的均衡化以及资本主义国家与社会主义国家的竞争性发展。其二，中国崛起对于国际关系民主化也有促进作用。中国坚持和平共处五项原则，坚持代表发展中国家的利益，坚持推动南北对话与南南合作，坚持反对种族主义、霸权主义、殖民主义，坚持对于人类的贡献和正当的国际义务，坚持建立公正合理的世界政治经济新秩序，因此，中国崛起对于国际关系民主化是一个极大的推动。其三，中国崛起客观上造就了世界秩序的多样性，不但在冷战时期团结了美苏之外的第三世界，在苏联解体、东欧剧变后坚持了社会主义大国的国际身份，而且在21世纪坚持走和平发展的道路，给世界秩序增添了多样性的成分，丰富了国际政治制度化安排的内容与维度，制约了世界政治文明的单向度演进，有助于和谐世界的建设，有助于地区稳定与世界和平。

第四，中国崛起为维护世界和平做出了重要贡献。如果我们把和平广泛地解读为地区安全、经济稳定、非传统安全、文化和谐、冲突化解、国际危机应对和全球治理等多重维度，中国崛起对于世界和平的贡献则是重大的：一是基本解决了中国13亿人口的温饱与发展问题，维持了这个超大社会转型期的稳定，这是对人类和平的巨大贡献；二是苏联解体后国际体系由两极向多极转变，中国崛起化解了体系转型过程中的冲击波，避免在东亚地区形成中国与美国的新冷战；三是中国通过建立上海合作组织和一系列边境互信条约，与周边大部分国家解决了领土争端问题，实现了睦邻友好和周边和平；四是中国奉行核不扩散政策和反对一切形式的霸权主义、种族主义、殖民主义、恐怖主义政策，成为国际社会维持核时代和平与国际正义的生力军；五是中国积极参与南北对话与南南合作，担负国际义务，大力开展对亚非拉等发展中国家的援助，为消除国际暴力与战争的社会根源做出了积极的努力，积极参与亚洲金融危机和世界经济危机的应对，为世界贸易稳定做出了重要的贡献；六是履行联合国常任理事国在国际安全与世界和平维持上的重要责任，为调停国际冲突、解决国际争端做出了大量、艰苦和卓有成效的努力。伴随着中国国家地位的崛起，中国将坚定不移地走维护世界和平、促进共同发展的道路，同世界各国人民一道，共同推进人类和平与发展的崇高事业。

第五，中国崛起推进了世界文明的发展。中国崛起对于人类文明有着特殊的意义：中国崛起使得古老的华夏文明得以延续和复兴，从而使得中国继续成为世界上唯一未中断的古老文明。中国人不仅在古代创造了灿烂的文化，而且在现代社会也创造出文明的辉煌，中国的崛起使得中华文明与西方文明有了平等交流与对话的机会与可能。

中国派出的维和部队

自民主革命特别是新中国成立以来，中国崛起的过程就是不断地向西方文明学习的过程，而正是在这个过程中中华文明具备了复兴的条件，开启了复兴的进程。从这个意义上讲，中国崛起具有了人类文明发展层次上的进步意义，亦即世界历史的意义。而中国融入国际社会的过程，也是中国文明改变世界文明的过程，当世界大战爆发、种族清洗屡现、全球两极分化、温室效应陡增、公共卫生恶劣、恐怖主义盛行等残酷现实接踵而至时，哲人们就常常想起用东方文化来拯救西方文明。中国传统文化中的“中庸”思想、“和谐”思想、“和平”思想、“诚信”思想、“以人为本”思想等丰富发展了国际政治文化，使得世界文明更具多样性、包容性和开放性。随着中国对外开放程度的加深，中华民族将不仅使自己的文明与世界各种文明进行更深入更有效的对话和交流，而且也会将中国的文化铸造成世界多元文化汇聚交流和综合创新的典范，中国文化及中华文明将在世界舞台上绽放出更加夺目的光彩。

当代中国的崛起是在当今世界以和平为主题的发展形势之下，以改革开放为手段，通过社会主义现代化建设，逐步走向富强、民主和文明大国的历史进程，是在坚持独立自主、和平外交和对外开放原则的基础上，开拓国内和国际两种资源和两大市场，依靠科技创新，实现经济持续、快速发展的必然结果，也是通过加强物质文明、精神文明和政治文明建设，全面提升中国软、硬实力的历史选择。中国的崛起，是人类发展的缩影，中国崛起与人类发展的命运迄今为止息息相关，故而中国崛起也是人类的总体胜利。

第二节　文化全球化背景下的文化强国梦

文化是民族之魂、国家之根。一个强大国家背后必然有一种充满活力的文化所支撑。随着科学技术的发展和文化作用的提升，决定国家实力的资源渐渐从军事、经济等物质性资源转为文化类的非物质性资源。文化能决定一个民族乃至一个国家的前途与命运。约瑟夫·奈在《注定领导：变化中的美国力量的本质》一书中指出："一个国家文化的普世性和它具有的建立一套管理国际行为的有利规则和制度之能力，是至关重要的权力源泉。在当今国际政治中，那些软权力源泉正变得越来越重要。"[①]在这个全球化的时代，世界秩序正在进行调整和重组，在这个过程中，只有充分认识文化软实力在国家发展中的意义，才不会在全球化中错失良机。

中国共产党自成立之初，就高扬先进文化的旗帜，为实现中华民族复兴而不懈奋斗。此后，党在革命、建设和改革的各个阶段始终把文化建设放在突出的位置。进入21世纪，党的十七届六中全会首次提出建设社会主义文化强国的战略部署，党的十八大重申扎实推进社会主义文化强国建设的方略，体现了党对文化建设的高度重视和与时俱进的巨大勇气，标志着我国社会主义文化建设开启了新的历史进程。文化强国之梦是建设中国特色社会主义文化的战略基础和价值目标，它把近百年来中国人民的文化复兴梦想变成了国家的战略和规划，从理论和实践上展开了文化

① Joseph S. Nye, Jr.:《Bound to Lead: The Changing Nature of American Power》, pp 32-33.

强国的建构和实施。文化强国梦体现了中国共产党高度的文化自觉、文化自信和文化远见。

一、文化强国梦的现实意义

文化是民族的血脉、人民的精神家园,具有引领方向、凝聚力量的重要作用。党的十八大报告从全面建成小康社会入手,对建设社会主义文化强国进行了新的部署,这对实现中华民族的伟大复兴的中国梦具有重要意义。

1.文化强国梦是中国全面建成小康社会的重要内容

党的十八大召开标志着中国已进入全面建成小康社会的关键阶段,而文化建设作为现代化建设的重要方面,在全面建成小康社会的过程中具有举足轻重的作用。我们必须以高度自觉加快推进文化体制改革,切实解决束缚文化生产力发展的各种矛盾,为人民提供多样化、多层次的精神文化产品和服务,彻底扭转文化发展与经济社会发展和人民精神文化需求不相适应的状况,满足人民对精神文化生活的新期待,确保全面建成小康社会的奋斗目标的实现。

2.文化强国梦为全面建设小康社会提供强大的精神动力

舞动中国

文化强国建设既是中国特色社会主义事业的重要组成部分,又为促进经济、政治、社会和生态文明建设提供强大的精神动力、道德保障和思想支撑。没有社会主义文化的大发展、大繁荣,就没有社会主义现代化,就不能如期实现全面建成小康社会的奋斗目标。改革开放的历史实践表明,无论是推动经济社会又快又好发展,还是创新社会管理、促进和谐社会建设,都要求我们必须深化文化体制改革,加快发展文化事业和文化产业,增强文化产业的影响力和竞争力,从而不断提高国家的综合国力。

3.文化强国梦是中国梦的重要组成

中国梦就是中华民族的伟大复兴之梦,而民族复兴的力量源泉则在于文化建设。文化是一个国家、民族素质的重要体现,是民族凝聚力的隐性纽带。一个国家、一个民族,只有以先进文化为指导才能引领历史发展的潮流，才能凝聚起全民族团结奋斗的意志和力量，才能提高全民族的整体素质，才能树立起民族的文化自信。回顾历史，中华民族的几千年文明史之所以经久不息，其根本原因在于我们有深厚的优秀传统文化和与时俱进的文化活力。博大精深的中华文化凝聚着中华民族的向心力，是中华民族生存和发展的根本。在竞争日益激烈的国际环境中，文化已成了影响一国综合国力的重要组成部分，这要求我们大力推进文化强国建设，逐步形成具有核心竞争力的文化优势，增强我国综合国力和中华文化的世界影响力，为实现中华民族复兴的中国梦贡献力量。

二、文化强国建设的机遇与挑战

当代中国文化强国建设的使命与方略，是完成中国文化由传统向现代的转型。从国际范围来看，当今世界正处在大发展大变革大调整时期，世界多极化，经济、文化全球化深入发展，科学技术日新月异，各种思想文化交流交融交锋更加频繁，文化在综合国力竞争中的地位和作用更加凸显，维护国家文化安全任务更加艰巨，增加国家文化软实力和中华文化国际影响力要求更加紧迫。2011年，中国经济总量超过日本，位列世界第二。但是，英国前首相撒切尔夫人在她写的一个治国方略研究报告中说，中国还不能成为真正的大国，因为中国只是出口电视机，而没有出口电视剧。当今的世界文化市场，美国占43%，欧洲占34%，亚洲占19%，而在这19%中绝大多数是日本和韩国的，中国所占比例甚小。所以，从国际方面看，特别是在国际舆论上，西强我弱的格局更加明显，西方媒体占了4/5的国际舆论市场。西方敌对势力凭借其文化上的实力，对我国进行的文化渗透战略从来就没有改变，尤其是以传播西方“普世价值”为形式、以宣扬资本主义文化为本质的对我国实行的西化、分化战略，进行思想文化渗透，表明西方敌对势力对我国的图谋一刻也没有停止。再加上文化全球化浪潮的冲击、新科技革命的影响、多元化价值取向的出现、网络时代的发展等，对于新形势下的中国文化建设工作提出了严峻的挑战。因此，面对错综复杂的国外形势，通过建设文化强国，从而提高和充分展示中国文化软实力，在国际经济新秩序构建的过程中发挥应有作用，从而为克服金融危机的消极影响，科学地、理性地回应各种非马克思主义文化思潮的挑战，把握新时期文化发展的基本规律，进一步加强马克思主义文化建设的灵魂和统领作用，增进中国特色社会主义文化的吸引力和凝聚力，必然成为事关中国特色社会主义事业发展的一项重大而紧迫的任务，是时代赋予新时期文化建设的重大历史使命，也是建设文化强国中国执政党的文化使命。

从国内方面看，改革开放30多年来，中国的综合国力不断增强，中国不但总体上解决了温饱问题，而且成为世界第二经济大国。中国的快速发展不但改变了中国，而且改变了世界，成为世界上最有活力、最具吸引力的地区。当前我国社会经济发展进入一个新的阶段，对文化建设提出了更为迫切的要求。根据国际货币基金组织（IMF）公布的数据显示，2012年中国人均GDP为6100美元，人均GDP排名在世界位居第84位，进入中等发达国家行列，越过消费结构转换的节点，城乡居民对精神文化的消费意愿明显提高。但与之相对应的是，我国基础文化建设相对滞后，供给不足，文化发展同经济社会发展和人民群众越来越丰富的精神文化需求还不完全适应，某些束缚和制约文化产业发展的体制、政策性的因素尚未得到解决。因此必须要始终立足社会主义文化强国建设，加快推进我国文化体制改革和创新，切实解决束缚社会主义文化建设发展的突出问题，不断解放发展文化生产力，推动社会主义文化大发展大繁荣，顺利实现全面建设小康社会的奋斗目标。也只有坚持这一根本发展路线，才能在发展中解决上述问题。

从历史来看，作为四大文明古国之一，中国在工业革命之前不仅是经济大国，更是文化强国。随着西方近代文化兴起，中国开始逐步落后，中华民族经历了文化地位的下降，我国文化一直处于弱势状态。尽管中国文化一直继承发展，但随着国际国内形势的变化，中国人的文化观发生了剧烈变动，如何建设中华民族新文化、建成社会主义文化强国成为每一个中国人必须思考的问题。改革开放之后，以邓小平为核心的中国共产党人，大力推进精神文明建设，培养“四有新人”；随后江泽民同志提出了先进文化建设；胡锦涛同志提出了和谐文化建设。十七届六中全会又把文化强国建设纳入到国家战略规划中，党的十八大进一步明确了建设社会主义文化强国必须坚持的道路、方向、方针、原则、关键以及具体要求，为社会主义文化强国建设绘制了宏伟蓝图，使我国文化建设上升到一个新的高度。尤其是十八大指出的“建设社会主义文化强国，必须走中国特色社会主义文化发展道路”[①]，为中国文化建设实现新发展、中华民族实现伟大复兴指明了方向、奠定了基础。因此，加强社会主义文化强国建设，成为发展中国特色社会主义、实现中华民族伟大复兴的必然之路。

三、文化强国建设的实践方略

中国要实现文化强国梦，走什么样的路子、采取什么发展措施是关

①胡锦涛：《坚定不移沿着中国特色社会主义道路前进，为全面建成小康社会而奋斗——在中国共产党第十八次全国代表大会上的报告》，载《人民日报》2012年11月18日。

键。从近代以来世界大国兴衰更替的历史规律看，世界大国身份的获得不仅取决于该国所拥有的强大政治、经济和军事能力，也取决于该国拥有的强大文化国力，因为后者不仅是国家综合国力的一个重要组成部分，而且也是国家政治、经济和军事战略资源能够得到充分组织和动员并发挥最佳效能的保障因素。正如美国学者傅立民所言："文化力量为国家的政治、经济、军事力量增添分量。"[①]换言之，世界大国之所以能得到世界其他国家的尊重，一个不可或缺的条件是它拥有强大的文化国力，并对世界其他国家乃至整个世界的文化发展都有着极其重要的影响力、吸引力和贡献力。如果一个大国不能为国际社会提供一种具有引导力的文化形态、具有普遍价值的道德或文化理念，不仅难以被世界其他国家所认可，而且其本身的可持续发展也可能存在很大的问题。中国要实现崛起，不能没有中华文化的伟大复兴。中国要想成为真正意义上的世界大国，就必须具有一个强大且富有亲和力的文化存在，就必须承担起一个世界大国应当具有的全球文化责任，即不仅在国际秩序的建设中发挥建设性作用，而且能对世界文化发展方向提供重要的启示和影响。因此，全球化时代，中国要实现文化强国的梦想，应着重从以下几方面入手：

一是坚定不移地走中国特色社会主义文化发展道路。中国共产党的十八大报告提出："建设社会主义文化强国，必须走中国特色社会主义文化发展道路……建设面向现代化、面向世界、面向未来的，民族的科学的大众的社会主义文化。"[②]这为我们今后的文化建设指明了正确的方向。从中国改革发展的历史来看，十八大报告提出建设社会主义文化强国的战略目标，符合党关于文化建设战略思想的历史发展逻辑。纵观改革发展的历程，从十一届三中全会后中国共产党提出建设社会主义精神文明的任务，十五大报告提出建设中国特色社会主义文化，到十六大报告提出建设社会主义先进文化，十七大报告从中国特色社会主义"四位一体"布局的高度对社会主义文化建设进行了新的部署，十七届六中全会专题研究文化大发展大繁荣的问题，再到十八大从战略和全局的高度，提出建设社会主义文化强国的方略，反映了我们党带领人民在现代化建设和实现中华民族伟大复兴过程中的一种高度的民族文化自觉和文化自信，其基本内涵精神实质是一致的，均包括思想道德建设和反映时代内涵的先进的社会主义文化建

① 傅立民著，刘晓红译：《论实力——治国方略与外交艺术》，清华大学出版社2004年，第13页。

② 胡锦涛：《坚定不移沿着中国特色社会主义道路前进，为全面建成小康社会而奋斗——在中国共产党第十八次全国代表大会上的报告》，载《人民日报》2012年11月18日。

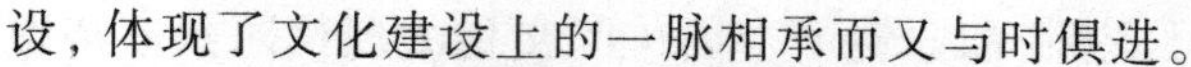

设，体现了文化建设上的一脉相承而又与时俱进。

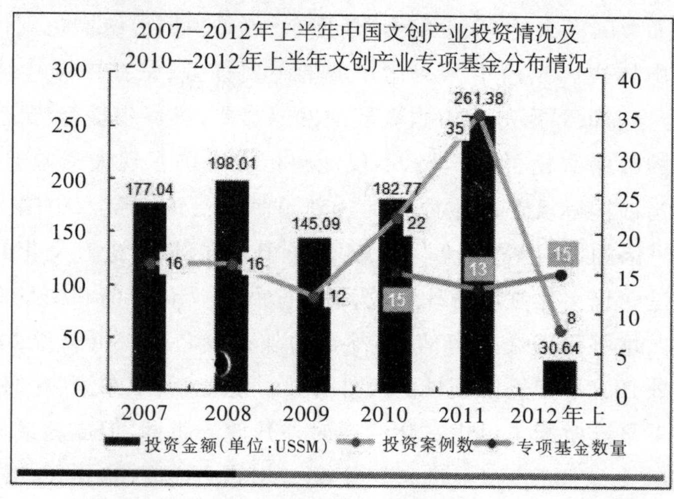

中国文创产业数据图

实现文化强国梦，确保坚持走中国特色社会主义文化发展道路，必须有明确的指导思想、指导方针和主要目标。其指导思想是高举中国特色社会主义伟大旗帜，以马克思主义、毛泽东思想、邓小平理论、“三个代表”重要思想和科学发展观为指导；其指导方针是以科学发展为主题，以建设社会主义核心价值体系为根本任务，以满足人民精神文化需求为出发点和落脚点，以改革创新为动力，坚持文化为人民服务、为社会主义服务的方向，坚持百花齐放、百家争鸣的方针，提倡文化多元化，文化贴近实际、贴近生活、贴近群众；其主要目标是发展面向现代化、面向世界、面向未来的，民族的科学的大众的社会主义文化，培养全民族高度的文化自觉和文化自信，不断提高全民族文明素质，不断增强国家文化软实力和国际竞争力。

二是重构中国传统文化，增强中国文化的对外亲和力和吸引力。中国传统文化体现了中华民族特有的民族性格、价值观念和心理情感。其主要内核乃是博大精深的“和合”与“中庸”思想。前者强调“和而不同”与多元共存，后者主张不偏不倚、无过而无不及。这种“中和”内涵决定了中国文化的特质本质必然是“和平主义”“理想主义”和“道德主义”的统一。近代以来，尽管上百年的反帝反殖和追求国家独立与统一的斗争，使得中国具有了冲突型或现实主义取向的文化要素，但中国传统文化的精神特质和文化基因并没有被消解。1949年新中国成立后，特别是1978年中国实行国家发展战略调整之后，中国传统文化所体现的和平主义、道德主义和理想主义重新凸显，且经过历史洗礼和现代理念改造，既代表了中国传统文化的历史延伸，也展现了中国文化的现代嬗变。和平共处五项原则、“睦邻、安邻、富邻”的周边外交政策等，都体现了中国传统文化的现代回归。特别是近年来中国提出的“和平发展”新理念，更是中国传统文化现代转型与重构的集中体现。当前中国文化发展的主要任务，是在中国传统文化基础上，结合当前世界形势和中国崛起的发展需要，进一步整合传统文化资源，使中国的战略文化、外交理念不仅能够指导中国实现大国崛起的目标，而且能为当前国际关系基本原则的创新贡献自己的力量。中国文化也应当继续增进诸如“公正”“平等”“正义”的价值取向，以增进其文化的普世性。

三是深化文化领域对外开放，增强全民族文化自信和中华文化的世界影响力。增强民族文化自信，必须走对外开放之路。可以说，中国文化领域的对外开放早于经济领域的对外开放。随着“西学东渐”的兴起，一批批救国之士早已掀起了思想文化领域对外开放的思潮，但成就最显著的当属20世纪八九十年代的“引进来”，主要是引进西方的学术、思想、科技和文化等。进入21世纪，中国文化领域的对外开放开始走上了“引进来”和“走出去”并重之路。随着对外开放的深化和加入世界贸易组织，中国文化产品的进出口贸易无论是总额还是增长率均取得了巨大成就。但根据国家新闻出版广电总局的统计数据，中国文化产品的进口逆差与经济领域的大幅度贸易顺差形成了鲜明对比。目前，即便中国已成了世界第二大经济体、世界第一大贸易国，但在国际文化的交往和竞争中，西方发达国家的文化优势还是明显的。随着经济和文化全球化进程的加深，与西方强势的文化技术、文化观念、文化产品随之而来的西方价值观念的冲击和渗透所带来的挑战越来越大。如今在更加开放的国际环境中，如何建设文化强国，发展中华文化，增强全民族的文化认同感和自信？在激烈的国际竞争中，如何确立并发挥自身的文化优势，增强中华文化的国际竞争力和影响力？这些都是摆在我们党和人民面前亟须解决的重大课题。

经济、文化的全球化，对中国更好地学习和借鉴世界优秀文化成果，引进国外先进的文化和经营管理理念及机制，增强文化软实力，推动中华文化走向世界提供了有利条件。为此，当今世界各国都明显加快了文化产业化步伐，因为随着全球范围经济结构和产业结构的不断调整，文化产业的发展及其现代化程度已经成为衡量各国对外贸易能力，进而影响各国综合国力及国际影响力的重要因素。就文化产品的国际化而言，目前中国的文化产业存在着两个不容忽视的结构性缺陷：一是文化产品的进出口总额在国家对外贸易总额中的比例偏小，二是文化产品的进出口存在着巨大的逆差，这表明中国文化产业的整体发展规模和国际竞争能力还亟待提高。针对这种状况，从文化发展层面制定适时的文化产业化战略就显得尤为重要。中国一方面应继续强调“请进来”的方针,力图通过引进国外先进技术和文化产业理念,在较短的时间内缩短中国与发达国家在文化产业方面的差距;另一方面,也应适时地强调“走出去”方针,及时地在战略重心上实现由内向型到外向型的转变,以文化产业及产品的“走出去”为目标来制定中国文化产业的发展规划。只有中国的文化产品真正走出国门,中国的文化国力才能得以真正壮大,中国文化的世界影响力才能得以迅速提升。十八大报告指出:“扩大文化领域对外开放,积极吸收借鉴国外优秀文化成果。”①针对文化领域的对外开放,十七届六中全会通过的《国家“十二五”时期文化发展纲要》指出:一是加强对外文化交流;二是推动文化产品和文化服务出口;三是扩大文化企业对外投资和跨国经营,开拓海外市场。换言之,实施“走出去”的文化发展战略,就是在继续推动政府主导的文化交流的同时,积极探索文化的市场化、商业化、产业化的运作方式,着力打造一批有国际竞争力的外向型文化企业和集团,打造有国际影响力的国际文化交易平台,以市场运作方式推动中国文化产品和服务的出口,扩大中华文化产品的国际市场份额。

四是深化文化体制改革,增强中国文化创造活力。改革开放以来,随着经济体制改革的不断深化及其他领域改革的陆续展开,文化体制改革的序幕也逐渐拉开,但缺乏总体布局和系统规划。党的十六大报告提出文化发展的动力在于改革创新的思想。随着文化体制改革的不断深化,党的十七届六中全会提出“以改革创新为动力,着力推动文化体制机制创新,以改革促繁荣、促发展”②,文化产业必须以创新促发展,把体制创新与文化科技创新相结合。十八大报告又提出:“促进文化和科技融合,发展新型文化业态,构建和发展现代传播体系,提高传播能力。”③

中国文化产业的发展目标

当今时代,数字技术和网络技术的迅猛发展和广泛应用,催生了一系列新的文化业态和新的文化表现形式。科技创新和文化体制创新相融合

①胡锦涛:《坚定不移沿着中国特色社会主义道路前进,为全面建成小康社会而奋斗——在中国共产党第十八次全国代表大会上的报告》,载《人民日报》2012年11月18日。

②《中共中央关于深化文化体制改革推动社会主义文化大发展大繁荣若干重大问题的决定》,载《人民日报》2011年10月26日。

③ 胡锦涛:《坚定不移沿着中国特色社会主义道路前进,为全面建成小康社会而奋斗——在中国共产党第十八次全国代表大会上的报告》,载《人民日报》2012年11月18日。

已成了加快文化发展的强大动力。随着文化体制改革的日益系统和深化发展,中国共产党明确提出:抓住信息化快速发展的历史机遇,加快文化与科技融合,积极利用高新技术改造传统文化产业,大力发展战略性新兴文化产业;建立健全以企业为主体、市场为导向、产学研相结合的文化创新体系,加强核心技术、关键技术的攻关,增强文化产业核心竞争力;充分运用高新技术加快构建覆盖广泛、技术先进的文化传播体系,增强文化传播力和文化感染力。

五是以“多元共存”为原则,推动国际文化间的多边对话与合作。世界并存着诸多不同的文化形态,它们本无高下之别,也无贵贱之分,都有其适合特定生存条件和发展阶段的合理成分,因此,人类在不同文化间应当彼此尊重、平等相待,在相互借鉴和学习中取长补短,在求同存异中共同发展。中国一贯坚持多元共存与平等竞争的文化价值观,并以此价值观看待国际上不同文化、不同社会制度的客观存在,借鉴和吸收人类一切先进文明成果,且根据中国的实际需要“为我所用”,同时注重改造和提升中国传统优秀文化,争取让中国文化及价值观念走出国门、惠泽全球。此外,中国积极参与国际文化机制的建设,通过国际文化规范、规则的制定和修改反映中国的文化主张,在维护中国崛起进程中日益增长的文化利益的同时,也为世界文化的繁荣和不同民族间的互信与理解贡献自己的智慧。

六是抵制西方文化霸权,维护国家的文化安全。在全球化时代,文化安全主要是对于发展中国家而言的,因为面对西方国家单方面的文化输出和文化扩张,发展中国家不仅在文化产品上面临生存与发展的困境,甚至其政治哲学、意识形态、价值观念和生活方式都难以保持发展的自主性和独立性。西方国家对发展中国家文化政策的核心,并不是一般地占领发展中国家的文化市场以获取更多的现实利益,而是旨在全面输出其政治经济发展模式和价值观念,对发展中国家的民众进行彻底的精神征服和信仰改造,而达到“不战而屈人之兵”的目的。对于发达国家这种文化霸权行为及由此带来的文化安全威胁,中国应采取积极的文化安全对策,变被动应付为主动防范,更好地维护自身的文化安全利益。在致力于提升国家的文化综合国力和国际竞争力的同时,也要增强国家文化安全意识,健全文化安全预警机制,在适当时综合运用法律、行政和市场手段保护自身文化市场和文化利益。在维护国家的文化主权与文化安全的同时,也要避免将文化安全的维护、文化复兴的抱负与狭隘的文化保护主义和文化民族主义相混淆,避免因简单盲目的自我封闭而排斥一切异质文化。

第三节　应对与融合：中国梦的价值所在

2012年11月29日，习近平总书记在国家博物馆参观《复兴之路》展览时提出，“每个人都有理想和追求，都有自己的梦想。现在，大家都在讨论‘中国梦’，我以为，实现中华民族伟大复兴，就是中华民族近代以来最伟大的梦想。这个梦想，凝聚了几代中国人的夙愿，体现了中华民族和中国人民的整体利益，是每一个中华儿女的共同期盼”①。2013年3月，习近平总书记在俄罗斯访问期间，对于什么是“中国梦”又进一步做了解释，“实现中华民族的伟大复兴，是近代以来中国人民最伟大的梦想，我们称之为‘中国梦’，基本内涵就是实现国家富强、民族振兴、人民幸福”②。从此，中国梦在国内外引发广泛讨论。中国梦与中国国际地位的提升有着深刻的内在联系，从而有着深刻的国际内涵与世界意义，它的提出不仅具有促进中华民族伟大复兴的重要价值，而且有利于推动世界各国加强合作共赢，并为世界梦的实现奠定坚实的经济基础与和平的国际环境。

一、中国梦的国际内涵

在当今世界，中国梦的提出具有深远的战略意义。中国梦不只是我国阶段性发展目标的延续，更对世界表明中国作为一个负责任大国的存在意义。中国梦不只是中国人的中国梦，也是21世纪全世界的中国梦。

与梦想一起飞翔

首先，中国梦不是对外扩张，而是自我的复兴。深受儒家文化影响的中国在漫长的历史文化中，积淀出一种“向内”的探索。也就是说，对于中国这个国家来说，内部的和谐发展始终是中国人最关心的问题。在此基础上，我们渴求实现世界的和平繁荣，并且希望为之贡献自己的力量。梦想决定行动，有了共同梦想，

①《习近平在参观〈复兴之路〉展览时的讲话》，载《人民日报》2012年11月30日。

②《习近平在莫斯科国际关系学院的演讲》，新华网2013年3月24日。

才有共同行动。中国自力更生摆脱贫穷落后,走向富强民主文明和谐,实现中华民族的伟大复兴,是国人的梦想和追求。中国国家实力的持续性的发展不是为了对外进行扩张,也不是西方某些人所认为的对整个世界的一种“威胁”,我们的发展目标仅指在自身的国力复兴上,绝无对外进行扩张的野心或行动。这无疑给出了对我们国力增长随意猜测的人以明确的回复。

其次,中国梦强调中国软实力的增长,这有利于解决中国的发展难以被世界其他国家接受的问题。在传统的现实主义思想影响下,西方国家特别是美国对任何其他国家的发展壮大总是充满各种各样的怀疑和非议,自然快速发展的中国也不能幸免。中国物质力量的增长带来了一些国家的猜忌,认为我国任何硬实力的增长必是有所指、有所求的。消除这些不和谐声音的一个方法就是让我们软实力跟上硬实力发展的步伐,并向世界明确表明中国到底要什么,到底想怎样。自古以来,中华文明就是一种不具侵略性的文明,其博大精深的文明模式往往将外来文化与中华文化相融合,并最终使我中华文明更趋先进、更具活力。中华文明不具有排他性,更不是“非此即彼”的文明模式。新中国成立后特别是改革开放以来,我们让世界直观性了解的中国历史本来很有限,再加上文化、教育等软实力方面的发展没有跟上整个国家物质力量的腾飞,这也给世界上有些国家的媒体故意非议中国崛起以可乘之机。

最后,中国梦的终极目标是世界梦,中华民族的伟大复兴必能让世界受益。中华文明源远流长,在历史上曾经对周边国家和地区的文明进步产生过重要的积极影响,并与其他文明共同发展。中华文化也对世界遥远地区的文明产生过重要影响。以儒家思想为核心的中国文化、中国的四大发明,都曾给世界古代文明和世界发展注入强大动力。随着世界历史的融合,经济全球化趋势将整个世界连成一个相互依存的整体,中国也已是这个整体中的重要成员。共享世界文明发展成果的中华文明发展至今,也必定会给世界再次带来文明发展的驱动力。中国和平发展带来的不仅是中华民族自身的复兴,更是整个世界和平与发展的重要保证。作为一个负责任的大国,我们所展现的中国梦不仅仅是实现中华民族的伟大复兴,也将给世界和平与发展带来福祉。对世界人民来说,中国梦的国际意蕴是十分鲜明、十分深刻的。中国梦不仅只是中国的梦想,更是中国作为一个负责大国对世界的承诺。中华民族的伟大复兴不仅不会对世界上其他国家和民族形成所谓的“威胁”,而将成为世界永久和平与发展的重要力量。

二、中国梦的本质特征

中国梦与世界各国人民的梦也是相通的，这是中国梦能被国际社会接受与认同的基础。实现国家发展与人民幸福是人类的共同价值观，各国之间的目标不是冲突或对立的，而是共存与互补的。因此，中国梦的实现，有利于促进中国与世界各国的和谐，形成共同发展、共同进步的局面。中国国际地位的提升与世界的共同利益完全一致，这就是中国所追求的国际地位的内涵。在国人追梦的170多年中，前100多年追求的是国家独立与民族解放，后60多年追求的是经济发展及其在此基础上的人民福祉。实现中国国际地位的提升是中国梦的核心主题，而以经济发展实现中国国际地位的提升则是实现中国梦的道路。这一道路尤其在改革开放以后更为清晰。因此，以发展实现中国梦的过程也就是中国与世界合作扩大、利益融合的过程。

1.中国梦是“和平梦”

中国梦以追求国家的崛起为目标，这也使一些国家容易产生对中国梦的担忧甚至恐惧。然而如果理解中国实现崛起梦想的道路就可以清晰地发现这条道路的和平特征，因为这是一条靠国内改革来营造国家发展制度活力的道路，与历史上一些国家靠扩张实现崛起有着根本的区别。新中国成立后的前30年，独立自主、自力更生实现四个现代化是国家发展的基本战略，其目标是赶上和超过世界先进水平。这种非开放型的发展战略既是当年冷战时代无奈的选择，也是落后国家发展道路的积极探索。靠国内的力量改变一穷二白的面貌，赶超世界先进水平，这一梦想成了亿万中国人民的精神力量，它激发中国人民创造了无数发展的奇迹。在国内发展任务仍然很重的时期，中国对许多发展中国家提供了力所能及的援助，与许多国家包括发达国家建立了外交关系。立足国内发展，获得国际社会普遍承认和在第三世界国家赢得尊重，体现了新中国前30年追梦的主题，也体现了追梦的和平性。

改革开放开启了当代中国追梦的新历程，这一历程的最显著标志就是以不断优化国内体制营造发展的活力，这同样决定了中国发展道路的和平性。20世纪80年代起，中国认真学习西方国家的体制优点和发展经验，推进发展，从而构建了有中国特色的市场经济体制——政府发展导向型市场经济。这一体制既有效利用了市场的活力，又充分发挥了政府在推动发展中的积极作用，形成了市场配置资源和政府战略推进的双引擎，创造了世界经济史上的发展奇迹。在中国成为世界第二大经济体后，人们可以从历史对比中清晰发现,中国这条崛起之路完全不同于帝国主义和殖民主义国家当年的道路,既没有进行殖民扩张,也没有发动为争夺市场和资源的战争,国内的体制优势及其所激发的民众致富动力,是中国崛起最重要的原因。中国也因社会主义市场经济的制度优势赢得了国际社会的赞叹。改革开放的历史表明中国梦追寻的三个战略要素:一是走中国道路,二是弘扬中国精神,三是凝聚中国力量。走中国道路就是基于中国的文明传统和历史方位形成中国的战略优势与发展模式;弘扬中国精神就是依靠爱国主义的民族精神和改革创新的时代精神,以此作为实现国家富强、民族振兴的力量源泉;凝聚中国力量就是依靠亿万人民为圆梦而团结奋斗的力量,使每个人追求人生出彩的努力汇聚成国家整体崛起的不竭动力。这三个战略要素是过去30多年中国崛起之谜,也是未来实现梦想的本质特征,综合体现了中国梦追寻道路的和平性质。

2.中国梦是“共享梦”

开放与改革是当代中国崛起的根本原因。中国开放对世界的重大意义在于,中国追梦的历史进程成为世界共享一个大国的发展机遇,而不是世界市场蛋糕重新分割的博弈。传统意义上的贸易发展本身就显示了比较优势对各国互利的规律,中国在开放中贸易的大发展同样是这一规律的体现。在这一进程中,中国没有简单地走历史上各国纯粹竞争的老路,而是注重市场的开放性和国际市场规则,通过积极加入世界贸易组织和参加各类区域合作,降低和消除贸易障碍,解决贸易争端,推进公平贸易,最大限度地开放国内市场,使高增长转变为对各国产品的高需求,拉动了各国的出口和经济增长。

在商品市场开放的同时,更能体现中国梦努力与世界共享的是投资领域对世界的开放。引进外资是中国对外开放的主旋律,从全国范围构建对外资的激励政策,到各级地方政府营造有利于外资的服务环境,各国资本在中国得到了广泛的发展机遇。中国对外资开放国内市场成为外资在华企业的市场机遇。特别是由于中国成功适应了经济全球化推进下的价值链国际分工,外商投资使中国通过加工贸易等方式参与了更深的国际分工体系,中国的出口增长直接成为外资企业分享中国成本优势、政府服务、制度活力和发展战略的途径。因此,“在开放中发展”的道路使中国发展成为世界的机遇而不是我兴你衰的殊死斗争。

3.中国梦是“和谐梦”

发展通常意味着竞争,但在中国梦的追求过程中,中国选择的不是对抗式的竞争方式,而是合作式的共赢方式,以对外合作创造发展环境,以激发内在潜力营造发展动力,形成了一条和谐的崛起之路。开放是中国崛起之路的基本出发点,也构成了与历史上一些国家崛起的显著区别。在世界历史上,发达国家的崛起呈现出三个特点:一是在发展初期保护国内市场的过程中实现工业化和竞争力的提升;二是在超越他国后主导制定有利于自身发展需要的国际经济体制,为自己创造更有利的发展环境;三是老牌帝国主义国家通过占领、控制他国为自己开辟更广阔的发展空间。然而中国在追求崛起的进程中所走的道路却与此完全不同。发展道路的开放性从两个方面决定了中国梦的和谐性:一是中国接受现有国际规则,而不是拒绝或对抗国际规则;二是致力于通过国内改革使自己适应国际规则,靠自身的潜力与活力实现发展,而不是固守本国机制、体制,维持差异导致摩擦。

中国的对外开放从一开始就注重政策与管理上的国际规范。中国注意到自身的经济体制与国际的差异,在全面建设市场经济之前,就遵循国际规范,给外资营造一个特殊的环境与政府服务,减少了外资在中国发展的障碍。事实上,适应外资需要的开放过程也对经济体制向市场化转型和政府职能转变起到了重要的作用。这一机制体现了中国追求发展与世界的和谐性。加入世界贸易组织的进程更直接体现了中国梦的这种和谐性。入世是中国谋求成为"经济联合国"成员的一个重大目标,与国际接轨是为入世进行自身改革的集中表现。入世承诺不仅包括关税大幅度减让,而且涉及国内一大批法律法规的废除、修订与新立。知识产权保护等一系列与规范市场经济建设相关的法律法规的完善与实施,形成了入世对国内经济体制改革的巨大推动。一个对世界十分重要的市场以改变自身完成两者的接轨,是中国追梦与世界和谐的典型例证。

都市一角

党的十八届三中全会后，新一届中央领导集体把改革开放推进到一个新的阶段，《中共中央关于全面深化改革若干重大问题的决定》把全面体制改革提上了日程，其中包括构建开放型经济新体制，顺应全球化新趋势，推动中美双边投资协议（BIT）谈判，致力于参与跨太平洋伙伴关系协议（TPP），是中国在参与国际合作中追求强国梦想的一个重要步骤。中美BIT和TPP等将形成高标准的经济全球化过程。在适应这种高标准的全球化过程中，中国再次选择了自身改革的道路，以开放促进改革既是国家战略的顶层设计，也体现了中国追梦进程的和谐性。

4.中国梦是“包容梦”

尽管当代世界的发展以激烈的国际竞争为特点，中国梦也以赶上和超过世界先进水平为目标，然而中国梦却绝不只求自身发展，兼顾各国共同发展的“包容性”是中国梦的又一重要国际特征。中国的快速发展引起了国际社会的强烈反响。由于中国经济规模大，加上体制活力与战略科学、发展成就形成了对世界的各种冲击。价廉质优的商品挤占了他国市场，巨大的资源需求拉高了国际市场大宗商品的价格，强大的竞争力对周边国家构成了压力。中国无意于挤占他国的发展空间，但当中国因崛起而影响世界的时候，全球化条件对各国的发展能否相互包容的问题就凸显了。正是在这样的背景下，中国作为一个负责任大国及时提出了“包容性发展”的战略理念，举起了“和平、发展、合作、共赢”的旗帜，体现了中国梦对世界其他国家的包容性，体现了中国梦的共赢内涵。经济全球化在促进世界经济迅速发展的同时，也为人类带来了一系列新问题：气候变暖、环境污染、资源不足、能源紧张、粮食短缺、金融风险、发展差异等。这些问题同样也与各国的发展模式相关，显示了一国发展可能导致的对他国的不包容。在这一历史条件下，中国及时提出以“包容性发展”作为亚太地区合作战略，使全球共同发展成为实现中国发展目标的一个组成部分，这也体现了中国梦的国际内涵。在提出“包容性发展”理念之前，中国已经提出了科学发展观的指导思想。直接地看，科学发展观在于提升国内的发展水平与发展质量，改变发展的规模导向。然而从科学发展观的实际影响看，这一发展理念同时又具有极大的国际意义。由于中国经济的国际影响力大，中国的发展模式对世界的影响广泛而重大。因此，科学发展观也是实现包容性发展的指导方针和发展战略，是中国梦体现包容性的现实选择。

中国环境与发展国际合作委员会圆桌会会场

三、中国梦的全球意义和价值

“中国梦”一经提出，就引起了世界众多国家和各界人士的广泛关注。这是因为在全球化背景下，作为一个世界第二大经济体和世界人口第一的大国，中国的社会变迁、中国的一举一动愈来愈对世界其他国家的未来有直接或间接的影响，因而，中国梦具有世界意义。正确解读中国梦的世界意义，有利于破除其他国家对中国梦的误解，也有利于提升世界对中国的信任和信心。“中国梦”既是中国的也是世界的，世界和中国都需要“中国梦”。

中国梦的提出有利于推动世界各国加强合作共赢。当今时代，国与国之间具有密切的关联性，自身的发展往往与其他国家的发展紧密相连、密不可分。如果以自我为中心，只考虑自身利益，甚至以牺牲别国利益来换取自身的发展，人类就会陷入冲突与纷争之中，最后还是会妨碍自身的发展。世界各国交往的不断扩大、全球化不断深入发展，向我们揭示了这样一个道理：中国梦的最终实现不太可能在中国这个范围内独自完成。中国梦应该是中国与世界共享机遇和共同应对挑战的统一，中华文明与世界文明的统一，应该是中国梦与世界梦的统一。当今世界各国在抢抓战略机遇的过程中应该摒弃“独有”“独占”“独霸”的思维，而树立“共享”“共有”“共赢”理念，与其他国家一道共享战略机遇，共担国际责任和风险。“处于伟大复兴进程中的中国，在谋求本国发展中促进各国共同发展；处于伟大复兴进程中的中国，坚持把本国人民利益同各国人民共同利益结合起来，以更加积极的姿态参与国际事务，共同应对全球性挑战，共同破解人类发展难题。”[①] 世界的繁荣稳定是中国发展的重要动力和外部环境，中国梦的实现也会促进世界发展与中国发展的和谐共赢。

酒泉卫星发射基地

中国梦的提出为世界发展奠定经济基础。马克思和恩格斯在《共产党宣言》中深刻地指出：“每一历史的经济生产以及必然由此产生的社会结合，是该时代政治的和精神的历史的基础。”[②]生产力决定生产关系、经济基础决定上层建筑的客观历史规律在这段话里体现得淋漓尽致，这充分说明了社会存在和发展的最终决定力量是由人类文明社会的经济实力决定的。过去的几十年中，中国特色社会主义道路在推动社会发展和人类文明进步方面所做的贡献史无前例、实属罕见。新中国成立时，毛泽东曾说：“现在我们能造什么？能造桌子椅子，能造茶碗茶壶，能种粮食，还能磨成面粉，还能造纸，但是，一辆汽车、一架飞机、一辆坦克、一辆拖拉机都不能造。”[③]半个多世纪以来，中国人民通过自力更生、艰苦奋斗，不仅解决了13亿多人的口粮，还拥有了自主开发的各种交通工具和武器装备。国家建设取得显著成效，载人航天、探月工程、人造卫星、高速铁路、超级计算机等处于世界先进地位的重大科技成果如雨后春笋般涌现，给了国人很大的鼓舞和信心。十一届三中全会后，由于我们推行改革开放和社会主义现代化建设，经济发展迅猛，对世界的经济贡献率持续攀升，经济总量也超过日本成

①中央党校中国特色社会主义理论体系研究中心：《“中国梦”：内涵·路径·保障》，载《人民日报》2013年1月4日。

②《马克思恩格斯文集》第2卷，人民出版社2009年，第56页。

③ 毛泽东：《毛泽东文集》第6卷，人民出版社1999年，第329页 。

为仅次于美国的世界第二大经济体，人民生活越来越富裕，总体上基本达到小康水平，国际地位和综合国力得到很大提升。可以说，改革开放30多年所取得的巨大成就，为实现中华民族伟大复兴打下了坚实的物质基础，从而为中国梦通向世界梦奠定了坚实的经济基础。

中国梦的提出有利于营造世界梦实现的和平环境。2013年3月，习近平总书记在坦桑尼亚的演讲中提到“中国梦”“非洲梦”和“世界梦”的关系，他认为这三个梦想的实现都离不开国际和地区安全稳定的大环境。当今时代，世界各国经济社会发展的状况很大程度上取决于是否拥有良好的和平发展环境。新中国成立后，我国几代国家领导人带领人民进行社会主义现代化建设时都十分注重创建和谐稳定的国际环境，并取得了巨大成果，为实现世界梦提供了前提条件。邓小平是中国特色社会主义道路的总设计师，他的一个伟大创举就是把社会主义与和平合二为一，力争“寻求一个和平的环境”来搞社会主义现代化建设。邓小平曾精辟地指出：“我们搞的是有中国特色的社会主义，是主张和平的社会主义。”[①]通过对和平与社会主义的本质认识，邓小平进而提出了独立自主的和平外交政策，让中国成为维护世界和平的重要力量是该政策的核心内容：“从政治角度说，我可以明确地肯定地讲一个观点，中国现在是维护世界和平和稳定的力量，不是破坏力量。中国发展得越强大，世界和平越靠得住。”[②]独立自主的和平外交政策为社会主义现代化建设和实现伟大“富强梦”创造了良好的外部环境。能否有一个和平稳定的国际环境，对中国这样的经济状况比较落后的国家进行社会主义建设至关重要。

改革开放以后，中国共产党准确地把握时代特征和国际形势出现的变化，坚持不唯意识形态论和不结盟政策，高举合作、共赢、和平、发展的大旗，与世界各国交往坚持和平共处五项原则，在维护世界和平、促进共同发展、坚决反对霸权主义和强权政治等方面旗帜鲜明，积极贡献自己的力量。这些努力，符合时代变化发展潮流，为社会主义现代化建设和实现伟大中国梦开辟了和平发展之路，创造了非常有利的外部条件，为早日实现伟大世界梦

和平鸽与橄榄枝

① 邓小平：《邓小平文选》第3卷，人民出版社1993年，第168页。

② 邓小平：《邓小平文选》第3卷，人民出版社1993年，第168页。

赢得了和平的国际环境。

四、中国梦的实现路径

实现中国梦是一项艰巨的历史重任。习近平总书记指出，实现中华民族伟大复兴的中国梦必须走中国道路、弘扬中国精神、凝聚中国力量。中国梦不是为了取代“美国梦”和“欧洲梦”，而是要致力于推进国际关系民主化，实现南北方大均衡、东西方大包容，不断丰富和完善世界梦，构建和谐世界。而要实现中国梦的世界价值这一宏伟目标，首先是要坚定不移走中国特色社会主义道路。

胡锦涛同志在党的十七大报告中指出：“中国特色社会主义道路之所以完全正确、之所以能够引领中国发展进步，关键在于我们既坚持了科学社会主义的基本原则，又根据我国实际和时代特征赋予其鲜明的中国特色。”[①]习近平总书记在学习贯彻党的十八大精神研讨班开班式上的讲话中也强调：“中国特色社会主义是科学社会主义理论逻辑和中国社会发展历史逻辑的辩证统一，是根植于中国大地、反映中国人民意愿、适应中国和时代发展进步要求的科学社会主义，是全面建成小康社会、加快推进社会主义现代化、实现中华民族伟大复兴的必由之路。”[②]这些讲话深刻揭示出中国特色社会主义道路对实现中国快速向前发展梦想的重大意义。中国特色社会主义理论体系对世界上经济比较落后的国家如何建设社会主义，如何树立科学的指导思想、明确发展的历史方位、找到根本的途径和方法、坚持合理的外交政策等问题给出了明确而科学的回答。中国特色社会主义由于其理论上的优越性和魅力，正不断地焕发出勃勃生机和活力，创造出一个又一个经济、政治和文化奇迹，对人类文明的发展做出了巨大贡献。正因为如此，国内广大人民群众对中国特色社会主义的理论优势和产生的实效广泛认同，同时也得到了许多国际友人和有识之士的普遍称颂。大量实践证明，中国特色社会主义是当代中国发展进步的根本方向，只有坚定不移走中国特色社会主义道路，才能发展中国，才能引领世界社会主义运动的方向，才能完成中国与世界的相融相通。

其次是要积极促成中国梦与世界梦的融合与对接。中国梦是世界梦的重要组成部分之一。实现中国梦与世界梦的融合与对接，需要从经济、政治、文化、生态、安全等方面着手，力争做到全面一体。

---

①《中国共产党第十七次全国代表大会文件汇编》，人民出版社2007年，第11页。

② 习近平：《毫不动摇坚持和发展中国特色社会主义，在实践中不断有所发现有所创造有所前进》，载《人民日报》2013年1月6日。

马克思、恩格斯在《共产党宣言》中指出："代替那存在着阶级和阶级对立的资产阶级旧社会的，将是这样一个联合体，在那里，每个人的自由发展是一切人的自由发展的条件。"[①]根据马克思、恩格斯的观点分析，中国梦怎样才能成为世界梦呢？很重要的一点就是要实现中国梦与世界梦的融合与对接。一是要高度重视中国与世界的良性互动问题。目前，国际上一些国家和地区对中国能否实现和平崛起等问题还存有一些疑虑和误解，中国和世界还缺乏良好的沟通和了解，这些问题的存在需要我们通过民间交流、人文互动和人才交流等方式来减少相互间的分歧和疑虑，加强彼此间的协作和沟通，为实现中国梦创造和平的国际环境。二是要高度重视团结海外华人力量的工作。十一届三中全会以来的大量实践证明，在社会主义现代化建设过程中，海外华人在经济、政治、文化等方面为中国的发展做出了很多贡献，对于实现中国梦来说乃是一个新的动力增长点。从这个意义上说，良好的国际环境和海外华人的力量为实现中国梦增强了国际资源支撑，同时为中国梦向世界梦的转化创造了有利条件。三是要牢固树立和谐世界的理念。"和谐世界"是胡锦涛同志2005年9月在联合国总部演讲时提出来的理念，我们要牢固树立并用实际行动去践行这一重要理念。在远古时代中华文化就曾对世界上遥远国度和地区的文明产生过重要影响。中国的四大发明以及以儒家思想为核心的中华文化推动了世界经济和古代文明的发展。20世纪90年代以来，随着世界历史的融合，经济全球化趋势已将整个世界连成一个密不可分的整体，中国也是这个整体中的重要一员。中华文明在共享世界文明发展成果的过程中，必将给世界文明发展再次带来惊喜。中华民族通过和平发展所实现的自我复兴，对整个世界的和平发展来说是一个巨大的利好消息。

中国作为世界上一个负责任的大国，中国梦的实现不仅将一个富强、民主、文明、和谐的中国呈现在世界人民面前，而且也必将带动整个世界的和平与发展。对于世界上所有国度的公民来说，中国梦不仅仅是中国的梦想，也是中国对世界的承诺。中国梦的实现将使中国成为世界永久和平与发展的重要力量，中华民族的伟大复兴将对世界上其他国家和地区形成威胁的"中国威胁论"等谣言不攻自破。因此，要实现从中国梦过渡到世界梦，必须牢固树立和谐世界的理念，始终致力于走和平发展的道路。

最后要切实增强中国梦的文化软实力支撑。中国梦不仅仅是社会进步、经济发展、个人物质条件的改善，更是中华民族伟大复兴的文化软实力

---

①《马克思恩格斯选集》第1卷，人民出版社1995年，第294页。

的体现。当今世界,文化软实力的提升已成为民族凝聚力和社会向心力的重要源泉,也是增强当代中国世界影响力和全球话语权的重要因素。目前中国共产党和全体人民的一项共同使命就是如何让世界各国对中国梦文化增进了解和信任,让中国梦文化坚定中华儿女的理想和追求,为中华民族的伟大复兴呐喊助威。

文化等精神层面的需求会随着一个社会物质和财富的不断积累而逐步增加。对于个人而言,精神家园是生存于世的重要支撑。对于民族和国家而言,强大、共鸣的民族感召力及其文化底蕴是跻身于世界现代民族之林和世界强国序列的重要条件。因此,国家富强、民族振兴、人民幸福的三重梦文化在当今中国社会得到大力宣传推广真是恰逢其时,中国梦世界价值的彰显和实现离不开具有深厚历史文化底蕴的中华文化支撑。从这个角度分析来看,中国梦要想顺利转化为世界梦必须推动我国的文化自觉和文化自信,提升我国的文化软实力,切实增强中国梦的文化支撑。“和而不同”凸显人类文明的多样性,中国梦是维护人类文明多样性的伟大梦想,这种多样性决定了梦想的多元价值取向,从而构成它的世界价值基础。在全球化的当下,各国梦想丰富多彩,并在相互交流和交融中汇成世界梦想的海洋。世界的相互联系决定了梦想的相互依存,一方的存在以另一方的存在为前提条件。中国梦与世界梦是你中有我、我中有你,无论是应对国际金融危机、环境污染、恐怖主义等危险和挑战,还是全球治理、创造人类文明的美好世界,中国梦和世界梦都需要同舟共济、互融共生。

时至今日,中国梦处在继往开来、承前启后的历史方位。站在改革开放30多年辉煌成就新的历史起点上,面对世情、国情、党情发生的新变化,面对中国同世界关系的持续深化,面对中国人民过上更加幸福生活的新期待,面对改革开放面临的新形势、新任务、新问题和新挑战,中国梦具有新的内涵,这就是在中国共产党成立100年时全面建成小康社会,在新中国成立100年时建成富强、民主、文明、和谐的社会主义现代化国家,而要实现这一目标,就要坚持道路自信、理论自信、制度自信,正如习近平总书记所言:“中国特色社会主义的正确道路,赋予民族复兴新的强大生机,中华民族的伟大复兴展现出灿烂的前景。现在,我们比历史上任何时期都更接近中华民族伟大复兴的目标,比历史上任何时期都更有信心、有能力实现这个目标。”[①]展望中国梦的未来,我们一定会得出实现中国梦“长风破浪会有时”的历史必然结论。

---

①习近平:《承前启后 继往开来 继续朝着中华民族伟大复兴目标奋勇前进》,载《人民日报》2012年11月30日。

第六章　中国梦的民族精魂

第一节　民族精神的传统内涵

一、民族精神是民族文化的核心

在一个民族发展的历史长河中,是什么东西让一个民族在内忧外患时发愤图强,又是什么让一个民族在面对灾难时众志成城？这些最简单和朴素的哲学观念常常没有人去认真思考,只是在民族、国家和社会需要他们时,这些民族的成员像吃饭穿衣的本能一样会付诸实践。这种无形但无处不在的神秘东西就是"民族精神",民族精神是一个民族团结的纽带,是一个民族前进的号角,也是一个民族保持高尚情操的指针。那么,民族精神又是如何界定的?

"精神"一词在中国始见于《庄子》,其意指一种精神状态。后引申为好多概念,如意识、思维、宗旨等。现在,其意多指人类的意识、思维和一般的心理状态。而"民族"和"精神"连在一起,即"民族精神"的出现从现有材料看,始见于18世纪的德国哲学家莫泽尔的《论德意志民族精神》一书,在该书中他提出了"民族精神"的概念。他认为民族精神就是一种代代相传的集体精神。国内外学术界当前对"民族精神"还没有一个统一的界定,对其阐述主要从广义和狭义两方面来说,广义之说大概分为如下三类:

第一,民族精神是一种精神状态和精神力量。像王希恩①、荣长海②就持这种观点。他们认为民族精神是指深深蕴涵于我们中华民族优秀文化之中并且维系着国家统一和民族团结的某种精神力量。这种观点可谓抓住了问题的实质,民族精神本来就是一种精神力量的集中和显现,但从外延来说,似乎又小了一点,因为民族精神的发展已经不仅仅是一种精神力量。党的十六大报告指出,民族精神是一个民族赖以生存和发展的精神支撑,这一深刻论断的提出对于民族精神概念的界定有重要的指导意义。

---

① 王希恩:《民族精神的形成和发展》,载《世界民族》2003年第4期。

② 荣长海、姜晓梅:《关于民族精神理论与实践的若干问题》,载《道德文明》2003年第4期。

第二,民族精神是一种普遍认同和自觉遵循的精神品格。冯秀军[①]、苏海涛[②]等学者就坚持这种观点,他们认为民族精神是本民族成员普遍认同和共同遵循的思想品格、价值取向和道德规范,是一个民族心理特征、文化传统、思想情感的综合体现。而李宗桂等人的观点更有代表性,"民族精神是指在民族的共同语言、共同地域、共同经济生活的基础上产生、形成并表现于民族文化上的共同心理素质,是民族的心理特征、文化传统、自我意识的精神综合体"。[③]

第三,民族精神是民族文化的核心和灵魂。这一点大家的观点基本是一致的,只是表现方式不同。蒙培元认为,"民族精神是一个文化范畴,属于一定的民族文化,是在民族文化的发展中孕育和成长起来的,是民族文化的深层内涵"。[④]刘海涛表述得更透彻,"民族精神是民族文化的核心和灵魂,是一个民族在历史活动中表现出来的富有生命力的优秀思想、高尚品格和坚定志向"。[⑤]

广义的界定考察了民族精神在一个民族的发展历程中所熔铸的文化认同、社会心理、生存体验、时代认识等全方位的民族意识。其优点是全面反映了民族发展过程中的整体精神面貌,包括积极和消极、先进和落后、高雅和粗俗等。其缺点是往往在研究中会淡化民族精神中积极和进步的一面。

对民族精神的狭义界定以哲学史家张岱年为代表,他认为民族精神要满足两个条件,"一是有比较广泛的影响",即为中华民族的"多数人民所信奉","二是能激励人们前进,有促进社会发展的作用"。[⑥]该说主要强调的是民族精神中的精粹思想。目前,这种说法得到学界大多数人的认同,即当前流行的民族精神主要指在民族发展过程中起着积极作用的精神,而消极和落后的精神排除在外。本书也大致同意狭义之说,论述基点也以此为据,即"民族精神"指为本民族大多数成员所认同的普遍性精神,在民族发展中具有稳定性、长期性和民族凝聚力,起着主导作用,推动民族前进的精神源泉。而对其消极和落后的思想恕不涉及。

从上述观点可以看出,虽然对民族精神还没有一个统一的界说,但民族精神的内涵指向民族共同的文化心理和文化气质,也是民族文化的核心

① 冯秀军:《民族精神及相关概念试析》,载《学校党建与思想教育》2003年第2期。

② 苏海涛:《"三个代表"与中华民族精神》,载《南京社会科学》2003年增刊。

③ 李宗桂等:《中华民族精神概论》,广东人民出版社2007年,第12-13页。

④ 蒙培元:《怎样理解民族精神》,载《学术月刊》1992年第3期。

⑤ 刘海涛:《发展先进文化　培育民族精神》,载《光明日报》2003年8月26日。

⑥ 张岱年:《文化传统与民族精神》,载《学术月刊》1986年第12期。

内容，众多学者对此是基本一致的。

红灯笼——中国式的喜庆

民族文化是各民族在其历史发展过程中创造和发展起来的具有本民族特点的文化，包括物质文化和精神文化。饮食、衣着、住宅、生产工具属于物质文化的内容；语言、文字、文学、科学、艺术、哲学、宗教、风俗、节日和传统等属于精神文化的内容。

“民族文化都打上了民族的印记，并从不同的侧面展现出民族特征和民族精神气质，亦即凝结显示着民族精神。”[①]民族文化是动态的，在其发展过程中，融入着本民族对生活和社会的理解，灌注着本民族的价值体系和心理品格，形成该民族区别于其他民族的基本特征。一曲《黄河大合唱》就显现了中华民族团结、奋进的民族精神；一袭“中国红”就折射了中华民族乐观、饱满的民族情怀。民族精神和民族文化相辅相成、互为统一。民族文化是民族精神的深厚土壤和现实背景；而民族精神是民族文化的核心和精髓，是民族文化的价值导向和心理保障。

中国传统文化，无处不凝结着中国人民对美好生活的向往和发愤图强的民族奋斗精神。不论是中华民族历史上形成的哲学、政治、道德观念，还是它所创造的音乐、绘画、书法、舞蹈等艺术作品，或者是它在建筑艺术、园林艺术、风俗习惯中所凝结的审美意识等，都可以汇聚成人们自身的素养逐渐积淀为民族心理、民族品格，使我们的民族获得持续不断的精神力量，而不至于因为精神力量的疲软或坍塌失去生存与发展的动力。中华民族灿烂的五千年文明史令国人倍感鼓舞，尤其当国家处于内忧外患、民族处

① 朱西周：《中华民族精神的历史演变与时代价值》，中共中央党校2007年博士学位论文。

于生死存亡时,凝结在民族文化中的民族精神就会凸显出正能量。这都受益于民族文化中的民族精神。国人在哲学、文学、建筑、绘画等不同文化领域,表达各种不同的愿望和思想。民族文化不仅是民族精神的体现,更是民族精神的载体。

万山之巅上的静修

爱国精神作为中华民族精神的核心,自古就是仁人志士抒发襟怀的重点。管仲的"以家为家,以乡为乡,以国为国,以天下为天下"更多着眼的是一种态度,陆游的"僵卧孤村不自哀,尚思为国戍轮台"则是一种爱国心理,曹植的"捐躯赴国难,视死忽如归"就是爱国的行动。担当精神是中国传统文化一直强调的,是社会对每个人更是对男子汉的要求,也是男人作为安身立命的自我追求。顾炎武的"天下兴亡,匹夫有责"、诸葛亮的"鞠躬尽瘁,死而后已"、林则徐的"苟利国家生死以,岂因祸福避趋之"的高风亮节和担当精神为世人所传颂;"士志于道,而耻恶衣恶食者,未足与议也","士不可以不弘毅,任重而道远"是志向和德行的追求;"三军可夺帅也,匹夫不可夺志也","志士仁人,无求生以害仁,有杀身以成仁"是对民族气节的强调;"天行健,君子以自强不息","能胜强敌者,先自胜者也"是自强的写照……这些都是中国传统文化中民族精神的体现。

又如许多修身养性的人本精神。孔子说的"中庸之为德也,其至矣乎"是将中庸思想提高成一种德行。中庸是一种包容,也是一种和谐。这和中国几千年的"天人合一""道法自然"的思想是大体一致的,都寻求一种平衡与和谐。

孟子的"富贵不能淫,贫贱不能移,威武不能屈"则提倡宠辱不惊的处世态度。孔子的“人而无信不知其可”是对诚信的警示。而范仲淹的“先天下之忧而忧,后天下之乐而乐”更倡导要以大局为重、以国家为先的入世精神。

其他诸如中国古典建筑中的对称思想就表达了匀称平衡的审美理想;古典绘画中的写意画法表达“言有尽而意无穷”的哲学韵味;古典音乐中的高山流水传递幽美恬静的静穆之美……类似的文化生成无不体现一种民族精神。

二、民族精神是民族价值体系的基石

价值体系是一个民族在一定时代、一定社会中形成和发展起来的,是一定社会、民族在一定时代社会意识的集中反映。一个民族的价值体系和心理品格不是与生俱来的,也不是固定不变的,是不断发展和完善的。是一个民族在生产和生活中不断积累经验,在头脑中形成各种各样的意识,最后经过理性的过滤,形成能为大家所共同认可、遵循的一种规范,能成为一个民族约定俗成的行为准则。

在价值体系的形成过程中,先是个人有着各自的价值观。个人的价值观和社会的价值体系是有区别的。价值观是价值体系的基础,价值体系是价值观的归纳和精髓。每个人的价值观千差万别,有具体性和易变性的特征,而社会价值体系则是价值观的提炼和升华,有着抽象性和稳定性的特征。一个时期和一个社会的价值体系是一个民族基本素质和心理品格的集中反映。价值体系作为社会意识形态反作用于社会经济、政治等各方面社会行为,进而指导人们的行动。在价值体系中,各系别所处的地位和层次是不同的,有些处于次要地位,有些处于主要地位。在社会实践中,人们更注意处于主导地位、起着主要作用的价值体系,这就是社会核心价值体系,以及由此而产生的社会核心价值观。

社会核心价值观对一个民族和社会的发展是至关重要的。正确健康的社会价值体系会促进社会的进步、国家的发展。相反,以自己为中心,自私自利、强取豪夺式的错误或误入歧途的价值体系不仅会给自己带来负面影响,甚至会给社会和人民带来灾难性的后果。日本的“大东亚共荣圈”就是将自己利益建立在别人痛苦之上的价值观,这种价值观之下的“武士道”精神令日本军人和青年视死如归,整个国家和社会形成了没有人道主义的价值体系,这种体系让男人嗜战如命,让女人舍身成仁,其后果是包括中国在内的许多亚洲国家都生活在水深火热之中。直到现在,日本还不愿正视历史,不愿承认罪行,日本历届领导人还公然参拜靖国神社,日本教科书还昭然将侵略中国写成"进入中国"。这种局面的形成就与日本领导人还没形成健康正确的社会价值体系、没有和平发展的民族精神有关。这类惨痛的教训不胜枚举。希特勒对欧洲的践踏,纳粹分子对犹太人的屠杀,恐怖主义的肆虐,伊拉克战争的动乱,阿富汗战争的罪恶。目前,国际上存在的诸多战争和恐怖都是由于许多地方还没有一个和平、和谐、以人为本、珍视生命的价值体系,所以,人权受到践踏,生命成为草芥,尊严成了口号,民族精神亟待捍卫,价值体系急需重建。

在灿烂文明的中华五千年文化史中,以儒家思想为核心的价值体系影响深远。儒家精神广泛影响着两千年封建文化的方方面面,大到社会制度,小到饮食起居。可以说,无处没有儒家思想的影响,一直到今天,儒家精神还存在于中国文化的很多方面。当然,在不同的时期形成着不同的核心价值体系和价值观。辛亥革命"民族、民权、民生"的三民主义,五四时期的"民主和科学"都是不同时期的核心价值体系。抗日战争时期,"一致抗日"又成了新的社会价值体系。新中国成立后,马克思列宁主义、毛泽东思想成了指导新中国发展的核心价值体系。但在社会主义改造和建设中,由于多方面原因,一度极"左"路线和"以阶级斗争为纲"成了主要方针和思想,给社会和人民带来很大伤害和损失。这其中有很多原因,但有一点可以肯定,就是价值体系的不健全和核心价值的缺失。新时期以来,党极力拨乱反正,重新树立社会主义核心价值观。特别在21世纪,中国共产党明确提出"建设社会主义核心价值体系,形成全民族奋发向上的精神力量和团结和睦的精神纽带",①《中共中央关于构建社会主义和谐社会若干重大问题的决定》中指出:"马克思主义指导思想,中国特色社会主义共同理想,以爱国主义为核心的民族精神和以改革创新为核心的时代精神,社会主义荣辱观,构成社会主义核心价值体系的基本内容。"②这为我们开展核心价值观研究、解决实际存在的问题、扭转不良社会习气、形成健康向上的社会氛围指明了方向。同时,也将民族精神提到一个很高的位置。"民族精神是一个民族在长期共同生活和实践中形成的思想观念、价值信念与信仰、性格与心理的总和,是这个民族得以生生不息的繁衍和发展的活的灵魂与根本动力,也是该民族所创造的文化和文明的内在核心部分。"③民族精神和

① 张峰、袁廷华:《树立和践行社会主义核心价值体系专题讲座》,华文出版社2010年,第3-4页。

②中共中央文献研究室:《十六大以来重要文献选编》,中央文献出版社2011年,第648-649页。

③ 欧阳康、栗志刚:《核心价值体系研究:民族精神视角》,载《江西社会科学》2007年第2期。

价值体系是辩证统一、互为存在的。民族精神是价值体系的灵魂和精髓，只有坚持重视和提高民族精神，价值体系才能健康发展；反之，背离民族精神，价值体系便会缺失和坍塌，这在中国历史上有很多血的教训。价值体系则是民族精神的反映，是民族精神的载体之一。价值体系的健康发展，是对民族精神的维护和提升，也是民族自尊心、自信心的保障，是民族凝聚力的理论源泉。

三、民族精神是民族凝聚力的源泉

民族精神和民族凝聚力相辅相成，互为关系，相互连接，相互渗透。在一定条件下，二者可互为条件，相互转化。民族精神是基础和保障，是民族凝聚力的内核和源泉；而民族凝聚力是民族精神的外化形式。在一个民族的发展中，民族精神能得到重视和发扬，民族凝聚力便会巩固和加强；民族精神偏差或丧失，民族凝聚力便会涣散。相应地，民族凝聚力的加强会提高和振奋民族精神；民族凝聚力的松散会削弱民族精神和民族意志。

对于什么是民族凝聚力，学界已有明确的表述："中华民族凝聚力是中华民族赖以统一、独立和生存、发展的内在动力。它是由多种因素、多种条件有机构成的合力，是一个伴随着中华民族的形成发展而形成发展、具有自身特征和多方面功能的动态系统。"[①]这个表述有两个很重要的方面，一是凝聚力是一种意识形态的精神力量，二是凝聚力是多种社会因素的综合。这就映射出民族精神对民族凝聚力的意义和作用。有学者对此还有专门的解释："所谓中华民族凝聚力是由多种因素有机构成，是指包含自然因素（血缘、地缘等）和社会因素（经济、政治、文化等）。所谓是一种合力，首先是指它具有多层次性，每一个单独民族、阶级、政党、宗教、地区、社团、行业乃至家庭，都有其自身的凝聚力；其次是指它的多维性，包括了民族整体对民族成员的吸引力，民族成员对民族整体的向心力，民族成员之间的亲和力。中华民族凝聚力是所有这些力量的整合。"[②]

纵观中国历史，既是中华民族融合史，也是民族精神凝聚史。民族精神随着时代的不同而凸显着新的时代精神，民族凝聚力也体现着不同的特点和意义。

往往民族融合大发展的时候，也就是民族精神能量大彰显的时候。春秋战国是中华民族的第一次大融合，华夏民族逐步形成，此时，思想大解

① 孔庆榕、李权时：《中华民族凝聚力论纲》，广东人民出版社1995年，第8-9页。

② 陈伟群：《中华民族精神和中华民族凝聚力的辩证关系》，载《中央社会主义学院学报》2003年第6期。

放,民本思想、自由精神、崇尚统一的民族精神逐渐形成,在思想上百家争鸣、在国家中互相兼并、在战争中民族融合。此时社会出现了大变革大动荡。民族精神的逐渐形成和民族融合的发展为华夏民族精神的形成和民族凝聚力的发展起了很重要的作用。

秦汉时期,以儒家思想为核心的一统文化模式确立,"大一统""罢黜百家、独尊儒术"的儒家精神突显,与此相应的"崇德""重仁""孝悌"等民族精神也渐渐发展,由此促进了各民族的进一步融合,中华民族多元一体格局初步形成。魏晋时期,在王朝更替频繁的历史进程中,统一是主流,儒家文化广泛吸纳佛教等外来文化,走向合流,民族精神更加巩固,中华民族再次出现大融合。元明清时期,少数民族一度成为国家的统治者,虽然期间有很多民族矛盾,但"主人翁""统一"的民族精神是社会的主潮,所以各民族相互学习,相互发展,民族融合又向前跨了一大步。相比古代的繁荣和昌盛,近代中国更多是屈辱和腐败,此时,民族精神又被赋予新的时代意义,"救亡图存""抵御外辱"成了新的时代主旋律。

厚德载物是中国传统文化的重要内容

中国民间涌现了众多的民族英雄,广大人民同仇敌忾、发愤图强。在一个气数已尽的封建王朝内部,却出现了令人振奋的民族精神和空前高涨的民族凝聚力。新民主主义时期,中国人民在中国共产党的领导下,面对内忧外患的艰难局面,他们毫无畏惧,奋不顾身,为新民主主义革命抛头颅、洒热血。正是亿万中华儿女的大无畏精神,才取得新民主主义革命的胜利和抗日战争的胜利。这是中国人民爱国的民族精神的胜利,也是华夏民族凝聚力的胜利。

第二节　民族精神的当代构建

一、中华民族精神的与时俱进

民族精神随着时代的发展和变化也相应地有不同的内容和主题。战争年代与和平年代的民族精神性质迥异;艰难困苦岁月与繁荣昌盛时期的民族精神也大为不同。因此，民族精神只有与时俱进，跟上时代的步伐，才有生命力，才能成为社会目标和价值体系，才能成为民族的基本素质和心理品格，也才能跟上先进文化的需要和人民生活的满足。所以，时代性和先进性是民族精神非常重要的内涵和本质。

经过千锤百炼的中华民族精神更是与时俱进的产物。所谓中华民族精神，即是十六大报告中提到的"以爱国主义为核心的团结统一、爱好和平、勤劳勇敢、自强不息的伟大民族精神"。[①]所以中华民族精神与时俱进的体现很多时候是以爱国主义形式出现的。

中华民族精神与时俱进的总特征是以爱国主义为先锋的。这是中国所独特的，也是中国特色的民族精神。形成以爱国主义为核心的民族精神是中国历史和国情所决定的，特别是中国近代以来的历史决定的。中国人民正是在以爱国主义为核心的民族精神的鼓舞之下，不断涌现出可歌可泣的感人事迹。爱国主义就是旗帜、就是方向。为了保卫国家、保卫家园，许多志士仁人前赴后继、视死如归，用生命和鲜血换回自由、民主。中国人民在强大的精神力量的感召下，赢得了民族的尊严、国家的尊严，以顽强的姿态屹立于世界民族之林。中国近代史是屈辱史，也是奋斗史和爱国史。自1840年欧美的坚船利炮打开中国的大门后，中国的民族精神就上升为保家卫国的爱国精神，虽然清政府软弱无能，但在一些如林则徐、邓世昌等将领身上我们明白了鲁迅说的"民族脊梁"的含义；此时，代表中国民族精神的不是政府，而是民间。面对强敌的入侵，中国民间自发发起保家卫国的农民起义此起彼伏，中华民族的爱国精神也如黄河长江的波涛汹涌在起义军和人民心中。这没有官方的组织和号召，中华大地上飘荡的正义之气、团结之气和爱国之气感召着每一个有良知的中国人，于是人们能看到像三元里抗英的壮举，这是中国人民第一次自发的大规模抵抗外敌的起义，极大地鼓舞了中国人民抗敌的士气，增强了中国人民爱国的精神。

辛亥革命时，中国已经千疮百孔，积弱积贫，国家四分五裂，这令爱好和平和梦想团结统一的中国人民痛心疾首。此时，孙中山先生一呼百应，带领起义将领推翻了两千多年的封建帝制，中国人民希冀建立一个自由、民主、平等、博爱的新的社会体系。新民主主义革命时期，中国人民在中国共产党的领导之下，更显示出知难而进、不怕牺牲、勇往直前的大无畏民族精神。以毛泽东为首的中国共产党团结各族人民，为争取新民主主义革命的胜利而奋斗。亿万中国各族人民送粮、送钱、送衣，甚至将自己的子女都

---

①中共中央文献研究室：《中共十三届四中全会以来历次全国代表大会中央全会重要文献选编》，中央文献出版社2002年，第682-683页。

送上前线,他们是新民主主义革命的大后方和坚强后盾。中国革命的胜利是各族人民用生命和鲜血换来的,凝聚着亿万中国人民要求和平、自由、民主的美好愿望。没有以爱国主义为核心的中华民族精神的凝聚,就不会有新民主主义革命的胜利和新中国的建立。

此时,民族精神的时代性就是天下兴亡、匹夫有责的爱国精神;万众一心、共御外侮的大局意识;百折不挠、愈挫愈奋的必胜信念;不畏强暴、血战到底的英雄气概。中国共产党号召全国各族人民团结起来保家卫国,“停止内战,一致抗日”成了时代主旋律,同时,为了最广大范围的团结一切可以团结的力量,中国共产党提出了“地主减租减息、农民交租交息”的土地政策,这激发了全国各族人民的抗日积极性。爱好和平的中华民族同仇敌忾,用强大的民族精神熔铸成坚不可摧的民族凝聚力,保卫了家国,取得了抗日战争的彻底胜利。这是一场全民族凝聚力的演武场,也是民族精神与时俱进的活教材。此时,不仅有前赴后继的前线英雄,也有鼓舞民族斗争的后方文化工作者、音乐工作者创作出《黄河大合唱》《义勇军进行曲》《英雄儿女》等振奋人心的优秀歌曲,这些歌曲鼓舞着全民的斗志,给倒下的士兵以力量,给战斗的英雄以精神。一些文学工作者在街头巷尾都贴满了鼓舞战斗的标语,并创作了如柳青的《复活的土地》、田间的《给战斗者》之类的口语化短诗,就连“雨巷诗人”戴望舒也禁不住呐喊出“血染的土地,焦裂的土地,/更坚强的生命将从而滋长”(《元旦祝福》)这样的心声。这些都对抗战的胜利起到了很重要的作用,可以说,没有全民的参与,抗战不知道还会持续多长时间,中国人民在水深火热之中不知道还要生活多少年。苦难和自尊铸就了伟大的民族精神和牢不可摧的民族凝聚力。新中国成立后,时代赋予民族精神团结自强、勇于创新、勤劳务实等新的要求。虽然这些民族精神古已有之,但在一个新的时期,对民族精神要求的侧重点也是不同的。

党不负众望,团结全国各族人民取得新的社会主义建设的阶段性胜利,完成了社会主义改造,度过了三年最艰苦的困难时期。在一穷二白的基础上取得了原子弹、氢弹等的试验成功,形成了新时代的民族精神。改革开放的新时期,特别是21世纪以来,民族精神与时俱进,产生许多新的时代主题,衍生了许多新的民族精神。民族凝聚力也出现了前所未有的牢固,抗击“非典”的上下同心、抗震救灾的众志成城、举办奥运会的众口同声,都是新时代新的民族精神的发扬和新的民族凝聚力的产生。

民族精神为什么要与时俱进?这是由民族精神的性质和特点决定的。民族精神是一个民族的灵魂和内核,是民族文化的核心,也是一个民族价值体系的基石和民族凝聚力的源泉。民族精神不是静态的,而是动态变动的，它随着民族的发展和变动而变动。

中华民族不是亘古初民时期就有，而是随着社会的前进发展不断融合汇聚形成的，作为民族灵魂和内核的民族精神也是随着实践的发展而发展的。只有这样，民族精神才葆有活的灵魂和鲜活的生命力，才能成为民族的价值规范和稳定的价值体系，指导民族应对各种各样的自然和社会变化，勇敢面对突发事件和灾难，也指导民族不断自我完善和发展。

民族精神的与时俱进，不仅是时代的选择和历史的要求，更是当前中国的国情和现实决定的。首先，民族精神是中国先进文化的精神实质。在21世纪之初，江泽民同志就提出“三个代表”重要思想，这是党的历史上第一次将先进文化放到一个政治的高度来认识，中国共产党代表先进文化的发展方向既是改革开放的要求，也是国际社会发展的趋势。党的十八大更进一步提出文化强国的战略思想，将文化作为一个国家发展的重要战略目标来认识，这在世界上也是很少的。十八大报告指出“要开创全民族文化创造活力持续迸发、社会文化生活更加丰富多彩、人民基本文化权益得到更好保障、人民思想道德素质和科学文化素质全面提高、中华文化国际影响力不断增强的新局面”，[①]这意味着要全面实现小康社会，必须要先实现文化强国。文化强国概念的提出，是符合世界发展趋势的，同时这也是增强民族自信心和自尊心的重要途径。中国是四大文明古国之一，中国有五千年灿烂辉煌的文化，有着深厚的文化底蕴和文化自信，如何能使传统的优秀文化发扬光大，为社会主义建设服务，为实现中华民族的全面复兴而贡献力量，这就要求实现民族精神的与时俱进。民族精神是民族文化的灵魂和内核，只有民族精神跟上时代的步伐，保持最先进的精神姿态，民族文化才能先进和前进，也才能实现文化强国的中国梦。

其次，民族精神是先进生产力的精神动力和思想保证。发展先进生产力是提高综合国力的前提和条件。在综合国力的提高上，民族精神和先进生产力是有机统一的。综合国力包括硬实力和软实力。硬实力是指支配性实力，是指一国的经济力量、军事力量、资源力量、科技力量等，亦即通常说的看得见、摸得着的物质力量。软实力则指一般国家的凝聚力、民族向心力、民族精神、人民幸福指数、民族文化认同和自信程度，以及参与国际机构的程度等。强盛的软实力，恰是一种硬形象。从某种意义上说，一个国家提升软实力比提升硬实力更为困难。生产力的发达会增强硬实力，提升综合国力；而民族精神的与时俱进也会提升国家形象、提高人民生活幸

① 转引自陶善才：《青春正能量》，安徽文艺出版社2013年，第15-16页。

福指数，从而进一步提升综合国力。且民族精神作为精神力量为生产力的发展提供强大的精神动力和思想储备，使社会主义生产力永远是最先进和最有创新性的。民族精神不仅作为软实力是综合国力的体现，同时，它作为精神能量还可以转化为生产力等硬实力而提高综合国力。

二、中华民族精神的时代凝练

以爱国主义为核心的团结统一、爱好和平、勤劳勇敢、自强不息的伟大中华民族精神是历史性与时代性的统一，是与时俱进的时代产物，在不同的时期，中华民族精神也有不同的侧重点和集中反映。这些被提炼和概括的精神是一定时期集体或个人奉献精神和牺牲精神的生动写照，人民为了纪念或者更是为了传承发扬这种精神，便将这种精神浓缩为一种概念。

与时俱进和高度概括是中华民族精神在当代的两个重要特点。这些集中和浓缩化了的精神在当代虽然显得更为突出，但中华民族精神是一脉相承、层层积淀的。历史上形成的民族精神是现实中民族精神的基础，中国古代和近现代已有的众多提炼和浓缩的民族精神，在今天仍然被传袭和继承，但却赋予崭新的时代内容和现代意义。所以说，我们现在所说的民族精神实际上是不同历史时期民族精神的高度凝练和聚合。

当然，随着时代背景和社会发展的不同，不同时期的民族精神也有不同的侧重点，有主要的价值取向和精神所指，这些凝练和聚合了的精神只是当时主要民族精神的一个抽象和代表性符号而已。

民居大门上的“耕读传家”匾额

五千年的华夏文明博大精深,孕育其中的中国古代民族精神也非常丰富,种类之繁多,涉及之广泛,很难详陈备至。但总体形成了一些基本的民族精神主题,如人本精神、抗争精神、包容精神、统一精神等。

修身养性的人本精神。在古代民族精神中,儒家的“修身”是各类文献典籍中涉及最多的,可见“修身养性”对古人来说是安身之本、治国之魂。如“自强”精神、“诚信”精神、“知耻”精神、“厚德”精神、“重仁”精神、“贵和”精神、“敦亲”精神、“尚勇”精神、“节俭”精神、“守贞”精神、“奉公”精神、“务实”精神等。这其中的任何一个都是以人本主义为核心的儒家精神不能缺少的,如礼仪在两千多年的封建文化中是非常重要的,中国封建文化是以儒家思想为主导思想的,所以,儒家精神贯穿中国民族精神的方方面面。礼在古代是维护封建统治和社会活动的准则或制度,如典章、礼制、制度,也用来指尊卑贵贱、亲疏远近等,它是古代人的行事准则,古代许多重大活动都要用礼,如皇帝祭祀、登基等。当古人说“礼崩乐坏”,那将是一个国家兴衰的标志。“仁”是儒家思想的核心,它的基本含义就是“爱人”,就是关心、体贴、宽容、帮助他人。“仁者爱人”“克己复礼为仁”的提出对中国古代影响是很大的。如此的人本精神对人的发展、社会的和谐和国家的稳定有非常重要的作用,是民族精神中道德的起点和基石。

不畏强暴的抗争精神。从奴隶制到封建制,在社会发展和民族融合的过程中,中国普通民众从没间断过对强权和暴政的反抗。这也体现了中国人民独立、自强的本性。商周时期,商朝的民众倒戈攻击纣王,秦代的陈胜吴广起义等都是最好的例证。

多元一体的包容精神。中国是个多民族国家,56个民族共同组成了中华民族,在中国民族史的发展过程中,各个民族互相包容,互相学习,最终逐渐走向了民族融合和国家统一。虽然期间有民族矛盾,但民族融合的总潮流始终是主要和主导的,各民族若没有包容和宽容性,56个民族就不会这样融洽地相处。这种民族的包容性影响到个人的包容性,中国人民的善良和爱好和平是在这种包容性中慢慢形成的。

追求和合的统一精神。从夏朝到秦代,中国版图从整体上来说是分裂的。商周的战争主体来说是为了统治者自身的势力范围,但这无形中也促进了民族的融合和国家局部的统一;春秋战国更是国家四分五裂,诸侯兼并作战,而受其害最深的依然是平民百姓,人心思稳、国家统一成了时代的主题,这造成思想上的“百家争鸣”“百花齐放”,各家学说献言献策,寻求治国之道,儒家“定于一”的大一统思想最深得民心;国家统一已经成了历史发展的必然趋势,中国历史上第一个统一的大秦王朝也是时代的产物。

松赞干布和文成公主塑像

顽强不息的坚韧精神。中国人民的坚韧和顽强是举世闻名的，自古以来，中国人民就在神话传说中传达和提倡愚公移山、精卫填海的坚韧顽强精神，这一精神一直泽被后世，成了中华民族自强不息的有力见证。中国人民为了追求幸福自由的生活，一直勤劳奋斗在各个领域。农民为了能养家糊口，起早贪黑、披星戴月地长年劳作在野外，他们像老黄牛一样毫无怨言地生活着，虽然受尽了地主的压榨和盘剥，但辛勤劳动的姿态从没有改变，正是这种骨子里的顽强和坚韧支撑着中华民族的发展。被秦代派去戍边的士兵和农民面对的是背井离乡和一片荒凉，但他们坚韧顽强地用自己的双手一寸寸拓广了中国的版图，保护了边关地区的稳定和人民的生命财产。这种愚公移山的坚韧精神是中华民族宝贵的精神财富，是国家走向繁荣富强的有力法宝。

愚公移山

天人合一的和谐精神。中国哲学一直主张“天人合一”“道法自然”的和谐精神、自然精神。这在中国文化中有很多的反映,“太极”就是一种阴阳平衡、天地和谐。和谐是社会稳定、国家统一、人民安居乐业的基本条件,和谐也是以德治国的道德要求。社会中,只有有了人人平等、以和为贵的思想,人与人、人与社会、人与自然之间才能友好相处,一个民族才能蓬勃发展,一个国家才能长治久安。

中国文化博大精深,中国的民族精神也非常丰富,谁要穷尽其思想,那只能是望洋兴叹,这里概括的也是常见的和人们常提到的一些基本民族精神,当然通过这些古代的基本民族精神可以管窥到中华民族精神的博大精深。这些民族精神是中华民族在不断的发展中总结和完善的,不是一时一世的,是长期滋养和培育民族道德、民族审美和民族价值观的,具有稳定性和长期性,是我国精神财富的宝贵源泉。

近代中国经历了狂风暴雨般的社会变革,社会性质由封建半封建转变为殖民地半殖民地,经济基础由封建主义向资本主义经济萌芽过渡,革命运动由维新运动转向旧民主主义革命。这些特点决定了近代的民族精神主潮是救亡图存的“爱国精神”和发愤图强的“科学民主”。

在中华民族的精神长河中,爱国主义从来就没有缺失过,它作为中华民族精神的灵魂和内核而永远是无法替代的。这是由中国的历史和国情决定的。虽然,爱国主义在不同的时代有不同的含义和表现方式,但希望国家强盛和人民生活幸福安康的基本点还是不变的。在古代,爱国主义常常是狭隘和有局限的,这种爱国更多的是对本民族或本团体、本部落的保护,是一个民族对另一个民族的防御,也是一个小国对另一个小国的抵抗。从狭隘的爱国主义角度说这是值得点赞的,因为其保护了一些民族和地区的生命财产安全,但这和我们现在意义上的爱国主义是有差别的,现在通指的爱国主义一般指广义的,即中华民族保家卫国反抗帝国主义入侵和外国势力的干涉,保卫国家主权和领土的完整。近代中国,国家生死存亡的现状和国家性质的改变将中国人民推向了风口浪尖,保家卫国的爱国主义民族精神达到了空前的高涨,国家面临着前所未有的考验,爱国主义的民族精神也经历着前所未有的定义和阐释。从近代史以后,爱国主义就成了中华民族的主调和民族精神的内核。皮之不存毛将焉附,国之不存家将焉附?屈辱的历史和圆明园的大火教会了中国人这样一个简单的道理。所以,自始至终,中华民族将爱国主义放置在民族精神的第一位。“起来,不愿做奴隶的人们!将我们的血肉,铸成我们新的长城!”这是东方睡狮觉醒的呐喊,是中国人民保家卫国的精神写照。

1840年，对中国人民来说是太复杂的一年，这是中国历史的重大分水岭。这是中国两千多年的封建社会走向衰落的标志，也是泱泱中华走向近代屈辱历史的标志。从此，中国的社会性质改变了，中国的“天朝上国”梦被改变了。两次鸦片战争促成了三个不平等条约的签订，从此，全中国人民日复一日地为帝国主义卖命，为帝国主义还清债务。自从中国的大门被打开以后，中国就成了砧上的鱼肉、狼口的绵羊，整个中华民族的版图都成了西方列强的蚕食计划，八国联军的入侵、中日甲午战争更加速了中国封建帝制的灭亡。封建王朝的灭亡，既是历史前进的选择，也是封建王朝自身昏庸腐朽的结果。危难见英雄，中华民族是多灾多难的民族，也是伟大的民族，那些民族的脊梁和人民大众一道用他们的钢铁意志和血肉之躯捍卫着国家和民族的主权和尊严。林则徐的一把火令英国人心惊胆战，他们欲除之而后快；义和团的反帝爱国运动让八国联军看到了中国人的力量和斗志；邓世昌等爱国将领的浴血奋战让帝国列强看到了中国人的骨气和意志。虽然这些都以失败告终，但统治阶级的腐败无能更衬托了民间力量的强大和民族精神的气贯长虹。

科学精神在近代是个很重要的特点，也是一个新生事物。其实，中华民族精神中一直不缺乏科学和创新精神。炼铁技术、瓷器、丝绸、浑天仪、地动仪、圆周率、四大发明等每一样在世界上都是独一无二的，但在古代并没有人把科学和强国联系起来，之前的科学创新都是个人或民族的自发或无意识行为。但近代以后，落后就要挨打的道理让中国有识之士才将科学和兴国联系了起来，并大力倡导和身先士卒地去学习研究。鸦片战争促醒了中国一些有志之士看到了清政府“闭关锁国”政策造成中国的落后，于是，他们掀起像西方学习的一股热潮。林则徐、魏源等为先驱者。《海国图志》是中国第一部介绍西方先进技术和提出向西方学习的书。在该书中，魏源提出“师夷长技以制夷”的科学思想。这促成了清朝向西方学习的“洋务运动”，期间引进了西方的军事技术和民用技术，虽然这些技术并没有改变中国的现状，但对中国正视自己的落后和学习西方先进技术的思想却有了很大的推动。

民主精神也是中国近代史的产物。随着西方资本主义的入侵与资本主义生产方式和观念的渗透，如一个脓包的中国封建体制已经不合时宜，在相对民主自由的西方文明的冲击下，其显得是那样迂腐和落后，于是一些有识之士要求学习西方资本主义君主立宪体制的呼声越来越高，一个民主的国家是少数人服从多数人，根据多数人的意见来管理国家，这和“君权神授”的皇帝掌握着所有人的生杀大权的封建帝制有着本质的区别。所以，在欧风美雨的洗礼下，封建王朝走向灭亡已经成了必然趋势。但面对强大而根深蒂固的封建制度和封建思想，中国先进人士追求民主的道路艰难曲折，甚至为了民主，中国许多进步人士牺牲了宝贵生命。最有代表性的运动便是“维新变法”。康有为、梁启超、谭嗣同等人的戊戌变法运动虽然以失败告终，但这是中国近代史上一次重要的政治改革，也是一次思想启蒙运动，促进了思想解放，对中国近代社会的进步起了重要推动作用。之后孙中山先生倡导的“三民主义”更是将推翻帝制，建立文明、民主、自由的国家作为具体的行动纲领提了出来，“民权”就是要让多数人享有选举、宗教、立法等的平等自由权利。虽然辛亥革命以失败告终，但民主自由的精神从此深入人心，成为中国民族精神一个重要的精神支柱。

现代民族精神处在新民主主义革命时期，随着革命形势的发展变化，中华民族精神又被时代赋予了一种血与火的战争精神。它们层层递进，前一个是后一个的基础，后一个是前一个的总结和升华。此时的民族精神主要体现出艰苦拼搏、勇往直前的革命精神，争取个性解放的自由民主精神，以及团结一致、同仇敌忾的抗日精神。

孙中山先生

在革命战争年代形成的革命精神，是中国民族精神的巨大财富，是中国国情和历史赋予的特殊精神，在中华民族的精神史上，有着深远的意义和广泛的影响。不仅仅在革命年代需要，在社会主义现代化建设时期也同样需要这种革命精神，这种革命精神已经成了一种符号和标志性精神，融合了中国人民团结进取、不怕牺牲、不畏艰险、自强不息等宝贵的民族精神。这些革命先烈用生命和鲜血谱写的革命精神内涵丰富、博大精深，但至少包含乐于吃苦、不惧艰难的革命乐观主义，勇于战斗、无坚不摧的革命英雄主义，重于求实、独立自主的创新胆略，善于团结、顾全大局的集体主义，以及谦虚谨慎、求真务实、艰苦奋斗、团结群众、不畏艰险、敢于战斗、勇于胜利的精神。

近代以来，自由民主精神就成了又一个中国人民的奋斗目标，虽然，自由民主的道路非常艰辛，但勤劳勇敢的中国人民不怕困难、不畏艰险，几代人用血肉之躯硬是给子孙后代凿出了一条民主自由的光明之路。辛亥革命的民主自由火种点燃了中国人民争取民主自由的勇气和激情。从1917年的新文化运动开始,无数革命先烈视死如归、前赴后继将争取民主自由推向了一个新的高潮,中国现代史最终完成了这一艰巨而无比神圣的使命。新文化运动是以文化启蒙的形式开始的,但它反映的思想和深远的影响却远远超出了文化启蒙的范畴,有人说新文化运动是中国式的文艺复兴,这是有道理的。当时,国外,帝国主义加紧了侵略的步伐,西方列强又在虎视眈眈;国内,军阀混战,民不聊生。反帝反封建、争取民主自由已是势在必行,于是,1917年爆发了由胡适、陈独秀、鲁迅、钱玄同、李大钊等人发起的新文化运动。他们提倡民主,反对专制;提倡科学,反对迷信;提倡新道德,反对旧道德;提倡新文学,反对旧文学。并提出了"德先生"和"赛先生"的口号,即"民主"和"科学"。新文化运动是现代民主自由的先声,之后的中国人民为争取民族独立自由的解放战争更是将民主自由运动推向了纵深和高潮。经过八年的抗战和三年的解放战争,中国人民终于迎来了民主自由的新中国。从此,中国人民满怀信心地踏上了一个新的征程。

三十年的中国现代史,抗日战争是一个无法绕过的话题。八年的抗战,既显示了中国的积贫积弱,也折射了中国人民的气节和精神。八年抗战,形成了不畏强暴的拼搏精神、舍身救国的奉献精神、统一抗战的团结精神、坚持到底的自强精神。拼搏、奉献、团结、自强是抗战留给中国人民最宝贵的精神财富,是中华民族精神不可或缺的战争经验。

1949年新中国成立以后,国家处在社会主义建设的新时期,这时全国上下出现了新气象、新特点、新人物。此时的民族精神主要围绕社会主义现代化建设展开,其中主要体现为拼搏精神、奉献精神、爱岗敬业精神和求是创业精神,中国人民以无比激动的心情和当家做主人的主人翁精神投身于社会主义现代化建设,并涌现出一批批感人至深的奉献精神,形成了热爱祖国、无私奉献,自力更生、艰苦奋斗,大力协同、勇于攀登的两弹一星精神,这是爱国主义、集体主义、社会主义精神和科学精神的活生生体现,其核心为科技创新精神,是中国人民在20世纪为中华民族创造的新的宝贵的精神财富。在新中国建设中,工人阶级表现的大庆精神就是为国争光、为民族争气的爱国主义精神,独立自主、自力更生的艰苦创业精神,讲求科学、"三老四严"的科学求实精神,胸怀全局、为国分忧的奉献精神。概括地说,就是"爱国、创业、求实、奉献"。大庆精神为社会主义建设提供了丰富的精神养料,为我国的社会主义建设做出了重大贡献。领导干部表现的焦裕禄精神就是"亲民爱民、艰苦奋斗、科学求实、迎难而上、无私奉献"精神。焦裕禄同志是社会主义建设时期党的优秀领导干部代表,他的鞠躬尽瘁死而后已的革命主义精神、一心为人民做公仆的乐于奉献精神、伟大的人格力量和崇高的精神境界都成了共产党人的精神灯塔，在社会主义建设和全面实行小康社会的奋斗目标上起着重要的精神动力。

改革开放后的新时期，中国进入社会主义现代化建设新时代，由于国际形势和国内形势的变革，中国人民在情绪高涨的社会主义现代化建设中既收获了成功和喜悦，又要面临出现的新问题、新情况。这时期的民族精神出现了前所未有的复杂性和挑战性。既要与时俱进，又要审时度势；既要创新求变，又要踏实肯干。此时主要形成以爱国主义为内核、以改革创新为时代精神的民族精神。这是中国改革开放的需要，是国家强盛、社会文明、人民幸福的需要。在全国人民建设社会主义现代化的新时期形成了宝贵的抗洪精神、抗击“非典”精神、载人航天精神等。万众一心、众志成城，不怕困难、顽强拼搏，坚韧不拔、敢于胜利的抗洪精神是我们在改革开放的条件下，战胜困难，扫除障碍，大步跨向新世纪的时代精神，是我们民族最美好、最高贵思想品格的集大成。应变突发事件的抗击“非典”精神就是万众一心、众志成城，团结互助、和衷共济，迎难而上、敢于胜利的精神。代表新时期中国科学水平的载人航天精神就是特别能吃苦、特别能战斗、特别能攻关、特别能奉献的精神。在这些宝贵精神的鼓舞下，中国人民稳扎稳打，将社会主义现代化建设一次又一次推向高潮，并最终形成了解放思想、实事求是，积极探索、勇于创新，艰苦奋斗、知难而进，学习外国、自强不息，谦虚谨慎、不骄不躁，同心同德、顾全大局，勤俭节约、清正廉洁，励精图治、无私奉献的“六十四字创业精神”。这些与时俱进的宝贵精神是中国人民在现代化建设中最为宝贵的精神财富，在不同的时期焕发出不同的光彩。这些精神是与毛泽东思想、邓小平理论、“三个代表”和社会主义核心价值观紧密结合的，作为强大的精神动力共同推动中华民族伟大复兴的中国梦的实现。

中华民族精神与时俱进，在不同时期有不同的提炼和概括。这些浓缩和提炼的精神概念不是独立于中华民族精神之上，而恰恰包含于中华民族精神，是中华民族精神在不同时期的生动总结和升华。这众多的高度概括精神不断丰富着中华民族精神这道生命长河，不断激起民族进步的浪花和民族复兴的水潮。

第三节　民族精神与中国梦

一、中国梦的现实必要性

追求梦想是每一个公民寻求发展进步的表现，也是一个国家和民族寻求富强发达的必由之路。从五千多年的发展历史来看，追求梦想历来都是中华民族一脉相承的精神要求。

正是先辈们这种对和平、富强、文明等诸多梦想的不懈追求，才使得中华民族在世界文化史上创造出了无数辉煌的成果。先秦时代老子、孔子等这样一大批思想家创立和总结的道家思想和儒家思想，为我们后世两千多年的中国人的精神信仰和人格情操的建立和完善产生了重大的影响，同时也对世界思想史的发展进步做出过积极的贡献。四大发明的诞生以及瓷器、丝绸等众多技术的发明创造，极大地推动着世界其他地区经济的发展和政治格局的变革。可以毫不夸张地说，是梦想推动了中华民族的发展和进步。

中国共产党自诞生之日起就勇敢地肩负起了实现中华民族伟大复兴的梦想，在无比艰难的环境中不懈努力，领导全国人民最终翻过了封建主义、帝国主义和官僚资本主义“三座大山”，建立起了新民主主义的中华人民共和国。随后又带领全国各族人民迈向了社会主义，在改革和建设中不断发挥了英明的领导作用，不断取得了一个又一个新的突破，在政治建设、经济发展、文化繁荣和社会和谐方面都取得了令人瞩目的成就。

大禹治水

在90多年的发展历程中，共产党把马克思主义思想作为各项工作的理论武器，不断创新，将马克思主义与中国革命和建设相结合，不断探索和追寻更加适合我们国情和发展要求的道路，创造出了马克思主义中国化的系列理论成果——邓小平理论、“三个代表”重要思想和科学发展观。这些理论既是我党在发展建设中取得的有效经验，也是我们今后处理各种新问题的理论法宝。令国人倍感惊喜的是,新一届中央领导集体在亮相之后,结合我国的现实发展需要,又一次提出了新的要求和新的目标。中国梦就是这样的伟大创举。

2012年11月29日,习近平同志在带领新一届中央领导集体参观《复兴之路》展览时发表了讲话,讲话中提出了“中国梦”这一富有现实意义和浪漫色彩的概念。中国梦也就是实现全面建设小康社会和中华民族的伟大复兴,自从近代以来就一直是我们民族最伟大的梦想。习近平总书记对中国梦的阐释,让人们对这一伟大梦想有了更加清晰、更加现实的认识。中国梦有两个相辅相成的具体目标:从社会幸福度这一方面出发,要全面建成社会主义小康社会;从社会基本特征出发,要建成富强、民主、文明、和谐的社会主义现代化强国。这两个具体的目标共同构成了最终目标:实现中华民族的伟大复兴之梦。所以,中国梦是国家梦、民族梦,也是我们每个人的梦。从大的层面来说,它是强国梦,也是富民梦;从小的层面来说,它是公平梦,也是和谐梦。这是一个宏伟的目标和要求。

中国梦和民族精神相辅相成,互相渗透,互为条件。民族精神为中国梦的实现提供精神保障和价值导向;中国梦的发展和实现能更好地丰富和完善民族精神,使民族精神更具有先进性、时代性和科学性。中国梦这一国家性、民族性、全民性的梦想和追求的提高,必有力地将全体中国人的精神再次凝聚起来,更加坚定地走富国强民的小康之路,更好地构建社会主义和谐社会。中国梦的提出,使民族精神又上了一个新的台阶。能否正确认识民族精神在当下的必要性和重要性,是能否很好实现中国梦的前提条件。

第一,民族精神是全面建设小康社会的内在要求。我国要实现全面建设小康社会和中华民族的伟大复兴,就要加快在各个方面发展的步伐,但这种外在的行动需要强大的精神力量做后盾和保障,要让全国人民统一思想和认识,形成全国一盘棋的格局。这就要凝聚民族力量,发扬众志成城、团结一致的集体协作精神,倡导不怕困难、勇挑重担的革命主义精神。只有培育和弘扬民族精神,民族的精神力量才能转化为物质力量和行动的动力,全面建设小康社会的宏伟目标才能实现。全面建设小康社会,要以富强、民主、文明、和谐、自由、平等、公正、法治、爱国、敬业、诚信、友善的社会主义核心价值体系为准绳,而这些核心价值观就是新时期的民族精神的浓缩和概括。要将这些核心价值观作为目前各族人民的实现目标和行为准则,就要将民族精神放到一个空前的高度来认识。

第二,民族精神是当前社会发展的重要精神保障。毫无疑问,自新中国成立之后,特别是改革开放30多年来,我们国家的各个领域都取得了举世瞩目的成就。但是,在这种快速的发展过程中也出现了一定的问题。这在经济高速发展中是必经之路,高速度伴有高风险。例如,过快的发展造成了单纯追求经济效益,忽视对资源环境的过度开发利用和污染破坏;经济的高速发展,造成沿海与内陆、城市与乡村产业之间发展的不同步和不平衡;经济利益诱惑之下,职业道德和社会正义的丧失;激烈竞争之下,财富的不平衡累积;物质极大丰富的同时,人民精神的压抑和信仰的缺失;城市化进程中,人口的巨大流动造成农村的凋敝荒芜和城市资源环境的承载压力加大、社会管理难度加大等。这一系列的问题都迎面而来。我们的民族是崇尚团结统一的,但是就目前的情况来看,祖国的和平统一依然面临问题。社会在追求经济利益和保护自然环境之间仍然很难找到平衡。这就要求把国家发展和民族精神结合起来,把物质财富和精神财富统一起来,即我们常提到的物质文明和精神文明两手都要抓、两手都要硬的道理。中华民族历来是崇尚人与自然和谐统一、追求可持续发展的。“天人合一”的思想之下,早在先秦时代,我们的祖先就很重视环境保护、重视人与自然的和谐统一。中华民族是崇尚仁义道德的,在中国民族精神中占有主导思想的儒家特别推崇人的诚信友善、和睦相处、乐善好施、公平正义。但是现在,在利益的诱惑之下,一些人利欲熏心,丧失职业道德,弃置做人原则,对人民大众的生命财产安全造成了一系列的负面影响。要挽此局势,需要民族精神的强大精神感召力和深厚传统文化的塑造力。

第三,民族精神是解决目前社会发展中存在问题的有力武器。中国是个多民族国家,各个民族的风俗习惯、宗教信仰、饮食起居等都有着很大的差别,这会导致每个个体成员,甚至民族与民族之间有着人生观、价值观的不同。并且在相互交往中会出现各种矛盾,矛盾的顺利解决会促进民族的融合和发展,矛盾解决不好,会影响目前我国大好的社会主义现代化建设局面。要解决个人与个人、民族与民族之间的矛盾就要用民族精神来感染和感化他们,让矛盾双方深深体会到他们中的每一个都是华夏民族的一份子,都是中华民族的一员。民族精神的向心力、感召力和亲和力会感化每一方,使矛盾双方心平气和地感受到民族的自豪感和自信心。民族精神就是民族之间的纽带,只有依靠这根纽带,中华民族才能永远立于世界民族之林,只有依靠这根纽带,全国各族人民才能心连心、手牵手,共同为实现全面建设小康社会和中华民族的伟大复兴而努力奋斗。

国际上,虽然世界格局走向了多极化,诸多小国都取得了独立、自由的发展权利,但历史和实践证明,目前世界形势并不太平,影响和平与发展的障碍还有很多,一些和主流趋势不和谐的因素还大量存在。“冷战”思维、霸权主义意识、贸易保护主义、贸易发展不平衡、原料产出与加工的不平等等种种因素还存在着。中国一直走着和平发展的路子，和平发展是由中国的历史和国情决定的，也是中国对世界做出的庄严承诺。因为中国人民是爱好和平的，中华民族精神自古就追求和平、和谐，因此，在国与国的关系中，也体现出中华民族精神中的包容、互利、和平、平等精神。同时，我们也应该发扬民族精神中居安思危的忧患意识、国家为先的爱国意识。

总之，在实现全面建设小康社会和中华民族伟大复兴的中国梦的今天，民族精神不仅是必要的，而且是非常重要的，这是由中国的历史、国情和未来任务决定的。

中国梦是由习近平总书记提出来的一个富有文化内涵和民族情感的时代概念，是马克思主义中国化道路上又一新的理论成果，是我们的国家梦、民族梦，也是每个人民大众的梦。它包含着我们这个时代的很多精神内涵，是我们处理自身和社会发展的行动指南。

中国梦是一个非常具有古典浪漫气息的名词，具有中国传统文化的历史内涵和深远意味，符合中国人的审美趣味，也符合当下中国的发展需要。要将这一伟大的梦想付诸实践，就要跟我们的传统文化精神，特别是在历史长河中千锤百炼最终稳定下来的牢固的民族精神结合在一起。民族精神是积淀在我们每一个中华儿女骨子里的精神特质，唤醒民族精神，将每个人身上潜在的优秀的民族精神激发出来、凝聚起来，中国梦的实现将指日可待。

二、中国梦的未来指向性

在中华民族久远的历史长河中，中华民族所形成的以爱国主义为核心的团结统一、爱好和平、勤劳勇敢、自强不息的民族精神成为中华民族立身于世界的重要精神资源。民族精神因此也成为一个民族在长期的发展过程中所形成的文化精神，成为一个民族置身于世界之林的精神力量。十八大之后，实现中华民族伟大复兴的中国梦的提出，以及中国改革开放和社会主义现代化建设已进入深水区的社会现实，都要求必须将民族精神放置在一个前所未有的高度上。对民族精神的深入把握与体认，是一个民族认清自己过去所走道路的需要，更是一个民族继往开来、走向未来的需要。在中国梦的蓝图下，民族精神在未来还会有什么意义和作用？

首先，民族精神是团结各族人民，共同致力于实现中国梦的精神纽带。民族精神的产生是一个遥远的过程，是个体的精神状态发展为群体的精神状态再到一个民族的精神状态的过程。在这一过程中，民族精神在不断的发展和沉淀的过程中逐渐形成一个民族具有普遍性的精神追求和价值取向。“民族先进文化精神浓缩了一个民族创造领域的至高成果，折射出该民族理论思维能力和社会实践活动的现实境界。”[①]这样一种民族文化的结晶在增强民族凝聚力方面有着不可替代的作用。

在中华民族的大家庭中，56个民族共同构成了一个具有灿烂文化的民族共同体，有着不同亲缘和地缘背景的56个民族在各自的文化基础上呈现出共同的文化精神。在中国的历史发展中，在强大的民族凝聚力的背景下，中华民族在共同的民族精神支撑下渡过了无数难关。足以见出的是，中华民族在历史长河中形成了伟大而深远的民族精神，使得中华民族得以在历史的洪流中形成坚固而又强大的精神共同体，形成能够代表一个民族内在精神河流的民族灵魂，使得在民族陷入危难时刻时，这样一种流淌于民族血液之中的同生共苦、众志成城的精神气概成为中华民族战胜各种苦难的精神纽带。

中国梦有着广泛的适用度，它不是哪个党派、哪个利益集团、哪个阶层的，而是全体人民大众的，是全体中国人的共同理想追求和行动实践的向导指南。它是一个国家一个民族的集体意识、集体愿望，也是全体人民强烈的现实要求和未来愿景。它既是追求富强、民主、文明、和谐的强国之梦，也是每一个人完善自身、追求美好未来的发展之梦，是凝聚全体中华民族奔向伟大复兴之路的精神动力。要让全国各族人民像战争年代一样披荆斩棘、破浪前进，为实现中国梦而勇于奉献，就要用民族精神来武装全民族，众志成城，一往无前。

56个民族56朵花

一个优秀民族的精神文化的形成，需要经历一个长久的汇聚、融合的

① 丁少锋：《民族精神与民族凝聚力》，载《信阳师范学院学报》2008年第1期。

过程,同样,一种历经岁月沉淀形成的优秀的民族精神为一个民族提供了增强其文化认同和凝聚力量的砝码。民族融合过程中所呈现出的民族精神的融合以及不断体认,使得一种共有的价值观和意识逐渐形成并显得稳固有力,这样一种精神纽带的成型逐渐成为维系和凝聚民族思维和行为方式的重要机制。民族精神因此成为增强民族凝聚力的强劲精神资源,同时中华民族精神成为积淀民族价值取向和文化理念的重要精神动力。民族凝聚力在民族精神的强化中逐渐增强,从而推动民族精神深入渗透到民族文化的方方面面,扩大了民族精神的辐射深度和广度。民族精神也便成了民族凝聚力的精神指向,民族凝聚力也成为民族精神的重要屏障。

其次,民族精神是实现中华民族伟大复兴的精神支柱。以爱国主义为核心的民族精神,在中华民族实现伟大复兴的道路上发挥着重要的作用。谈及中华民族的伟大复兴,中国梦不容忽视,中国梦是中华民族伟大复兴的梦,更是每一个中华儿女的梦。民族精神则是中华文明得以始终延续并不断发扬光大的灵魂,是中华民族生命力、创造力和凝聚力的综合体现。在对中国梦的深入理解和解读中,我们不难看出的是,中国梦是中华民族在近代的屈辱历史中从未失落的精神家园,从"天朝上国"的虚幻之梦到半殖民地半封建社会,一个曾经在世界的东方绽放出无限光芒的国度和民族一度陷入国破家亡的境地。也正是在艰难的困境中,国人在生死存亡的时刻清醒地认识到中华民族精神的失落,在民族精神的激励下,一条充满了惨痛失败却不断向前的中国复兴的道路在历史的车轮中缓缓展开。

在中华民族的历史长河中,民族精神形成了日渐丰富的精神内涵。面对一个奋发图强的新时代,中国梦成为中华民族实现伟大复兴的道路上重要的精神印记。实现中国梦必须弘扬中国精神,共筑中国梦,共创中华民族的复兴之路,民族精神在时代背景下显现出新的旺盛生命力。在一个价值取向多元化的时代,中国的社会改革正面临着一系列的机遇和挑战,中华民族所形成的牢固的民族精神便成为抵御外来风雨的高墙,中华民族的凝聚力、向心力以及其中的爱国主义精神成为实现中国梦的重要精神能量。回眸远望,中华民族在历史长河中辉煌灿烂的成果正是在民族精神的支撑与推动下逐步向前稳步发展的,也正是在崇高的民族精神的推动下,中华民族的中国特色社会主义现代化建设正逐步向前迈进。

底蕴深厚的中华民族精神是实现中国梦的思想基础,为中华民族的伟大复兴提供了坚强有力的精神支柱。每一个中国人将自己的梦想变为发愤图强的精神力量,实现民族伟大复兴的梦想便会汇集成民族精神的磅礴大河;只有每一个人在梦想中传承以爱国主义为核心的民族精神,中国梦的实现才会具有坚实的思想基础，中华民族的伟大复兴才会在每一个中国人的努力和付出中逐渐变为现实。

在面向未来的道路上，中华民族终将面临一系列新的问题，但有民族精神做后盾，中国改革开放的现代化脚步必将充满执着和坚定。小康社会的全面建设，中国梦背景下中华民族的伟大复兴以及时代赋予我们的一系列使命，都将成为中国社会发展过程中必不可少的环节，而推动这一系列伟大使命走向前进、推动中国社会向前发展的，始终是久远地成长于中华大地上的民族精神。

再者，在实现中国梦的将来，民族精神是培育和塑造强大文化、经济、政治等的重要保证。中国梦的实现，是包括文化、经济、政治、宗教等在内的社会全面发展和国家全面复兴，也就是要成为文化强盛、经济发达和政治自由民主的国家。这些目标的实现，有赖于中华民族精神的精神养料和价值导向。只有在民族精神的浇筑和疏导下，在全面实现小康社会的奋斗征途上，不至于由于物质的丰富而导致精神的膨胀，人人以自我为中心，利欲膨胀，私念泛滥，整个社会的价值导向失衡，精神文明坍塌，社会处于乌烟瘴气之中，那社会越发达，国家就越混乱，人类的文明将会被践踏，国家的发展目标将会成为泡影。所以民族精神在中国梦的实现中举足轻重，这种软实力的重要性在未来的国家发展中将会越来越重要。

1998年的抗洪现场

在中国梦的实现中，文化将是一个非常重要的内容。中国作为四大文明古国之一，灿烂辉煌的中国传统文化是中华民族的骄傲，也是每个中国人的自豪，是振奋民族自信心、凝聚各民族团结统一的重要武器。传统文化的传播和复兴，有利于民族精神的盘活和社会正能量的发挥，同时，文化作为民族精神的体现和综合国力的反映，已经被世界各国越来越重视，文化竞争将成为日后国家竞争的重要内容。世界各国之间都进行着各种各样的文化输出，这是一种社会意识的输出，也是民族话语权的传递，是民族声音在世界的身份认同，同时这也是物质财富的竞争。美国大片在世界市场的垄断，不仅是美国霸权意识的体现，更给美国带来了巨大的财富利益和国家自信。为此，我国也非常重视文化的发展，由文化大国向文化强国的政策转变，就是最好的例证。文化在发展过程中，能否在继承传统优秀文化的基础上，生产出符合广大人民群众审美需求的、品质优秀的、格调高昂的、民族的科学的大众的社会主义文化，都要看是否发扬了民族精神的核心价值。

经济，更是目前国与国竞争的最重要内容，只有经济发达了，人民生活水平改善了，国家才能振兴，民族才能自强，综合国力才能提高。所以任何一个国家都将经济的发展作为头等大事来抓。中国要实现到2020年国内生产总值和城乡居民人均收入在2010年的基础上翻一番，全面建成小康社会，到21世纪中叶建成富强民主文明和谐的社会主义现代化国家，就要在民族精神的鼓舞下，继续发扬乐于奉献、勇于牺牲、不畏艰险、勇于攀登的革命主义精神，团结全国各族人民，将社会主义现代化建设推向一个新的高度，直至最后实现这一宏伟目标。

随着社会的发展和人民生活水平的提高，人民当家做主的主人翁精神也会愈加强烈，这表现在生活的方方面面。

但目前我国社会制度的各个方面还和人民的期望有很大的差距，这就需要提高和完善各种社会制度，任何一个社会制度都是在发展中不断总结和完善的，比如我国目前的分配制度还有许多不合理地方、人民群众的一些基本权益还没有得到很好的保障、老百姓看病难看病贵现象还普遍存在、社会养老制度有待于完善、行政干预司法与政府强占农民耕地等现象屡见不鲜，以及社会上以权谋私、强买强卖、贪污腐败、官商勾结、唯利是图等不良现象时有发生。这都是实现中国梦的障碍，是社会发展的不协调声音。要解决这些问题，除了依法治国等措施外，首先要在民族精神上感召每一个人，实现以德治国，让每一个公民都能自律自强，遵守社会公德，尊重道德规范，让中华民族几千年的厚德、诚信、孝亲、勤奋、自律、知耻、向善、助人、自强等优秀的民族精神武装每一个人，这样就能实现社会的和谐稳定和国家的长治久安。法治是一种手段，但德治才是根本。

中华民族在悠久的历史中形成了深厚的民族精神，这一民族精神在过去、今天和未来，都将成为中华民族最重要的精神保障，成为增强民族凝聚力的精神纽带，成为指引中国社会发展的动力源泉，成为实现中华民族伟大复兴的精神支柱。

第七章　中国梦的国家形象

第一节　想象的共同体：国内对中国国家形象的认知

一个国家要有自己的梦想，去体现这个国家的人类情怀和世界担当。只要这个梦想确定并且存在，无论是物质层面的还是精神层面的，也无论是面向国民的还是面向世界的，这个国家必须为之付出千百倍的努力，而居于其中的每一个人也必须义无反顾地为之贡献力量。之所以发出这样的断言，是因为我们谈论的中国梦神圣无比，内涵广阔，涉及的各项要素对国家富强和社会发展意义重大。近年来，随着我国综合国力的不断增强，在政治多极化、经济全球化、信息多元化的世界景象里，作为中国梦重要组成部分的中国国家形象面临一次又一次的挑战和机遇，怎样提升国家形象已经从一个宏观的战略定位问题转变为一个相对具体的实践操作问题。

有国外学者从营销学角度出发，认为"每一个国家都有一个形象，或有利的或不利的形象，或正面的或负面的形象。有些国家被视为仁义、进步之邦，而另一些则被视为卑鄙、专断之国，有些国家以工程开发闻名，有些则以设计精巧著称。无论这些看法如何，它们都影响着投资者或消费者对一国之国家'品牌'的判断。而这些判断将部分决定该'品牌'的销路，或影响其出口，或左右外国投资者的选择"[①]。有国内学者从传播学角度出发，认为："国家形象是一国内部公众和外部公众对该国政治（包括政府信誉、外交能力与军事准备等）、经济（包括金融实力、财政实力、产品特色与质量、国民收入等）、社会（包括社会凝聚力、安全与稳定、国民士气、民族性格等）、文化（包括科技实力、教育水平、文化遗产、风俗习惯、价值观念等）与地理（包括地理环境、自然资源、人口数量等）等方面状况的认识与评价，可分为国内形象与国际形象，两者之间往往存在很大差异。国家形象在根本上取决于国家的综合国力，但并不能简单地等同于国家的实际状况，它在某种程度上是可以被塑造的。"[②]显然，前者无内外之分，强调外部看法，侧

---

① 李正国：《国家形象构建》，中国传媒大学出版社2006年，第72页。

② 孙有中：《国家形象的内涵及其功能》，载《国际论坛》2002年第3期。

重于静态的"有什么"的国家形象;后者有内外之别,强调内外差异,侧重于动态的国家形象"被塑造"。

我们以为,中国梦的实现,离不开中国的文化和传统,也不可能绕过中国的现实发展轨迹。同样地,中国国家形象的建设,也必须从中国的传统和现实出发,坦然面对开放而复杂的世界,在变化中寻找认同,在交流中寻求理解,在合作中接受自我。

众所周知,国家是社会发展到一定历史阶段后阶级矛盾不可调和的产物。从广义的角度讲,国家既可以是政治实体,也可以是文明实体;从狭义的角度讲,国家是一种政治实体,专指民族国家,其明显特征"是要求在固定的疆域内享有至高无上的主权,建立一个可以把政令有效地贯彻至国境内各个角落和社会各个阶层的行政体系,并且要求国民对国家整体必须有忠贞不渝的认同感"[①]。中国自古就有国家的说法,但是严格来讲,作为民族国家的中国形象在鸦片战争之后方才逐渐形成,我们暂且称之为现代中国,之前的中国只是一种文化想象,我们称之为传统中国。

一、传统中国的文化想象

"中国"一词,最早见于"何尊"铭文:"唯武王既克大邑商,则廷告于天,曰:'余其宅兹中国,自之乂民。'"这里的"中国"大概指的是西周王朝当时所辖领土,是一个区域概念。[②]后来的《诗经》里也时不时出现"中国"一词,如《大雅·民劳》"惠此中国,以绥四方"等,此处的"中国"实为"国中",意思仍指京畿重要之地。直到战国诸子时代,"中国"一词才屡屡指称国家,如《孟子·滕文公上》"兽蹄鸟迹之道,交于中国",《庄子·田子方》"中国之君子,明乎礼义而陋于知人心"等,并无明显的民族意识,正如冯友兰先生所指出的那样,"从先秦以来,中国人鲜明地区分'中国'或'华夏',与'夷狄',这当然是事实,但是这种区分是从文化上来强调的,不是从种族上来强调的。中国人历来的传统看法是,有三种生灵:华夏,夷狄,禽兽。华夏当然最开化,其次是夷狄,禽兽则完全未开化"[③]。英国哲学家罗素说得更为直白,他认为"与其把中国视为政治实体还不如把它视为文明实体——唯一从古代存留至今的文明。从孔子的时代以来,古埃及、巴比伦、马其顿、罗马帝国都先后灭亡,只有中国通过不断进化依然生存,虽然也受到诸如昔

① 李杨:《"救亡压倒启蒙"?——对八十年代一种历史"元叙事"的解构分析》,载《书屋》2002年第5期。

② 王红:《何缘"中国":何尊(国宝华光)》,载《人民日报》2014年2月23日。

③ 冯友兰:《中国哲学简史》,北京大学出版社1985年,第221页。

日的佛教、现在的科学这种外来影响，但佛教并没有使中国人变成印度人，科学也没有使中国人变成欧洲人”[1]。也就是说，文化才是中国之所以是中国的真正基因，维系着中华儿女生生不息。在传统中国，人们共同认可的最高价值是文化而不是国家，“溥天之下，莫非王土；率土之滨，莫非王臣”[2]，大家尊崇儒家伦理、四书五经、唐诗宋词、琴棋书画，奉行三从四德、忠孝节义，从而在知识分子群体中形成了一种文化至上主义的“天下观”，在老百姓的日常生活中形成了一种封建专制主义的“朝廷说”。

1.“天下观”

“天下兴亡，匹夫有责”，其本义是讲改朝换代的“亡国”并不足惜，只有礼崩乐坏的“亡天下”才是每一位中国人的切肤之痛，应该挺身而出。在海量的古籍文献中，传统中国的知识分子们把这种“天下”建构为一个永恒不变的常量，“天下”是既定的、恒定的、宿命的，是人为想象的地理空间的最大单位。作为一个具有无限空间含义的词汇，“天下”这一概念大概有三重含义：一是指地理学意义上的“天底下所有土地”，相当于中国式三元结构“天、地、人”中的“地”，或者相当于人类可以居住的整个世界；二是指所有土地上生活的所有人的心思，即“民心”，比如当说到“得天下”，主要意思并不是获得了所有土地，而是说获得大多数人的民心；三是指伦理学或政治学意义上的一种世界统一的理想或乌托邦，即所谓“四海一家”“天下大同”。[3] 在此基础上形成的“天下观”，则是传统中国的知识分子对世界秩序的一种文化想象，从哲学的观点来看，就是一种世界观，是人们理解客观世界以及包括自己在内的万事万物的基础。它的持续存在，既消除了空间上的内外之别，又保持了秩序上的尊卑上下，还实现了权力上的共容互利。

宅兹中国

① 罗素：《中国问题》，学林出版社1996年，第164页。

②《诗经·小雅·北山》。

③ 赵汀阳：《“天下体系”：帝国与世界制度》，载《世界哲学》2003年第5期。

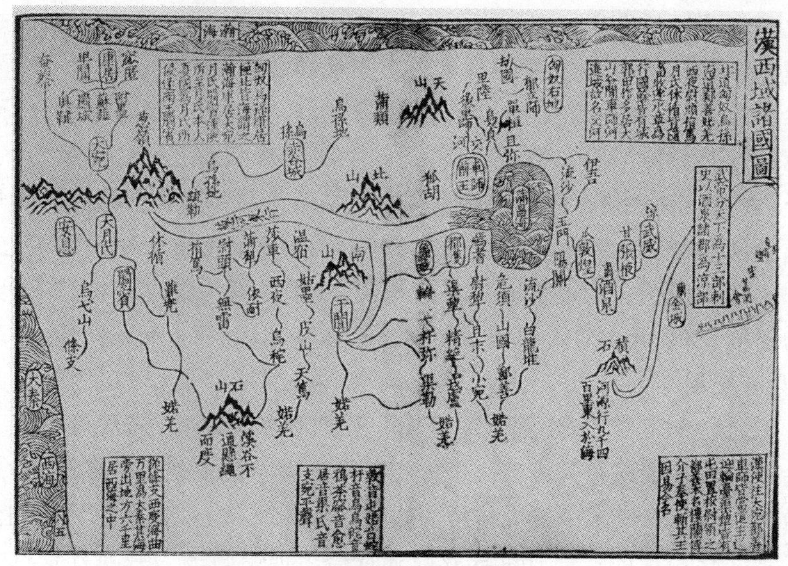

汉西域诸国

在“天下观”的空间观念中，内部和外部的关系被界定为中心和周边的关系，“外部”不是指“天下”之外的外部，而是指“天下”之中的外部，即与中心相对的边缘部分。正因为在概念上消解了“外部”空间的实际存在，“天下”才成为唯一最大化的空间单位，没有也不可能有与“天下”相并列的空间单位。相对于“天下”而言，所有地方都是内部，所有地方之间的关系都只能以远近亲疏来界定。所以说，没有与“天下”为敌的“他国”，与我们不一样的只是“他乡”，陌生一些、遥远一些而已，甚至于疏远，但并不对立，不需要我们用武力去征服。从某种意义上讲，“天下观”的这种内敛、德化和非战的特性，充分展现了传统中国“以天下为一家”的和睦形象。

需要指出的是，“天下一家”的理念并不是指“对全人类的认同……人与人是同等的、没有区别的，也没有民族之分”①，而是“一家”之内分尊卑；“四海之内皆兄弟”并不是“兄弟”同处平等地位，而是“兄弟”之间也分长幼。实际上，“天下观”体现着严格的等级秩序和尊卑思想。西汉著名的政论家、文学家贾谊就认为华、夷关系如同手足，“凡天子者，天下之首也。何也？上也。蛮夷者，天下之足也。何也？下也”②。虽然强调华夏和蛮夷是一个整体，缺一不可，但首足却是异常分明的。历朝历代，“严夷夏之防”就如金科玉律一般，被统治者奉为圭臬。中国和四夷，正如君子和小人一样，绝不能混同一处。传统中国这种既讲求“一家”“一体”，但又主张“一家”之

① 盛洪：《从民族主义到天下主义》，见《为万世开太平》，北京大学出版社1999年，第77页。

② 贾谊：《新书》卷3《解县》，《诸子百家丛书》本，上海古籍出版社1989年，第28页。

中也存在尊卑的做法，实质上形成了一个由内到外、由中心向边缘的一元性的有序等级制度，维护了当权者的正当性和合法性。

当然，传统中国的权力中心与周边虽然有严格的等级尊卑之分，但二者不是征服与被征服的关系，也不是宗主国与殖民地之间的关系。在"天下观"之下，通过"朝贡体制""册封体制""宗藩体制"等制度设计，中国与朝贡国之间所产生的是一种寄生共存的关系，朝贡国寄生于中国宗主之下，但却不是中国领土的一部分。形象地说，中国是棵大树，朝贡国不是大树上的树枝，而是缠绕着大树枝干而生长的藤蔓，双方共生而不同质，各取所得，共容互利。

总之，"天下观"与历史上华夏文化长期独领风骚相一致，也与大一统中央王朝重复出现并构成历史主流相一致。大一统王朝疆域辽阔、物产丰盈、自给自足，形成了中国人传统而自豪的民族文化心理，这种"天朝上国"的优越文化心理的长期延续导致封建社会后期中国进入一种自我封闭状态，对当时世界的巨大变动茫然无知，认为自己拥有世界上最优秀的文化，视西方新兴资本主义国家为蛮夷。

2."朝廷说"

顾炎武在《日知录·正始》里曾讲："有亡国，有亡天下。亡国与亡天下奚辨？曰：易姓改号，谓之亡国；仁义充塞，而至于率兽食人，人将相食，谓之亡天下。"[①]这里的"国"即指"朝廷"，"亡国"就是"朝廷的终结"。梁漱溟在《中国文化要义》一书中也讲道："像今天我们常说的'国家''社会'等等，原非传统观念中所有，而是海通以后新输入的观念。旧用'国家'两字，并不代表今天这含义，大致是指朝廷或皇室而说。"[②]至于传统中国的老百姓，深受皇权思想的浸染，更是无法区分国家与朝廷，总是把朝廷等同于国家，或者心中只有朝廷而无国家。在冯玉祥的自传《我的生活》中有一段话：

> 老先生坐下来，头一句就问我："你置了多少地了？"
>
> 我说："咱们的国家如今衰弱已极，自己哪有心思去置产业？我们一切打算，都要以国家为重才是。"
>
> 老先生笑了一笑。这一笑里，蕴藏着他饱满的世故阅历，同他的人生哲学。他说："你究竟年纪轻，还不知道世上的艰苦。什么外国人占这占那，这和我们有什么相干？我劝你最好还是置几顷地，有上三顷五顷的，再好也没有了。说什么也是地好。古话说，有地能治百病，你是良友的朋友，我要把老实话告诉你。你千万不要上人家的当。"

---

① 顾炎武：《日知录》，甘肃民族出版社1997年，第593页。

② 梁漱溟：《中国文化要义》，上海人民出版社2005年，第143页。

“要是我们的国家亡了，有地也是无用的了。”

“为什么无用？谁来做皇帝，就给谁纳粮好了。”

我当时再也没法往下说。后来我想到，这位老先生的话，很可以代表中国一般老百姓的意识和观念。①

这段文字朴实无华，并无虚构，很能说明传统中国的老百姓在心目中是怎样衡量朝廷与国家之间的关系的。几千年来，老百姓不闻有国家，但闻有朝廷，习惯于把自己称作臣民或子民，认为报效朝廷即报效国家。在梁启超看来，中国之所以积弱甚久，根源之一就在于国人不能正确区分国家与朝廷的概念，以致爱国心没有用在正确的地方，他痛心疾首地正告国人：“盖数千年来，不闻有国家，但闻有朝廷……今夫国家者，全国人之公产也。朝廷者，一姓之私业也。国家之运祚甚长，而一姓之兴替甚短。国家之面积甚大，而一姓之位置甚微。”②概念清晰，言辞恳切，奉劝国人不要将国家与朝廷混为一谈。然而，如此高屋建瓴的看法，已经不属于文化意义上的国家想象，而是步入到现代意义上民族国家想象的范畴了。

二、现代中国的民族想象

严格来讲，民族国家起源于欧洲，它是遵循近代启蒙理性而形成的一种国家形态和政权体制，是近代以来现代化和全球化的产物。随着全球范围内资本主义的发展，各个国家逐渐成为世界大家庭中的一员，相互之间的交流日趋频繁，也日益深入，需要有相似的国家机构、教育体制，对应的政府部门，这样才能保证国家间对话与交流的正常进行。与此同时，更需要实行普及的教育，并由此形成以认同为目的的国民意识。中国从传统的文化国家转变为近代以来的民族国家，正是在这种背景下发生的，换言之，是在西方近代殖民主义和帝国主义的威胁之下进行的。

第一次鸦片战争爆发，使得腐朽的清王朝和几千年的中华传统文明不得不接受落后于世界的事实，封闭太久的国门一时间被帝国主义的坚船利炮轰开，泱泱天朝的社会结构遇到了“三千年未有之变局”。谨严的礼仪道德逐渐失去社会根基，天子道统的政治神话不断破灭，“天下观”和“夷夏观”所主导的“我族中心意识”在各种社会现实的矛盾冲突面前被击得粉碎。面对如此的困境，一些开明的士绅和具有外向思维的官僚开始认真思考，开始睁眼看世界，从而开启了中国知识分子在认知上由文化国家转变为民族国家的艰辛历程。清朝重臣耆英在给英国公使璞鼎查（Henry Pot-

① 转引自李彬：《中国新闻社会史》（第二版），清华大学出版社2009年，第340-341页。

② 易鑫鼎编：《梁启超选集》（上卷），中国文联出版社2006年，第11页。

tinger)的分别信中写道:“在商谈和处理事务中,彼此心心相印,我们之间无事不可相商;将来人们会说,我们虽身为二,心实为一……分袂在即,不知何年何地再能觌面快晤,言念及此,令人酸恻!”[①]感人肺腑的言辞之间难免有客套的成分,但礼节之外打破“夷夏之防”的观念还是清楚明了的。魏源在其《海国图志》中不仅提出了“师夷长技以制夷”的看法,而且对那些囿于九州但不知“寰瀛之天下”的保守世界观进行了批评。他认为,西方人有知识、讲礼貌、正直,与中国人在本质上是一致的,西方国家是比中国更强大的文明国家,其中所表现出的国家观念也是一目了然的。

第二次鸦片战争以后,随着西方政治法制观念的传入,在屡屡遭遇列强欺侮的现实下,具有早期维新思想的一些知识分子开始接受并广泛宣扬“国家主权平等原则”。关于国际法中国家主权平等的思想,郑观应的论述非常明确,他写道:“公法者,彼此自视其国为万国之一,可相维系,而不可相统属之道也。可相维系者,合性法例法言之谓。夫语言文字,政教风俗,固不能强同,而是非好恶之公要不甚相远,故有通商之法,有通使之法,有合盟合会之法。不可相统相属者,专主性法言之谓。夫各国之权利,无论为君主,为民主,为君民共主,皆其所自有,而他人不得夺之,以性法(笔者注:自然法)中决无可以夺人与甘夺于人之理。故有均势之法,有互助保护之法。国无大小非法不立。”[②]之后,随着中外交往频繁,晚清人士对国家主权范围的认识越来越广,萌发了近代领海、内河及铁路、电信等主权意识,使得近代民族意识颇显雏形。

甲午战败,丧权辱国的《马关条约》的签订,更加激发了以康有为和梁启超为代表的维新变法人士的爱国之心。他们关于“变法自强”“君主立宪”的文字和演说当中,到处显现着近代以来的民族国家观念。比如梁启超就在《时务报》上慷慨陈词,“地者积人而成,国者积权而立,故全权之国强,缺权之国殃,无权之国亡”[③],表现出了强烈的民权和主权意识。

历史实践表明,从19世纪末开始,包括整个20世纪,中国民族国家的观念的形成,不仅仅是一个意识觉醒的问题,更重要的是一个付诸行动的实践问题,即推翻封建王朝,建立独立的民主共和国。伴随近代工业的产生而产生的民族资产阶级,为了摆脱西方列强的桎梏,希望把中国建成一个独立的资本主义民族国家。其中,以梁启超、张謇等人为代表的民族资产阶级上层力主建立英国式的分权立宪的国家形态,他们主张通过和平的

① 费正清:《剑桥中国晚清史》(上卷),中国社会科学出版社1983年,第237页。

② 郑观应:《郑观应集》(上),上海人民出版社1982年,第175页。

③ 易鑫鼎编:《梁启超选集》(上卷),中国文联出版社2006年,第7页。

方式如上书、请愿、宣传等，培养民智、民德、民力，使群众逐渐具备国民资格，在保留封建君主的前提下，召开国会，制定宪法，成立责任内阁，建立三权分立的君主立宪的资产阶级民族民主国家，最后以失败告终。以孙中山、章太炎为代表的民族资产阶级中下层则主张革命，力图推翻清王朝，建立一个自由、平等、博爱的资产阶级民主共和国。他们深受帝国主义、封建主义的压迫，革命中充满"争民权"的思想。后期"三民主义"中的"民族主义"更是提出"五族共和"的口号，希望把五族合为一个中华民族，组成一个近代民族国家，形成一个中华民族之新主义，使得民族国家的关键概念如自由、民主、平等、共和等深入民心。需要指出的是，孙中山们的革命行动让近代民族国家的观念在中华大地上基本形成了，但是民族国家的实践历程还远没有完成。

真正意义上的民族国家、有名有实的民族国家是由中国共产党确立的。在中国共产党的领导下，中华儿女浴血奋战，各民族兄弟姐妹共同努力，建立了中华人民共和国。新中国不仅彻底消灭了各种地方势力，并且第一次为了国家的利益不惜同当时世界上最强大的美国交战，20世纪60年代初更与社会主义的"老大哥"苏联彻底决裂，所有这些体现国家权利的政治运动无不以中华民族的利益为基本诉求。与此同时，作为名副其实的民族国家，新中国得以有效地将农业剩余转化为工业积累，强化国家对经济资源的集中和利用，加快推进工业化进程，使中华民族很快就立于世界民族之林。20世纪80年代以来，锐意改革，扩大开放，励精图治，中华人民共和国在政治、经济、军事、外交、贸易、文化等领域取得了大发展，取得了前所未有的巨大成就，成为世界大国。

第二节 变化的中国：国外对中国国家形象的认知

在漫长的历史长河中，中华民族创造了辉煌灿烂的物质文明和精神文明，极大地促进了世界文明的发展和繁荣。在某种意义上，国外对中国国家形象的认知是中华文明与世界其他文明相接触、相交融、相碰撞的结果。国外对中国国家形象的认知有一个历史变迁的过程，不同历史时期的外国人或外国媒体对中国有不同的描述和评价；当然，这种对国家的认知与对中国人的印象息息相关，在许多外国影像和文字中，中国和中国人几乎是同义词，没有严格地加以区分。

一、国际认知的历史考察

1.神秘而富饶的地方

虽然早在古罗马时期，西方人就拥有了中国的丝绸和瓷器，但由于茫茫大海和高山戈壁的阻隔，中国和西方之间只能产生一些关于对方的荒诞想象。在西方的想象中，中国位于“烈风之山”和“北风之北”直到“大海之滨”的广袤地区，居住着“希伯尔波利安民族”或“极北人”，那里到处堆满了金银和珍宝，人们高大、长寿、道德高尚、生活幸福，天堂离其不远抑或那里就是天堂。

2.光辉而灿烂的国度

莱布尼茨在《中国近况》一书的序言中说：“全人类最伟大的文化和最发达的文明仿佛今天汇集在我们大陆的两端，即汇集在欧洲和位于地球另一端的东方的欧洲——支那（人们这样称呼它）。我相信，这是命运的特殊安排。”[①]这样的看法，是建立在《马可·波罗游记》基础之上的。与古希腊罗马时代对中国的想象不同，马可·波罗在华17年，亲身游历了从大都（今北京）到京师（今杭州），从福建泉州到云南大理的大半个中国。他用细腻的笔法，给西方人展现了雄伟壮丽、物阜民丰、“世界之冠”的中国形象。比如他描写大都：

> 凡是世界各地最稀奇最有价值的东西也都会集中在这个城里，尤其是印度的商品，如宝石、珍珠、药材和香料。契丹各省和帝国其他地方，凡有值钱的东西也都要运到这里，以满足来京都经商而住在附近的商人的需要。这里出售的商品数量比其他任何地方都要多，因为仅马车和驴马运载生丝到这里的，每天就不下千次。我们使用的金丝织物和其他各种丝织物也在这里大量生产。在都城的附近有许多城墙围绕的市镇。这里的居民大多依靠京都为生，出售他们所生产的物品，来换取自己所需的东西。[②]

又如描写京师：

> 走三日，途经许多人口众多和富裕的市镇、城堡与村落，居民们丰衣足食。第三日晚上便到达了雄伟富丽的京师城，这个名称就是“天城”的意思。这座城的庄严和秀丽，的确是世界其他城市所无法比拟

① 转引自夏建国：《文化模式与全球文化》，武汉测绘科技大学出版社2000年，第51页。

② 马可·波罗：《马可·波罗游记》，中国文史出版社1998年，第134页。

的,而且城内处处景色秀丽,让人疑为人间天堂。[①]

据说马可·波罗在临去世时对神父真诚地说过,“上帝知道,书里说的连我看到的一半都不到呢”,再一次用生命赞美他眼中美丽的中国。如此灿烂辉煌的中国形象,延续几个世纪,至今依然隐现于西方人心中。

3.强盛而统一的帝国

很多西方人读过《马可·波罗游记》后,对书中的描写将信将疑。16世纪西班牙人胡安·冈萨雷斯·德·门多萨所著的《中华大帝国史》,是根据中国史书记载以及走访过中国的传教士和其他人士的记述而编撰的中华大帝国奇闻要事、礼仪和习俗史,终于使人们相信《马可·波罗游记》并非是编造的神话。从某种意义上说,门多萨为当时的欧洲人打开了了解和认识中国的窗口,使欧洲人从通过充满神秘色彩的传闻来想象中国的境况一步跨入了通过中国的现实来认识中国的时代。书中认为“中华帝国的国君注意并努力在其帝国内实现司法公正,但他更加关注并孜孜以求的是防止与邻国发生战事,以及避免任何类似事件的发生”[②],并且一针见血地指出中华帝国之所以强盛的真正原因:

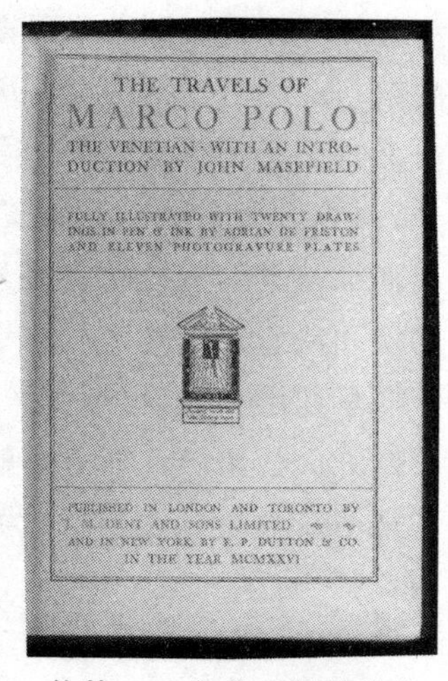

伦敦1926年英文版精装本《马可·波罗游记》

> 当地人勤奋的劳动和高超的技术使土地更加丰饶,就连谷地、山脉和岸边所有不能耕种的地方,他们也根据地质情况种上果树、小麦、大麦、水稻、亚麻、大麻和其他作物。由于那里人口众多,每个人又能自由支配自己的财产,再加上不允许臣民移居国外,没有发生杀人甚多的战争,不允许有人无所事事、游手好闲等——无所事事、游手好闲之徒除受到严厉惩戒之外,还会留下无耻之徒的骂名——使得包括耕种业在内的各行各业均发展得极为迅速……这一切加上土地的肥沃,坦率地讲,这就是为什么它配得上世界上最富足国家称号的原因。[③]

门多萨把16世纪的中国相对客观地介绍给了欧洲,许多欧洲国家也以此来制定对华政策。在当时的欧洲人眼里,中国具有灿烂的文化、悠久的历史、辉煌的文明,是一个不折不扣的强大帝国。中国物产丰富、经济发

① 马可·波罗:《马可·波罗游记》,中国文史出版社1998年,第200页。

② 胡安·冈萨雷斯·德·门多萨:《中华大帝国史》,译林出版社2011年,第49页。

③ 胡安·冈萨雷斯·德·门多萨:《中华大帝国史》,译林出版社2011年,第5页。

达、体制完善、军力强盛，使得欧洲国家不敢轻举妄动，只能把中国当作贸易伙伴，而不是直接的侵略对象。

4.封闭而落后的国家

哲学家黑格尔认为，“历史必须从中国读起。因为根据史书记载，它是最古老的国家。因为缺乏客观存在与主观运动的对立，所以排除了每一种变化的可能性。那种不断重复出现的、滞留的东西取代了我们称之为历史的东西。中国正处在世界历史之外”[①]。可以看出，西方人不仅对中国的历史非常了解，对于中国的弱点更是一清二楚。鸦片战争前后，中国门户洞开，西方人大量涌入。随着他们对中国的深入了解，关于中国和中国人的负面描写开始充斥于各种媒体报道和文字当中。西方人对中国国家形象的认知从此开始发生质的变化。

早期中文刊物《东西洋考每月统记传》的创办人、德国传教士郭实腊在给西方人的出版计划书中就对中国的高傲自大一肚子不满意，想要通过办刊来改变这种状况，试图为西方的经济、文化和军事侵略打通通道。他写道：

> 尽管我们和他们有长期的交往，他们仍然公然表示是高于其他国家而位居世界第一，并视其他民族为蛮夷。这种无知与自傲严重地影响了旅居广州的外国人的利益，妨碍了他们与中国人之交往。这个旨在维护广州与澳门的外国人利益的月刊，就是要促使中国人认识我们的工艺、科学及基本信条，与其高傲和排外的观念相抗衡。[②]

英国作家托马斯·德·昆西认为中国一部分腐烂了，另一部分已烂成空洞，在这部分你看到了肿瘤，在另外的一些部分，连肿瘤都无处长了。中国的总的图像就是一个专横腐朽的统治阶级治理着一个沉沦堕落的民族。即使1911年推翻清王朝建立共和国，1928年蒋介石取代各派军阀，这些变化一点也没有使吏治廉洁起来。统治者的贪污腐化使中国人变成一群无人放牧的羊，使中国变成一个任人摆布的对象。[③]中国的命运，恰如马克思在谈及中英鸦片贸易时所说：“一个人口几乎占人类三分之一的幅员广大的帝国，不顾时势，仍然安于现状，由于被强力排斥于世界联系的体系之外而孤立无依，因此竭力以天朝尽善尽美的幻想来欺骗自己，这样一个帝国，

---

① 夏瑞春：《德国思想家论中国》，江苏人民出版社1995年，第114页。

② 卓南生：《中国近代报业发展史》（增订本），中国社会科学出版社2002年，第47页。

③ 段连城：《对外传播学初探》（增订版），五洲传播出版社2004年，第14页。

终于要在这样一场殊死的决斗中死去。”[①]

更有甚者，美国传教士史密斯肆意诋毁中国人，认为中国人不守时，不知趣，不自觉，不讲卫生，长得难看，还有数不清的道德缺陷：对人不坦率，视人命如草芥，溺婴，虐待动物，缺乏公德，狂嫖滥赌，等等。总之，在西方人眼里，这样的民族，只有三种出路，要么从地球上消灭这个民族，要么以最轻蔑的态度对待它，要么改造它。[②]

5.中国共产党与中国

与国民党统治的暮气沉沉和贪污腐败相比较，中国共产党领导下的革命圣地延安则充满着活力和希望。斯诺的《西行漫记》、白修德的《中国的雷声》和贝尔登的《中国震撼世界》等著作客观地报道中国共产党人，使得“红色中国”的一派朝气广为人知。在许多从延安访问归来的外国人心里，对中国共产党所领导的中国革命的看法与埃德加·斯诺的判断一样：

> 中国社会革命运动可能遭受挫折，可能暂时退却，可能有一个时候看来奄奄一息，可能为了适应当前的需要和目标而在策略上作重大的修改，可能甚至有一个时期隐没无闻，被迫转入地下，但它不仅会继续成长，而且在一起一伏之中，最后终于会获得胜利，原因很简单（正如本书所证明的一样，如果说它证明了什么的话），产生中国社会革命运动的基本条件本身包含着这个运动必胜的有利因素。而这种胜利一旦实现，将是极其有力的，它所释放出来的分解代谢的能量将是无法抗拒的，必然会把目前奴役东方世界的帝国主义的最野蛮暴政投入历史的深渊。[③]

中华人民共和国的成立，如晴天霹雳一般，炸响在世界上空。对于中国选择的社会主义道路，以美国为首的西方国家采取了极富敌意的做法，关闭外交通道，封锁经济往来，禁运一切物资，甚至不惜发动战争。这一期间，西方主流媒介出于冷战思维，对华报道以负面为主，攻击中国的社会主义制度和共产党领导，污蔑中国是独裁国家，没有民主和自由，经济、文化落后，对“大跃进”等政策失误导致的后果进行大肆的渲染和夸大，舆论影响很坏。但是，也有一些比较客观的看法，英国学者李约瑟就认为：

> 这是亚洲的复兴。这是中国真正的复兴。这是一股巨潮，它使五亿黑头发的人民站了起来并且发出自己的声音……西方人无论如何

① 倪英才、吴晓云、杨秀萍主编：《马克思主义经典作家论中国近代史》，贵州人民出版社2002年，第76页。

② 段连城：《对外传播学初探》（增订版），五洲传播出版社2004年，第18页。

③ 埃德加·斯诺：《西行漫记》，生活·读书·新知三联书店1979年，第406页。

都必须以同情和理解的态度对这一重大社会现象做出反应。他们必须放弃一切自封优越民族的毫无根据的说法，并且在自由与平等的伙伴关系基础上对待亚洲人民——像他们本来就应该做的那样。他们必须去掉统治者的心理，这种心理是由于西欧现代科技兴起这一历史性的偶然事件而不幸产生的。①

20世纪六七十年代，中国国内爆发“文化大革命”，意识形态成为武器，国家秩序变得混乱，人民的物质和文化生活水平下降。通过多种渠道，许多红卫兵材料和大字报漂洋过海，“破四旧”、打砸抢、戴高帽、“喷气式”、“红海洋”、“全面内战”等疯狂景象在海外广为传播，使得中国国家形象一落千丈，抨击横飞，差评如潮。部分外国人至今杞人忧天，认为我国会发生大的社会突变，虽经我们反复解释，但仍将信将疑，这与“文革”的影响关系甚大。

二、国际认知的现实状况

从1978年至今，我们国家坚持社会主义道路，实施改革开放政策，推进城乡一体化建设，政治稳定，经济繁荣，文化先进，社会面貌大为改观。尤其是中国梦的提出，使得世界各国对崛起中的中国更加刮目相看。2013年，中国外文局对外传播研究中心与民间智库察哈尔学会和华通明略全球调研公司等机构合作开展中国国家形象全球调查，历时两个月，样本共计3017人，分别来自于英国、美国、南非、印度、俄罗斯、巴西、中国等7个国家，调查结果显示：“中国的国家形象、国民形象、产品品牌形象基本趋于稳定。”②

1.中国国家与国民形象

在国际民众眼中，中国究竟是怎样一种形象呢？在15个选项③中，认可度最高的是“历史悠久的文明古国”，达到62%，“经济崛起的大国”的认可度为58%，有47%的人认可中国“已崛起为世界大国”。同时，民众也认为中国存在着一些问题，如贫富差距大(41%)、封闭守旧(33%)、社会冲突剧烈(26%)等。另有一些民众认为中国具有一定威胁(24%)，且对国际事

① 段连城：《对外传播学初探》(增订版)，五洲传播出版社2004年，第30-31页。

②《中国国家形象全球调查报告2013》，http://news.china.com.cn/node_7200186.htm，下文为该调查报告的基本内容。

③ 分别为历史悠久的文明古国、经济崛起的大国、已崛起为世界大国、贫富差距很大的国家、封闭守旧的国家、地区性大国、社会冲突剧烈的国家、具有一定威胁的国家、很有吸引力的国家、对国际事务负责任的国家、社会安定的国家、对国际事务贡献不大的国家、开放有活力的国家、贫穷落后的国家、爱好和平的国家。

务贡献不大(12%)。

调查发现,国际民众普遍认为中国人神秘、理性、创新、温顺并且生活很幸福,半数以上的人愿意和中国人交往。对于中国青年,国际民众普遍认为他们是中国未来的希望,他们热爱自己的国家,勤奋,有活力,能独立行动,有个性并富于爱心。至于坊间传播的"80后""90后"中国青年是垮掉的一代、向往国外、自私自利、缺乏个性、懒惰、颓废死板等说法,海外民众的看法并不集中。

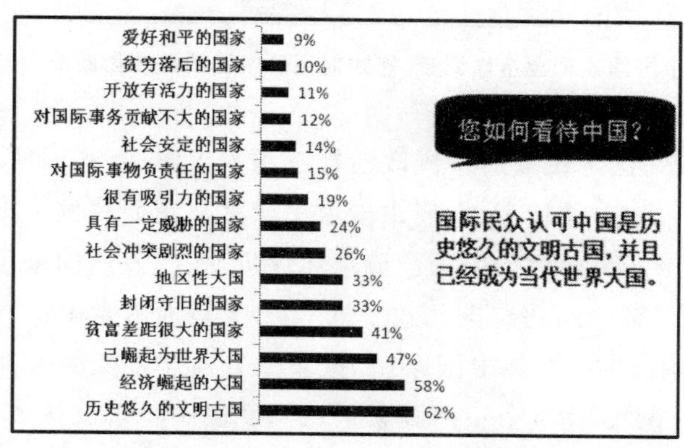

中国国家形象全球调查:您如何看待中国?

2.中国文化与科技形象

调查显示,中国文化具有较大的国际吸引力,61%的海外民众乐于了解中国文化,1/3表示对学习汉语有兴趣。来中国旅游成为富有吸引力的文化活动,59%的海外民众表示"了解中国传统文化"是吸引其来华旅游的最主要因素。

出于可操作性要求,调查把中国文化特征概括为13个点,分别是:历史悠久、爱国主义、家庭至上、儒家思想、和平和谐、崇尚道德、创新精神、天人合一、集体主义、重视"面子"、讲究"关系"、中庸之道、包容开放。排除选项的干扰因素,获得国际民众认可度最高的是中国文化"历史悠久",为52%。"爱国主义""家庭至上"两个特征的认可率为24%。国际民众也基本认可中国文化保持了创新精神(17%)、天人合一(17%)、崇尚道德(17%)以及集体主义(16%)等特征。国际民众对中国文化的"包容开放"认可度最低(8%)。而在众多文化载体中,中国武术(52%)、饮食(46%)和中医(45%)最能代表中国形象。

另外,国际民众认为中国科技实力仅次于日本、美国和英国,有66%的民众从正面积极评价中国科技创新,其中34%的人认为中国的科技创新能力很强。

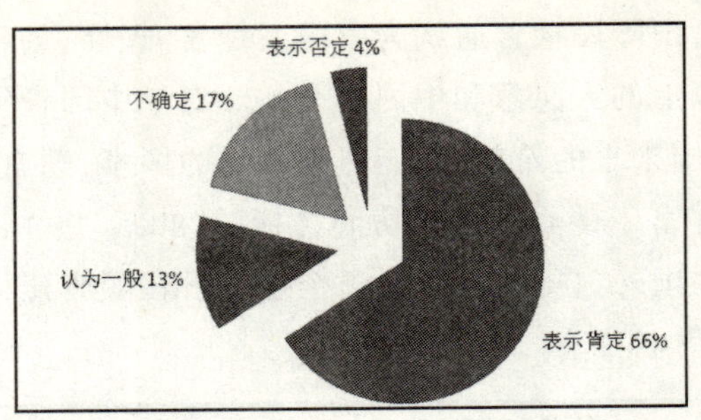

中国国家形象全球调查:您如何评价中国的科技创新能力?

3.中国政治与经济形象

调查显示,国际民众对中国政治缺乏深入了解,发达国家与发展中国家对中国的认知分歧较大,发展中国家民众多从正面评价中国,发达国家民众则倾向于从负面评价中国。就总体评价而言,发达国家民众在“严肃而不可亲近”“腐败问题严重”“效率低”等3个负面因素上认同度较高,分别为52%、34%、9%;发展中国家在“执政能力强”“外交能力高超”“开明”“清正廉洁”“亲民”等5个正面因素上认同度较高。仅就执政理念或执政主张而言,在给定的11个选项中,有一半人(49%)表示“全部不了解”,发达国家了解程度最好的“一国两制”主张,其认知度也只有9%,发展中国家了解程度最好的“中国特色社会主义道路”理念,其认知度也只有23%。

有1/3海外受访者表示对中国经济有所了解,1/6认为经济发展是中国步入大国行列的主要动因。有64%的海外民众认可中国经济发展给全球经济发展带来机遇。以中国制造为例,有一半以上的海外消费者可以接受中国产品,认可中国产品的科技水准,并表示有信心使用。同时,也有54%的海外消费者认为中国产品质量较差,有高达70%的民众认为部分中国产品存在使用安全隐患。比较而言,发展中国家对中国品牌的熟悉度更高,其中最熟悉的十个中国品牌为:联想、华为、海尔、中国国际航空公司、中国移动、TCL、中国银行、格力、长城汽车和双汇。

总之,中国在国际民众眼中神秘而富有魅力,中国经济进步、社会稳定、山河秀美的东方大国形象对外国民众颇有吸引力,因此多数海外民众对中国抱有乐观预期并有来华意愿。中国坚持和平发展、共同发展的国际努力受到认可,负责任大国形象正在逐步树立。国际民众能够接受中国制造,但对中国政治普遍缺乏了解,对中国模式的认知尚缺乏共识,社会主义大国形象的塑造仍然任重道远。

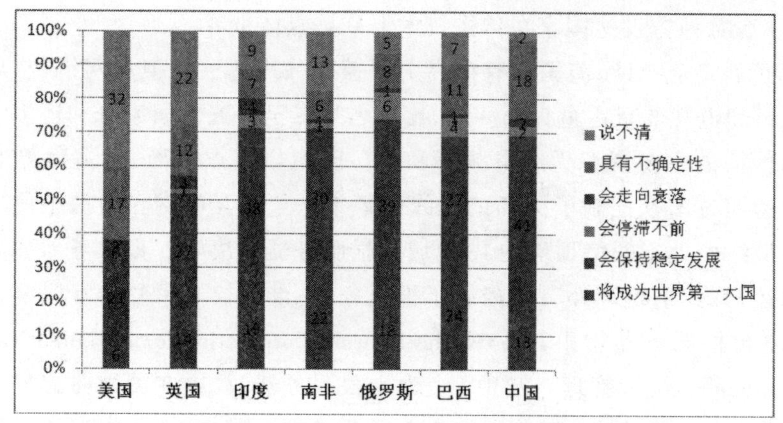

中国国家形象全球调查:您如何看待中国的未来发展?

第三节　中国国家形象面临的挑战与机遇

随着我国改革开放进程的不断推进和综合国力的稳步提升,国际社会更加希望了解中国,更加希望倾听中国的声音,更加期待中国发挥建设性大国的作用。与此同时,实现中华民族伟大复兴的中国梦,也需要我们克服困难,把握机遇,进一步增进国际社会对我国基本国情、价值观念、发展道路、内外政策的了解和认识。"知己知彼,百战不殆",只有客观地弄明白当前中国国家形象建设所面临的一系列问题与机遇,才能准确地把握提升空间。从具体实践来看,内部存在的问题主要有:一是受制于话语权,建设国家形象的话语能力不足;二是受制于舆论环境,建设国家形象的传播模式亟待改善。从大的形势来看,外部存在的问题主要有:一是"中国威胁论",部分国家抹黑中国或"妖魔化"中国;二是"中国责任论",部分国家发出"新殖民主义"的担忧,期待中国主持国际正义;三是"中国崩溃论"。其中,"中国崩溃论"是比较边缘化的,占主要地位的是"中国威胁论","中国责任论"则是"中国威胁论"在新世纪的一个变种。

一、国家形象塑造中的话语权问题

在传播和塑造国家形象的过程中,话语能力问题的实质是争夺国际话语权,而话语权与一个国家的政治实力、经济实力、文化实力息息相关,最直接就体现在一个国家的传媒实力上。主流媒体是否强大,新兴媒体是否得到充分发展,影响着一个国家话语能力的强弱。

1.少数西方发达国家在传播技术上掌控媒体世界

据不完全统计,美国拥有世界上覆盖面最广的通信卫星网络,它出口的电影和电视节目占世界第一位,比排名第二至第五的国家总和还多。在国际传播的主要资源无线电频率和卫星驻留轨道点方面,仅占世界10%人口的西方国家控制了90%的无线电频率。全球互联网在通信中使用的地址最终由处于网络顶端的13台域名根服务器来决定。根服务器如同互联网运行的"中枢神经",谁控制了根服务器,谁就控制了整个互联网。目前,13台根服务器均由ICANN(the Internet Corporation for Assigned Names and Numbers)统一管理。其中1个为主根服务器,放置在美国弗吉尼亚州的杜勒斯,由美国VeriSign公司负责运营维护。其余12个均为辅根服务器,其中9个放置在美国,分别由8个不同的军事与教育机构负责运营维护;欧洲2个(分别位于英国和瑞典)、亚洲1个(位于日本)。

2.少数西方发达国家在传播内容上掌控媒体世界

就内容而言,长期以来,由于历史的原因,国际互联网上传播的内容中英语的约占90%,法语的约占5%,其他语种包括中文在内只占5%。美国等西方发达国家生产的信息内容占互联网信息总量的95%以上,我国则不足1%。也就是说,少数西方发达国家不仅控制了互联网的最高管理权限,也基本垄断了互联网上的绝大多数信息资源,从而形成了以少数发达国家的语言、思想和文化为核心的全球信息传播体系。西方少数国家的话语权优势不仅反映在信息的流量和流向中,还表现在议题设定和评价标准的设定上。当前流行的主要话语议题,如人权、民主、透明度、知识产权、新闻自由、低碳生活、环境污染、资源缺乏、文化冲突、恐怖主义、种族歧视等,几乎都是由西方国家设定并大肆炒作,也是由少数西方国家提出涉及这些议题的新词汇和解释标准。它们的出发点,主要是服务于少数发达国家的政治、经济利益。尤其是西方文化、价值观念、生活方式的新殖民主义扩张,对我国国家形象的塑造极为不利。中国在全球媒体国际报道中的出现频率是较高的,但报道议题却十分集中,主要是人权问题、台湾问题、对华贸易问题、中国国内问题等。西方国家对新闻事件多持揭露、批判的倾向,对中国事务更是以负面意见为主。

3.对外传播中的传播能力问题

近年来,我国对外传播能力迅速提升,在传播中国声音、树立中国形象、扩大中国影响方面发挥了重要作用,为国家的改革开放和现代化建设营造了良好的国际环境。但是,我们也非常清楚,虽然我国海外采编网络和传播平台迅速拓展,信息内容、营销能力、人才队伍等基础建设取得了明显的成绩,可是与发达国家相比,我们还有很大差距,西强我弱的态势依然如故。从信息占有的角度看,我国对外传播尚未组建大型跨国媒体集团,不具备在世界范围内全天候采集信息的能力。美国CNN在全球拥有42个分社400多名记者,其国际电台有32个驻外分社60名记者;英国BBC有40个驻外记者站250多名记者;而中国中央电视台只有19个驻外记者站约60名记者。新华社虽然在驻外分社数量上与路透社、美联社、法新社三大通讯社差距不大,但人员配备相差悬殊,例如新华社驻韩国分社只有2人,而路透社驻韩国分社有60人。信息采集能力是话语能力的基础性因素,与西方主流媒体相比,我国主流媒体就很难在第一时间发出独家的、深度的报道。从信息传播的角度看,我国对外传播信息产品的海外有效落地不够。最近的统计数据显示,全球有212个国家和地区的大约10亿人可以收看到CNN,而中国中央电视台只在140个国家和地区实现了节目的落地,其中整频道落地项目的用户总数约为15058万户;BBC在全世界150个国家通过调频广播实现节目落地,在全球拥有2300家合作电台,而中国国际广播电台在海外拥有51家整频率电台,只有153家海外合作电台;路透社在全世界共有37万个信息终端,其中包含各国主要媒体约2万家,而新华社则在海外有各类产品用户1.6万家,其中媒体客户约1万家。可以看出,与国际一流媒体相比,我国媒体在传播信息产品的有效覆盖、落地入户等方面还有很大差距。[①]

4.对外传播中的外媒利用问题

根据我国目前的传播水平和所面临的国际舆论环境,在塑造中国国家形象的过程中,巧妙地运用国外媒体传播国家形象是一条较为合理的路径,要比创办新的传播载体或者任由外国媒体歪曲报道更有效。2008年4月13日,中国驻英大使傅莹在英国《星期日电讯报》发表文章《如果西方能够倾听中国》,情真意切地谈及北京奥运火炬传递和西藏问题,真实地发出自己的疑问:"为什么在涉及中国的问题上,一些媒体的一概而论的随意批评能够被西方公众不加思考地接受,为什么没有人质疑,这样的批评到底涉及哪些具体问题,确切情况如何?为什么一些报道,包括数字,能够在毫无事实依据的情况下连日登载在新闻里面?"[②]在英国以及世界引起了不小的震动,收到了意想不到的传播效果。可惜的是,像这样充分利用国外媒体,有分量、有胆识,深谙对外传播之道的经典之作太少了。

① 刘芳:《如何加强我国媒体国际传播能力建设》,载《传媒》2011年第10期。

② 傅莹:《如果西方能够倾听中国》,http://news.xinhuanet.com/newscenter/2008-04/16/content_7989915.htm。

二、国家形象塑造中的传播模式问题

模式是对现实事件的内在机制以及事件之间的关系的直观和间接的描述。按照多伊奇(Deutsch)的说法,提出模式有诸多好处,如组织、解释、预测等。我们可据此将模式分为结构性模式和功能性模式两类,结构性模式只能描述某种现象的结构,而功能性模式则从能量、力量及其方向等角度来描述各系统以及各部分之间的相互影响。[①]这里提出的传播模式,属于功能性模式范畴,我们在实际研究中更加注重其中的思维变化和体系建设问题。

1.国家形象塑造需要互联网思维

从Web1.0的门户时代到Web2.0的搜索/社交时代,再到Web3.0的大互联时代,互联网正在成为现代社会真正的基础设施之一,就像电力和道路一样,它不仅仅是可以用来提高效率的工具,更是构建未来人类社会生产方式和生活方式的基础设施。当物联网、大数据和云计算把每个个体和任一终端彻底联结在一起的时候,智能生活时代就真的来临了。在这样的时代,平等是非常重要的基本原则,去中心化变作常态,任何的垄断(包括生产、销售、传播等)都将成为不可能。因此,个人信息的传播也好,国家形象的塑造也罢,都要向互联网思维转变。所谓互联网思维,即必须适应新兴媒体即时和海量传播、平等和互动交流的特点,改变单向传播、受众被动接受的方式,注重用户体验,满足多样化和个性化的信息需求,充分运用大数据和云计算,重视首发首播,借助商业网站的技术和平台,扩大移动终端的覆盖面。[②]

以习近平为总书记的党中央非常重视互联网建设,倡导互联网思维。在2014年2月召开的中央网络安全和信息化领导小组会议上,习近平就谈道:"做好网上舆论工作是一项长期任务,要创新改进网上宣传,运用网络传播规律,弘扬主旋律,激发正能量,大力培养和践行社会主义核心价值观,把握好网上舆论引导的时、度、效,使网络空间清朗起来。"[③]之后,在"8·19讲话"中,习近平总书记更加明确地指出:"强化互联网思维,坚持传统媒体和新兴媒体优势互补、一体发展,坚持先进技术为支撑、内容建设为

① 丹尼斯·麦奎尔等:《大众传播模式论》(第二版),祝建华译,上海译文出版社2008年,第2-3页。

② 陈力丹:《习近平的宣传观和新闻观》,载《新闻记者》2014年第10期。

③ 习近平:《总体布局　统筹各方　创新发展　努力把我国建设成为网络强国》,载《人民日报》2014年2月28日。

根本，推动传统媒体和新兴媒体在内容、渠道、平台、经营、管理等方面的深度融合。”①但是，囿于传统思维，我们对互联网思维的认识和理解还远远不够，对传播个体的重视程度低，对共治共享的理念了解不深，在国家形象塑造方面表现尤甚。实际上，互联网的触角已深深进入到社会的方方面面，数字化信息占据了人们大部分时间，无论是否情愿，与其抗拒，不如拥抱，接受互联网思维越早，经历的阵痛越短，改革的成本也就越低。

2.国家形象塑造需要完善现代传播体系

由于历史的原因，我国的各类媒体以行政区划为主进行建设，层级分明，条块分割现象明显，很难形成现代传播体系，以适应新的时代发展需要。如果我国的传媒体系不进行现代化改造，国内舆论的多元化趋势将使国际传播复杂化，政府主导、社会参与的互动话语就很难形成，也就不可能在国际社会拥有话语权。因此，现代传播体系建设任重道远。

互联网思维

首先，现代传播体系的主要特征是传统媒体和新兴媒体融合。一方面，要顺应互联网传播移动化、社交化、视频化的趋势，积极运用大数据、云计算等新技术，发展移动客户端、手机网站等新应用新业态，不断提高技术研发水平，以新技术引领媒体融合发展、驱动媒体转型升级。另一方面，要加强内容建设，创新采编流程，优化信息服务，以内容优势赢得发展优势。

其次，现代传播体系的核心是打造一批新型媒体集团。2014年8月18日，中央全面深化改革领导小组第四次会议审议通过的《关于推动传统媒体和新兴媒体融合发展的指导意见》明确指出：“要按照积极推进、科学发展、规范管理、确保导向的要求，推动传统媒体和新兴媒体在内容、渠道、平台、经营、管理等方面深度融合，着力打造一批形态多样、手段先进、具有竞争力的新型主流媒体，建成几家拥有强大实力和传播力公信力影响力的新型媒体集团，形成立体多样、融合发展的现代传播体系。”②我们要一手抓融

① 习近平：《共同为改革想招　一起为改革发力　群策群力把各项改革工作抓到位》，载《人民日报》2014年8月19日。

② 新华网报道：《推动主流媒体在融合发展之路上走稳走快走好》，http://news.xinhuanet.com/politics/2014-08/20/c_1112160707.htm。

合，一手抓管理，确保融合发展始终沿着正确的方向推进。

三、国家形象塑造中的“中国威胁论”

在西方世界里，“中国威胁论”由来已久，其版本也不一而足。早在19世纪末20世纪初，德国皇帝威廉二世等人就宣扬包括中国在内的黄色人种对西方白色人种的威胁，鼓吹中国人一旦意识到自己的力量时，将给西方文明带来灾难和毁灭，为列强侵略中国制造舆论，史称“黄祸论”。冷战时期，以美国为首的西方国家变本加厉，为了遏制共产主义在亚洲的蔓延，大肆渲染中国对邻国的威胁，“红色威胁”的宣传甚嚣尘上。在此种浪潮之下，就连社会主义的苏联，出于自身的利益考量，在中苏关系紧张之时也提出过“中国威胁论”，试图孤立中国，把中国从世界社会主义阵营中驱离。苏联解体后，世界格局进入后冷战时期，随着中国经济、军事实力的逐渐强大，新的“中国威胁论”开始在美国、日本、菲律宾等国泛滥。第一次泛滥的标志是芒罗（Ross H. Munro）的文章《正在觉醒的巨龙：亚洲真正的威胁来自中国》和亨廷顿（Samuel P. Huntington）的《文明的冲突与世界秩序的重建》，二者都发表于20世纪90年代初，前者渲染中美军事冲突不可避免，后者断言儒教文明与伊斯兰教文明的结合将是西方文明的天敌。第二次泛滥的标志是时任台湾地区领导人李登辉访问美国，时间是1995—1996年，中美围绕台湾问题发生军事对峙。第三次泛滥的标志是1998年的亚洲金融危机，中国实体经济发展迅速，逆势崛起，成为世界经济大国。第四次泛滥则没有明显的标志，“中国威胁论”的内容已经无限扩大，渗透到人们的日常生活当中了，不仅有老调重弹的军事威胁论、经济威胁论、文化威胁论等方面的报道，也有地缘政治威胁论、食品安全威胁论、粮食威胁论、网络安全威胁论、环境威胁论、能源威胁论等新的论调。

各色“中国威胁论”的出笼，与社会主义中国的崛起密切相关。许多国家从自身利益出发，大肆宣扬所谓的“中国威胁论”，实质上是用来制约中国崛起发展的一种政治手段，是冷战时期“零和”思维在新的时代条件下的体现和反映。只要我们用一种平衡各方利益、立场和价值观的视角去分析，这些不公正的言论很容易就会被击破。以“中国环境威胁论”为例，在一贯重视气候变化和环境保护问题的西方人士看来，随着中国经济的高速发展，中国对世界资源和能源的消费量将迅速增加，这种大量的资源和能源消耗必然带来严重的环境问题。但是，相关数据表明，从1950年到2002年，中国化石燃料燃烧排放的二氧化碳只占世界累计排放量的9.33%；2004年，中国人均二氧化碳排放量为3.65吨，仅为世界平均水平的87%；从

1990年到2004年的15年间,单位GDP每增长1%,世界平均二氧化碳排放要增长0.6%,但是中国仅仅增长0.38%。可见,所谓的"中国环境威胁论",只是少数国家少数媒体的一面之词。

漫画:西方国家借"中国军力报告"炮制"中国威胁论"

那么,我们如何看待形形色色的"中国威胁论"呢?一方面,甚嚣尘上的"中国威胁论"对中国国家形象造成了严重损害,是我国发展过程中必须要消除的舆论障碍。具体而言,在政治上,"中国威胁论"有可能引发一些国家对中国的敌意,增加周边国家对我国的不信任感,阻碍我国的国际合作步伐;在军事上,"中国威胁论"有可能扩大世界或地区军备竞赛的程度,为地区安全添加不稳定因素;在经济上,"中国威胁论"会加大我国同世界其他国家的经济摩擦,对外贸易和"中国制造"会受到较大冲击;在外交上,"中国威胁论"会成为西方国家制约我国发展的一张不老王牌,扰乱我国的全球外交部署,使我国在发展过程中经常面临复杂多变的国际环境,承受太多的外部压力。另一方面,"中国威胁论"作为一种来自外部世界的评价和挑战,在某种意义上也会强化我国的危机意识,更加刺激自身的发展。中华民族是一个面对困难不屈不挠的民族,是一个敢于面对现实、不断进取的民族,在"中国威胁论"下中发展起来的中国,饱尝了艰难困苦,学会了坚守成功,也适应了各种挑战与危机并存的竞争环境,这无疑有利于培育大国心态,有利于更好地走向真正的富强民主的大国强国。①

四、国家形象塑造面临诸多机遇

当然,在面临诸多问题与挑战的同时,中国国家形象建设也面临着一些难得的发展机遇。中国梦理念的最早提出者之一、中国外交学院院长吴

① 释清仁:《从容淡定应对"中国威胁论"》,载《中国青年报》2012年4月6日。

建民认为,中国梦是与世界分享的,它不仅是中国的,也是世界的。中国与世界的相互依存度以及世界各国之间的相互依存度从来没有像今天这么深,中国与世界各国的共同利益从来没有像今天这么多,世界所面临的发展机遇从来没有像今天这么好。这既是发展中国家的机遇,也是发达国家的机遇。[①]尤其是自1998年全球爆发金融危机以来,中国和西方发达国家之间发展形势的巨大反差促使国际社会更加希望了解中国,对中国的关注度进一步提升,对中国的认识也渐趋多元,为我们突破西方话语霸权的桎梏,打破西方价值观一统天下的局面,塑造正面积极的中国国家形象提供了重要机遇。

1.世界各国对中国的看法出现分化

正如中国对美国的看法——美国是繁荣和机遇的象征,但也是西方帝国主义和蛮横态度的象征——一样,世界各国对崛起的中国也有着矛盾的态度和分化的看法。美、日、欧等发达国家和地区极力遏制中国的迅速发展,把中国看作全球化发展中的不稳定因素,利用其强大的舆论力量主导着负面的涉华言论。部分周边国家如俄罗斯、韩国、越南、泰国、菲律宾等则对中国的强大深具戒心,担忧中国的发展会给地区安全带来威胁。但是,大多数发展中国家包括一些发达国家都有借中国发展势头实现自身发展的意愿,都对与中国合作充满期待。

2.西方发达国家话语体系的吸引力逐步下降

我国的经济总量已经位居世界第二位,国际地位日益提高。金融危机之后,西方发达国家的相对实力有所下降,欧美中下层人民的生活受到严重影响,西亚北非局势持续动荡,促使各国开始反思西方新自由主义发展方式,西方制度吸引力有所减弱,价值感召力有所降低,国际话语权颓势初显。在这种形势下,中国发展道路一旦为世界各国人民所认识,必将产生巨大的震撼力、吸引力、感召力,中国国家形象的塑造也将因此而迎来千载难逢的建设契机。

3.影响中国国家形象的因素渐趋多元

一般而言,影响国家形象的因素大致可分为三类:国家的客观状况因素、传播过程因素和国际公众的既有形象及思维定式因素。其中最为重要的是传播过程因素,又可分为交往因素和传媒因素两种。随着传播技术的发展和经济文化交往的深入,当今世界的国际信息传播秩序正在被重构,传统的由政府和主流媒体主导的国际舆论正在被由政府、主流媒体、新媒

---

① 双华斌:《中国梦将令世界获益——李君如、吴建民畅谈中国梦与和谐世界》,载《中国教育报》2008年4月8日。

体、社会精英以及普通民众等多元主体共同主导的舆论局面所代替。这一重构趋势虽然加大了国际舆论环境的复杂性,但同时也为我们改善中国国家形象提供了更多的突破口。①

第四节　文化传播与中国国家形象的重塑

所谓中国梦,就是要在21世纪实现中华民族的伟大复兴。然而,要建设一个富强、民主、文明、和谐的伟大国家,其前路漫漫,任重而道远,需要直面的问题很多很多。美国学者雷默在深刻分析国家形象对中国发展的重要性的基础上,就直截了当地指出:"国家形象对当代中国来说是最为根本的问题,假如把这个问题解决好了,那么许多其他困惑和难题都可以迎刃而解……国家形象在某种意义上将决定中国改革发展的前途和命运。"②这种观点或许有些绝对,把作为"软实力"的国家形象问题看得比其他作为"硬实力"的发展因素更为重要,值得商榷。但是,至少在文化传播领域,国家形象的重要性已不言而喻,早已成为广大从业者的共识。与之相对应,由于文化对国家形象塑造过程中认知主体的影响是潜移默化的,甚至是无形的,其柔和程度足以淡化充满意识形态色彩的宣传意味,所以,作为国际传播的重要手段之一,文化传播一直颇受青睐。

一、对外文化交流与国家形象塑造

从某种意义上讲,一个国家的形象是什么样子,其表达方式和表达效果取决于构成这个国家的文化的多种元素。这些元素,有精神的,也有物质的;有文字符号的,也有声音符号的;有历史的,也有现代的。它们共同构成了一个国家作为文化实体的象征性存在。

1.文化冲突会对国家形象产生影响

文化传播学认为,文化是长期的历史积淀形成的,不同国家的发展历程不同,所处的文化圈层不同,使得各自的文化千差万别。这种文化差别,有时候会严重到文化冲突,会影响国家之间、国民之间的相互认知。比如,关于民生国计,中国文化长期以来注重国家认同感的建设和道德文化的升华,追求中华文化的繁荣和社会大同,而西方国家则注重社会价值规范的建立和法律的成熟,倾向于对社会结构和全球秩序的巩固。虽然文化内核

① 金鑫、林永亮:《以解读中国梦为契机再塑国家形象》,载《红旗文稿》2014年第15期。

② 乔舒亚·库珀·雷默:《中国形象:外国学者眼里的中国》,社会科学文献出版社2008年,第7-12页。

基本一致,社会发展的目标诉求基本相同,但西方国家会觉得中国过于强调集体主义,缺少民主和自由,而中国则觉得西方国家太过于强调自由主义,社会道德因此沦落。

再比如,犹太文化、基督教文化和伊斯兰文化之间的冲突,成为美国、以色列与阿拉伯国家之间政治军事冲突的不可轻视的因素,从而也导致了双方国家形象宣传方面的互相抵牾。在阿拉伯世界里,美国被描述为一个依仗军事力量无限扩张的“邪恶帝国”;而在美国文化里,阿拉伯世界则被描述为粗暴的、简单化的、种族主义的国家,属于低等的、恐怖主义盛行的非文明地区。

2.中国要适应文化全球化的发展趋势

我们认为,文化全球化并不是全球文化的趋于一致。有许多人把文化全球化与文化的完全同质化联系在一起,似乎全球化对文化影响的必然后果就是工业文化一统天下,其实这是一种误解。由于科技发展和文化交流日益频繁,文化全球化确实会带来全人类在某些价值领域比如基本人权、环境保护、动物伦理等方面的共识。这是十分必要的,也是人类发展到今天的文明象征,我们应该接纳。但是,人类各民族文化的多样性十分明显,文化全球化并不能囊括一切,文化多样性的发展可能更加适合人类的多维度生存。随着文化全球化的进一步发展,其负面作用也日趋明显。西方中心主义的强势文化全球泛滥,一些弱势文化逐渐泯灭,部分发达国家以文化霸权名义推行文化殖民用以攫取政治经济利益,大众文化、消费主义、工具合理性等肆意流行、践踏古老文明,等等等等,令人痛心疾首。所以,我们应该尽快适应文化全球化,积极利用其正面功能,警惕和抵制其消极影响。

3.开展多渠道多形式多层次的对外文化交流

当前,中国国家形象建设进入了一个新的关键阶段,“中国热”“中华文化热”在世界各国不断升温。如何开展多渠道多形式多层次的对外文化交流,推动中华文化走出去,从中国视角发出中国声音,对外树立和展示良好国家形象,已成为文化传播领域必须完成的迫在眉睫的重大战略任务。近年来,我国已同160多个国家和地区建立文化交流关系,同145个国家签订政府间文化合作协定和近800个年度文化交流执行计划,同120个国家建立1500对友好省州和友好城市关系,建成海外中国文化中心9个,为多方位的对外文化交流打下了坚实的物质基础。但是,我们也要看到,对外文化交流的认识和信心仍需提高,体制机制和途径手段有待创新,有些交流项目设计重复与缺失并存,有些交流活动缺乏针对性和实效性。

与美国等西方发达国家相比，我们的差距则更为明显。凭借其在国际格局中的大国地位，美欧国家把改造世界、领导世界作为战略目标，标榜其社会制度和政治价值观的普适性，不惜代价运用一切文化手段向全世界推广美欧价值观。比如美国好莱坞的电影制作公司、遍布欧美的世界一流大学以及无所不在的跨国公司等各类组织，在传播美国思想文化、价值观念、生活方式乃至政治制度方面的作用是难以估量的。即使充满中国元素的美国影片《功夫熊猫》，也只是在巧妙地运用中华元素来传递美国文化，并非是为中国文化作嫁衣裳。

美国影片《功夫熊猫》在中国内地票房高达6亿元

当然，我们也在不断地创新对外文化交流的渠道和载体，并且取得了不俗的成绩。比如加强海外中国文化中心和孔子学院建设，鼓励代表国家水平的各类学术团体、艺术机构在相应国际组织中发挥建设性作用，发挥非公有制文化企业、文化非营利机构在对外文化交流中的作用，支持海外侨胞积极开展中外人文交流、拓展新公共外交等。尤其是孔子学院和新公共外交，在传播中国文化和语言、在全球推动中国影响力方面取得了良好的效果。孔子学院是中外合作建立的非营利性教育机构，致力于适应世界各国(地区)人民对汉语学习的需要，增进世界各国(地区)人民对中国语言文化的了解，加强中国与世界各国教育文化交流合作，发展中国与外国的友好关系，促进世界多元文化发展，构建和谐世界。据统计，截至2014年10月，已在全球119个国家(地区)共建立472所孔子学院，在全球54个国家设立730个孔子课堂。其中，孔子学院亚洲32国(地区)102所，非洲29国42所，欧洲38国158所，美洲17国152所，大洋洲3国17所；孔子课堂亚洲14国58个，非洲8国11个，欧洲22国

孔子学院标志

178个，美洲7国424个，大洋洲3国59个。[①]新公共外交是一种主动的外交行为，将政府放在与公众平等的地位上，与传统外交相比，其特色是"以社会为中心"，注重发动普通民众与非政府组织、企业等行为体参与公共外交事务。也就是说，加强对外文化交流，向世界讲述中国梦，不一定非要以政府机构为主体，每个中国人都有其理想中的中国梦，也都在实现着自己的中国梦，他们都是中国国家形象的代言人和实证者。

二、媒体融合与国家形象塑造

如前文所述，大众传媒是塑造国家形象的重要手段和重要途径之一。现代传播体系的建设是一个系统的过程，传播话语能力的提高是一个长期的过程。媒体的发达程度在某种意义上直接决定着一个国家形象塑造的成败得失。因此，从国内形象到国外形象，从中央战略规划到部门具体实施，从传统媒体到新兴媒体，从传播内容到传播形式，从资金到人才，中国国家形象的塑造，一定要在媒体融合的大前提下进行。

1.媒体融合是当前我国传媒领域一场重大而深刻的变革[②]

传统媒体和新兴媒体的关系，在我国大致经历了三个阶段：一是传统媒体建设新兴媒体；二是传统媒体和新兴媒体互动发展；三是传统媒体和新兴媒体融合发展。在媒介融合时代，传统媒体的受众规模不断缩小，市场份额逐渐下降，越来越多的人通过新兴媒体获取信息。青年一代更是将互联网作为获取信息的主要途径，媒体格局已发生了根本变化。新兴媒体话题设置、影响舆论的能力日渐增强，大量社会热点在网上迅速生成、发酵、扩散，传统媒体的舆论引导能力面临挑战，舆论生态也发生了根本转变。互联网已经成为舆论斗争的主战场，直接关系国家意识形态安全和政权安全。

从传播技术的角度看，我国的媒体融合首先要利用大数据和云计算技术推进信息生产。大数据和云计算是当前具有代表性的两种新技术，我们既要掌握已有的海量的数据资源，把这些优势资源整合起来，建设和完善专业化、规模化、现代化的内容数据库，同时加强对各方面数据的收集整理，不断夯实融合发展的信息资源基础，又要加强数据信息生产，充分挖掘大数据背后潜藏的信息价值，拓宽信息来源，丰富信息内容，为国内外用户提供高质量的信息产品。其次，要充分利用移动互联网技术实现弯道超

① 《孔子学院/课堂·关于孔子学院/课堂》，孔子学院总部/国家汉办主页，http://www.hanban.edu.cn/confuciousinstitutes/node_10961.htm。

② 刘奇葆：《加快推动传统媒体和新兴媒体融合发展》，载《人民日报》2014年4月23日。

车。就移动互联网布局而言，各国起步的时间、相互的差距并不大，如果我们在移动互联网上多下功夫，就很可能实现弯道超车，扩大在移动终端的覆盖面和影响力。最后，要学会利用微博、微信等技术来拓宽社会化传播渠道。互联网社交类应用日益普及，社交网站已成为互联网新业务的服务入口和用户来源。我们要密切关注并有选择地发展社交类应用和技术，促进社交平台与信息传播平台有效对接，增强平台黏性，集聚更多的忠实用户。

从传播内容的角度看，现阶段的媒体融合首先是要在品质上追求专业权威。传统媒体在信息采集核实、分析解读等方面，有着新兴媒体无法比拟的优势。要通过融合发展，最大限度地把这个优势发挥出来，延伸和拓展到新兴媒体。其次是要在传播上注重快捷精简。新兴媒体传播的一个重要特点就是微传播，各种微内容、微信息高速流动、跨平台流动，用户随时随地能够获取信息。再次是要在服务上注重分众化、互动化。现在，一般化的信息不再是稀缺资源，人们的个性化需求越来越多，倒逼内容生产必须在特色化、分众化上下功夫。我们既要提供共性信息产品，也要加强个性化信息生产。最后是要在展示上实现多媒体化。在新媒体环境下进行信息生产，必须采取多媒体化的展示方式，以多样化的展示、多介质的推送，使我们的信息传播动起来、活起来。我们要综合运用图文、图表、动漫、音视频等多种形式，实现内容产品从可读到可视、从静态到动态、从一维到多维的升级融合，满足多终端传播和多种体验的需求。

2.传统媒体和新兴媒体融合塑造国家形象

中国国家形象应该是什么样的？有研究者给出了明晰而详尽的界定：繁荣发展进步、改革创新进取、民主法治公正、文明开放现代、和平和谐稳定、谦虚包容自信、团结友爱自强、合作共赢负责。[①]我们认为，此番描述既是中国国家形象的建设目标，也是在媒体融合背景下传统媒体和新兴媒体要共同完成的传播任务。

要完成如此艰巨的任务，不仅仅需要传统媒体和新兴媒体各自发力、精准配合，更重要的是传统媒体和新兴媒体要转变观念、立体出击，积极构建国际传播新秩序，扩大中国媒体整体影响力。仅就媒体报道议题的设计而言，我们就不能简单地别人出招、我们接招，跟在别人后面去争辩，而是要根据我国的媒体水平和国际传播的具体要求，传统媒体和新兴媒体主动引导，突出具有人类共同兴趣的信息和新闻。比如环境生态问题、社会治

① 王晨：《抓住难得历史机遇　塑造良好国家形象》，载《人民日报》2010年6月1日。

安问题、卫生保健问题、人口老龄化问题、贫富分化问题、妇女与儿童问题等,都是一些全球共同面临的问题,很容易引起受众的兴趣。在此类议题中融入“中国坚持走和平发展道路”“构建和谐世界”“和平与发展是世界的主题”“和平统一、一国两制”等元素,既可以淡化“宣传痕迹”,还能引起世界的共鸣,又何愁中国国家形象难以塑造呢!

由此来看,中国国家形象宣传片的推出是一个优秀的媒介融合案例。2011年1月17日在美国纽约时代广场电子显示屏首次播出的《人物篇》有两个版本:一个是30秒的版本,一个是1分钟的版本,主要是出于不同播放载体的需要。片中,约50人的中国科技界、体育界、金融界、思想界、企业界等领域名人,以一组组的群像出现,体现了中国的文化品位,诠释了中国的现代形象。17分钟的长片《角度篇》于2011年1月23日在网络上正式亮相,全片分为“开放而有自信”“增长而能持续”“发展而能共享”“多元而能共荣”等8个篇章,共有800多个画面。拍摄地点遍及神州大地,北京天安门、人民大会堂、钟鼓楼、水立方、鸟巢,上海东方明珠、外滩、世博会,广州亚运会,成都大熊猫、宽窄巷子,西安兵马俑、碑林,拉萨布达拉宫,农民工子弟学校等均囊括其中。表达主题精彩多样,跨越政治、经济、社会、文化、科研、教育、环境、民族等多个领域。《人物篇》从首播当日开始,每小时播放15次,从每天上午6时至次日凌晨2时播放20小时共300次,一直播放至2011年2月14日,共计播放8400次。同时,从2011年1月17日起,分时段在美国有线电视新闻网(CNN)播放。《角度篇》限于时长,主要在中国驻外使、领馆以及在具有外交性质的酒会、茶会上循环播放。值得一提的是,中国国家形象宣传片也同时在各大门户网站、视频网址推出,各类搜索引擎

中国国家形象宣传片在纽约时代广场大型电子屏播放

输入关键字就可以随时点击观看。通过众多的跨媒体、跨区域、跨层次的媒体融合网络，宣传片多角度、全景式地展现了我国的改革开放成就，传递了以价值观、道德观和发展观为核心的中国精神，成功地塑造了中国国家形象。

3.国家形象媒体传播的四大原则

来自英国杜伦大学的人类学专家依艾恩·埃德加（Dr. Iain Edgar）主要研究梦境和形象塑造以及它们在文化、政治、教育和身份认同当中的关系。在考察大量形象塑造案例与方法的基础上，他提出了在形象塑造过程中必须注意的四个基本传播原则：差异性原则、情感性原则、简洁性原则和重复性原则，对我们有很大启发。[①]

所谓差异性原则，就是要求传播的信息与众不同，这样才能够有效地吸引公众眼球。在国家形象的塑造过程中，只有发掘出不同寻常的传播内容或传播角度，信息的传播价值才会无限扩大，信息关注度才会提高。比如我们从中国传统文化出发，提出的"和谐发展"概念，就迥异于美国的"全面霸权"策略、日本的"经济渗透"做法和俄罗斯的"军事强国"战略，代表了中国"和平崛起"的国家形象。

所谓情感性原则，就是要求传播的信息富有情感。国际传播中，公众对那些平淡乏味的信息和事件往往不感兴趣，他们最喜欢的是那些能够使其产生情感共鸣的信息和事件。塑造国家形象主要在于争取人心，事实本身是重要的，但更重要的是如何表达，要晓之以理、动之以情。比如北京奥运会开幕式，全球有亿万受众在收听收看直播节目，我们既向世人展示了震撼人心的烟花效果，也向世人展示了场面宏大的艺术盛宴，效果不可谓不佳。但是，真正打动人心的却是一个叫林妙可的小女孩用稚嫩的童声演绎的《歌唱祖国》，全世界由此感受到了中国的真诚。

所谓简洁性原则，就是要求传播的信息平实可信。一方面，信息内容要简洁，不能追求面面俱到，要把那些不着边际、不切主题的内容彻底舍弃，突出重点；另一方面，信息形式要简洁，不能添油加醋，要精心设计，给那些枝枝蔓蔓"减肥"，做到心无旁骛。比如中国文化，典籍浩繁，精神博大，如何向世界传递其中的精华，又怎样选择认知度高、典型性强的符号呢？"孔子学院"应运而生，这是一个简而又简的叫法，也是一个极具传播力的符号。

所谓重复性原则，就是要求传播的信息始终如一。传播实践证明，最

① 转引自吴友富：《中国国家形象的塑造和传播》，复旦大学出版社2009年，第148-150页。

能产生传播效果的并不是那些随时随地涌现的新思想和新观点，而是那些在不同的阶段和不同的场合始终如一、反复言说、不断强调的同一原则、同一观点或同一想法。比如我国外交政策一贯坚持的“和平共处五项原则”（相互尊重主权和领土完整、互不侵犯、互不干涉内政、平等互利、和平共处），自1953年周恩来总理提出之后，历届中央领导人和中央政府在不同的外交场合始终坚持，反复陈述，如今已经成为发展中国家处理国际事务的普遍准则，同时也成为中国国家形象的象征符号。

当然，在形象塑造过程中要求我们遵循这样那样的原则，并非是刻板地去克隆一些成功案例，也不是谨小慎微地去适应一些条条框框，而是要求我们灵活地把握时机、辩证地处理关系、熟练地运用技巧，向世界展示一个有梦想的中国。我们要切记，国家形象与中国梦是紧密联系在一起的，二者之间互为表里，相辅相成。一方面，良好的国家形象是中国梦的重要组成部分。通过文化传播，不仅可以增进国际社会对中国国家形象的了解，而且还可以消除或减弱国际社会对中国的种种误读。国际社会理解中国的新维度，就是对外阐释中国梦的新向度。另一方面，中国梦又是中国国家形象的有力支撑。顺应国际潮流，使用恰当的话语解释中国梦，有助于向世界说明中国，有助于塑造更加具体、更加具有吸引力的中国形象，为中国国家形象平添更多的人文精神内涵。

第八章　中国梦的世界意义

第一节　中国梦的特殊性

人生如船，梦想是帆，每个人都有理想和追求，都有自己的梦想。梦想是激励人们发奋前行的精神动力。当一种梦想能够将整个民族的期盼与追求凝聚起来时，这种梦想就有了反映全民族共同愿景的深刻内涵，因而具有能够动员全民族为之坚毅持守、慷慨趋赴的强大感召力。国家或民族的集体梦想是对其自身生存意义与生存方式的宏大叙事与伟大构想，体现并反映着特定时空情境下的文明体系或文明模式，因此是一个国家和民族前行奋进的灯塔。

综观各国发展历史可以得知，迄今为止，仅有为数不多的几个国家提出了国家梦想，主要有中国和美国这样的大国，以及欧盟这样的国家综合体，它们分别被冠以“中国梦”“美国梦”和“欧洲梦”。究其原因，国家梦的提出必须以强大综合国力为基础，唯有命运完全掌控在自己手中的国家，有足够的时间和空间去想象，有充分自信和超强实力去实现，才能提出构建自己宏伟蓝图的宏大国家梦想。虽然中国梦的明确提出晚于美国梦和欧洲梦，但其是中国共产党领导中国人民在不断开拓中国特色社会主义道路进程中提出的富有时代特色的国家梦想，因而具有本质上区别于美国梦和欧洲梦等主流国族梦的显著自身特征。

一、美国梦及其特征

美国历史学家詹姆斯·特拉斯洛·亚当斯于1931年在《美国史诗》(*The Epic of America*)一书中写道：“让我们所有阶层的公民过上更好、更富裕和更幸福的生活的美国梦，这是我们迄今为止为世界的思想和福利做出的最伟大的贡献。”[①]“美国梦”一词从此诞生，亚当斯堪称是提出“美国梦”概念的第一人。他同时指出：“美国梦远远超过物质范畴，美国梦就是让个人才

①〔美〕乔恩·米查：《“美国梦”的升起和陨落》，《时代周刊》2012年7月2日。

能得到充分发展，实现自我。”“美国梦不是汽车，也不是高工资，而是一种社会秩序，在这种秩序下，所有男人和女人都能实现依据自身素质所能取得的最大成就，并得到社会的承认，而与他（她）的出身、社会背景和社会地位无关。”[①]自此，美国梦逐渐流行开来，它成为风行美国各阶层的一个理想象征，也是许多为个人梦想而奋斗的美国人的精神支柱。

詹姆斯·特拉斯洛·亚当斯著《美国史诗》，该书首次提到“美国梦”这一概念

事实上，美国梦的历史可以追溯到美洲殖民地的创建初期。1620年9月16日，满载102位英国清教徒的“五月花号”从英国普利茅斯起航前往北美创建殖民地，于当年11月11日“五月花号”行至今天美国马萨诸塞州普罗文斯敦时抛锚，船上的清教徒主持制定了《“五月花号”公约》（*The Mayflower Compact*）并经41名成年男子在公约上签字，最终于12月21日抵达到殖民定居点——今天美国马萨诸塞州的普利茅斯。这批殖民者依据《“五月花号”公约》组建“公民自治体”，公约规定：“为了更好地管理、维护和发展这个自治体，将来，为公共利益随时制定和履行的公正的法律、法令和行政，我们都保证遵守和服从。”[②]《“五月花号”公约》的伟大意义在于它奠定了美国法治的基础，勾勒出了美国立法的总体框架。这一公约约定在

“五月花号”船

① 刘军：《美国如何延续美国梦》，载《中国新闻周刊》2013年第23期。

② 李林峰、李桂芳：《“美国梦”对“中国梦”的启示》，载《商》2013年第20期。

北美建设一个法治而不是人治的社会制度，根据大多数人民的意志而不是少数统治者或强权的意志来管理社会。《“五月花号”公约》对人类文明的贡献比肩于1215年英国的《大宪章》和1789年法国的《人权宣言》。

正是基于这种自由平等权利追求的理念，13个美洲殖民地联合起来摆脱了英国的殖民统治，建立了美利坚合众国，并在1776年制定的美国《独立宣言》中明确写道：“人人生而平等，造物者赋予他们若干不可剥夺的权利，其中包括生命权、自由权和追求幸福的权利。”

美国学者普遍认为，《独立宣言》是美国梦的根基，自由女神像是美国梦的象征。《独立宣言》之后制定的美国宪法等各种法律为美国梦提供了法治保障。法治确保每个人都有机会实现自己的梦想，一个国家如果没有好的制度，再好的个人梦想也难以实现。

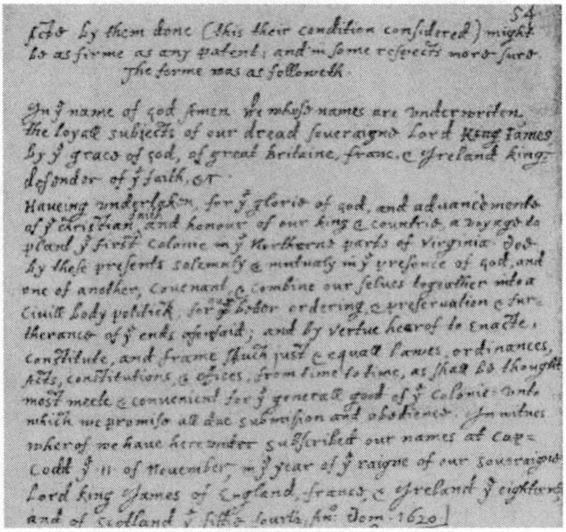
54
fect by them done (this their condition considered) might
be as firme as any patent; and in some respects more sure.
The forme was as followeth.

In ye name of God Amen. We whose names are underwriten,
the loyall subjects of our dread soveraigne Lord King James
by ye grace of God, of great Britaine, franc, & Ireland king,
defender of ye faith, &c.
Haveing undertaken, for ye glorie of God, and advancemente
of ye christian faith, and honour of our king & countrie, a voyage to
plant ye first colonie in ye Northerne parts of Virginia. Doe
by these presents solemnly & mutualy in ye presence of God, and
one of another, covenant & combine our selves togeather into a
civill body politick, for our better ordering, & preservation & fur-
therance of ye ends aforesaid; and by vertue hearof to enacte,
constitute, and frame shuch just & equall lawes, ordinances,
acts, constitutions, & offices, from time to time, as shall be thought
most meete & convenient for ye generall good of ye Colonie: unto
which we promise all due submission and obedience. In witnes
wherof we have hereunder subscribed our names at Cap-
Codd ye 11 of November, in ye year of ye raigne of our soveraigne
Lord king James of England, france, & Ireland ye eighteenth
and of Scotland ye fiftie fourth. Ano: Dom. 1620.

《“五月花号”公约》原稿节选

在美国历史进程中，包括本杰明·富兰克林、马克·吐温等在内的无数政治家、社会活动家、作家均使用过“美国梦”这个字眼。例如，美国作家托马斯·沃尔夫对美国梦做出这样的解释：“任何人，不管他出身如何，也不管他有什么样的社会地位，更不管他有何种得天独厚的机遇，……他有权生存、有权工作、有权活出自我、有权依自身先天和后天条件成为自己想成为的人。”[①]此外，美国现任总统贝拉克·侯赛因·奥巴马在2008年总统竞选时，其个人畅销书《无畏的希望：重申美国梦》感召了众多美国人，为他赢得了不少选票。奥巴马这位跟随母亲长大的非洲裔平民百姓，通过个人努力登上美国权力顶峰的个案，成为诠释美国梦追求个人成功的典型例证。

美国梦代表着最大化的个人自由、最先进的物质进步和最平等的成功机会，其特征可以概括为：“民主、自由、人权。”其中，“民主”是一种政治制度，它是美国梦的土壤和实现保障，没有好的制度保障，任何美好的梦想都

①〔美〕唐纳德·L. 巴利特、詹姆斯·B. 斯蒂尔：《被出卖的美国梦》，陈方仁译，上海世纪格致出版社2013年，第12页。

难以实现；“自由”是美国梦的实现方式，体现着美国梦对公民个体的尊重以及“以人为本”的治国理念，每个人可以有自己的梦想，可以用自己喜欢的方式实现自己的梦想；“人权”是美国梦的核心内容，它包括生存权、受教育权、工作权、自由迁徙权、选举权和被选举权以及批评政府和追求幸福的权利等。

自由女神像

美国梦的思想根基是西方17、18世纪以来启蒙思想所倡导的人的自由与理性的理念，而美国的政治体制直接来源于洛克、孟德斯鸠等人的三权分立理论。然而，这样一种极力强调个体自由与理性的美国梦理念却不像梦想一样完美，在1776年美国宣布独立后的百余年时间里一直没有真正实现种族性别的平等权利。美国直到1865年才废除奴隶制，1870年才明确赋予黑人男子投票权，1920年才规定各州不得剥夺妇女的选举权。1963年8月28日，美国著名黑人民权活动家马丁·路德·金在华盛顿林肯纪念堂发表著名演讲《我有一个梦想》时道出了美国梦的真谛：美国梦就在宪法里，实现美国梦就是实施宪法，如果制定了宪法不实施，那就亵渎了宪法的尊严，那就相当于给人民开出一张“空头支票”，任何梦想都是“黄粱美梦”。实际上，美国梦对个体选择的充分尊重反而造成了事实上的单一社会价值观，即对个体成功尤其是财富上成功的追求虽然以“平等”作为出发条件，但却以人与人之间的贫富分化而告终。此外，除了美国国内的财富分布，这种追求个体成功而不注重平等的美国梦也体现在美国在国际社会中的定位上：在对外关系中，美国一直致力于建立“美国治理下的世界和平”的国际秩序，在追求本国成功的同时却将发展成本大量转移到了其他国家和地区。

总之，美国梦就是以“最大自由去挣最多的钱”[①]，它强调物质财富的积

① 乐黛云：《美国梦、欧洲梦、中国梦》，载《社会科学》2007年第9期。

累和个人的成功。虽然美国梦目前依旧颇具影响力，但这种曾经一度被美国各阶层民众追求和世界所钦羡的理想，已经开始褪色并且暴露出诸多破绽，例如因过度关注个人的物质获取而无法适应一个日益风险化、多样化和互相依靠的世界。

二、欧洲梦及其特征

与美国类似，20世纪之前的欧洲也极力推崇对个体自由和理性的追求，并建立了庞大的现代西方文明体系。西方文明的理念包括：人的尊严、人格、人的价值、人的意义、爱、公正、公平、正义、人权观念、人道观念、民主观念、自由观念、平等观念，等等。现代西方民主社会的基本公设就是“天赋人权”。美国国父富兰克林的名言“民主就是两只狼和一只羊投票决定午饭吃什么，而自由就是一只武装的羊反对这次投票”[①]，其含义是指：民主的弊端是多数暴政，亦即多数人以众暴寡，而自由就是防止它发生的武器；每个社会成员都有同等的不可剥夺的基本权利，包括生存、自由与追求幸福等，这些权利称为“自然权利”，是造物主赐予的，多数人无权通过表决的方式剥夺之，如果这种事发生了，则少数人有权使用武器捍卫自己的权利。这就是现代民主理论的柱石，它不但预防了多数暴政的发生，而且阐明了“平等”的内容，它不是中式的“等贵贱，均贫富”，而是基本权利的平等，具体来说就是每个人都享有同等的改善个人财富与地位的机会。只有做到这点，就是实现了社会公平正义。

然而，与本土置身于战争之外的美国不同，在经历了两次以欧洲为主要战场的世界大战之后，欧洲各国遭遇了巨大物质损失和严重精神创伤，这促使欧洲对西方文明进行普遍反思和深刻反省，从而形成了一种有着自身显著特色的关于理想生活的观念。社会思想家杰里米·里夫金将欧洲人的这种不同于美国梦的发展梦想命名为“欧洲梦”。至此，“欧洲梦”这一概念诞生并逐步进入人们的视野。

里夫金认为，同注重个人财富积累、国家经济增长和独立自主倾向的美国梦相比，欧洲梦则更加关注个人的生活质量、可持续发展与相互依存。他同时认为，欧洲人工作是为了生活，而非生活是为了工作。因此，这样一种欧洲梦“具备一切正确的特征”，能够超越现代性与后现代性，“能够呼唤人们进入一个更具包容性、多样性、生活质量、深度游戏、可持续性、普遍人权、自然权利和全球和平的新纪元”。[②]

① 富兰克林：《什么是真正的民主》，http://club.china.com。

② 乐黛云：《美国梦、欧洲梦、中国梦》，载《社会科学》2007年第9期。

《欧洲梦:21世纪人类发展的新梦想》(左图)

及其作者杰里米·里夫金(右图),该书提出了"欧洲梦"

欧洲梦注重个人生活质量、可持续发展与相互依存有其深刻的历史原因和时代背景。这是因为,在经历二战期间侵略者的摧残后,欧洲国家的经济和文化遭到严重破坏,战争伤亡不计其数,使得欧洲各国人民更加期冀更好的生活方式和更高的生活品质。因此,英国在战后建立了包括养老、医疗等在内的全方位福利制度,整个福利体系的复杂程序远超美国,其原因是英国在战争中受到的创伤比美国严重得多。其他欧洲国家也一样,有的曾被纳粹长期占领,需要和平稳定的环境休养生息、修复创伤。虽然这并未被明确赋予欧洲梦这一名称,但它们的确是战后欧洲人民的梦想。欧洲国家普遍实行的福利国家政策,在10多年前还备受推崇,但2008年爆发的国际金融危机使其赞誉声渐渐消失。为缓解金融危机影响,爱尔兰、葡萄牙和西班牙等欧洲多国,大幅削减了政府的社会福利支出,而且高失业率再次笼罩欧洲。一些欧元区国家陷入主权债务危机,甚至危及欧元在欧洲国家的中心地位。

欧洲梦的追求目标是更高的生活品质,但其更加重视人的精神需求和精神自由。与仅用单一财富作为衡量标准的物质需求不同,不同个体的精神需求具有显著的多元化特点,因此要求社会价值观的多元化,对于不同的价值观与文化给予足够的包容。此外,欧洲梦也特别强调生态友好,对社会发展中的生态问题给予了极大关注,反对一切以破坏自然为代价的发展方式,将发展中的生态价值放在极高的位置。由于全球生态问题的日益严重以及全球范围内对生态问题关注的增强,在生态问题上抢先一步的生态主义使得欧洲在这一领域再次扮演了全球先行者的角色，生态主义甚至已经演化成为欧洲的一种意识形态。

然而，欧洲梦本质上并不是一种全新的文明模式，更大程度上是对传统发展模式的反思，因此看起来足够美好的欧洲梦也难以得到有效的实现。这是因为，欧洲梦产生的基础之一是美国有效治理下的世界秩序，在这一秩序中，欧洲并未处在完全意义上的中心位置，而仅仅是在相对有利的位置；此外，欧洲梦的产生基于欧洲已经取得的发展成果和已经完成了的现代化任务，使得欧洲在很大程度上并不关心基本的发展问题。这两方面的基础因素，使得欧洲能够专心营造具有足够美好价值的欧洲梦，却无力提供有效的全球治理与发展的模式。因此，这种主要建立在反思基础上的“梦想”，是西方文明模式在产生美国梦之后的衍生物，因而也很难成为世界在新的历史发展阶段的普遍梦想。因此，欧洲梦似乎比人们预想的脆弱得多。

三、中国梦的特殊性

2012年11月29日，习近平同志在带领新一届中央领导集体参观中国国家博物馆《复兴之路》展览现场时指出：“实现中华民族伟大复兴，就是中华民族近代以来最伟大的梦想。”“中国梦”这一概念的时代解读，其既饱含着对近代以来中国历史的深刻洞悉，同时彰显了全国各族人民的共同愿望和宏伟愿景，为党带领人民开创未来指明了前进方向。中国梦深刻道出了中国近代以来历史发展的主题主线，深情描绘了近代以来中华民族生生不息、不断求索、不懈奋斗的历史。在第十二届全国人民代表大会闭幕会上，习近平同志又从根本目标、基本特征、实现途径等几个方面更加详细地阐述了中国梦。中国梦内涵丰富、意义深远，涉及历史、政治、经济、社会、文化、党建、生态环境、民族关系和国际关系等诸多方面，中国梦有着区别于其他国家梦的显著特征。

1.中国梦的本质和基本内涵是“国家富强、民族振兴、人民幸福”

中国梦的本质和基本内涵就是“国家富强、民族振兴、人民幸福”。中国梦把“国家富强”放在第一要位，这是因为国家富强是人民安居乐业的前提和保障，唯有国家

2014年APEC峰会会址——日出东方凯宾斯基酒店

的富庶强大才有人民的幸福安康。近代以来,中华民族曾经饱受欺凌,山河破碎、民生凋敝,沉痛的历史记忆时刻警示每一位中华儿女勿忘国耻、振兴中华。一百年间,中华民族怀揣实现国家富强的伟大梦想,经历了血与火的重重磨难和保守与进步的艰难较量。辛亥革命推翻封建君主专制;八年抗战抗击外侮重整河山;1949年建立新中国,走向社会主义;1978年实施改革开放战略,建设富裕国家。中国梦包含了中国人民几千年来经过奋斗积累的灿烂文明。毫无疑问,建设富强的大国是我们的梦想,是中华民族未来的必然走向。

从地理位置上讲,中国自古以来面临复杂的周边环境,历史上与周边国家的征战从未停息,有着几次被其他民族征服蹂躏的历史。美国具有三面环海、易守难攻的地理优势,历史上从未受到来自其他国家的侵略征服,所以他们一直没有国家安全之忧,人民可以专心做自己发财致富的梦。虽然欧洲经历过与中国类似的痛苦历史,但欧洲梦优先关注个人,即所谓的“强调生活质量而不是财富积累”。从世界经济发展史来看,几乎每一个大国的崛起和强盛与“产业革命”和新兴产业的发展相伴,例如18世纪60年代以蒸汽机为主要标志的第一次工业革命使英国成为世界上第一个工业化国家,也使整个19世纪成为“英国的世纪”;19世纪70年代发生的第二次工业革命,推动了美、德、日等新兴国家的崛起,它们都后来居上超越了英国。

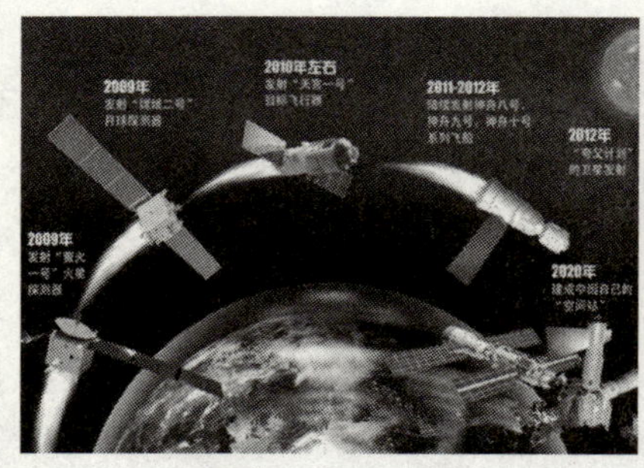

中国载人航天发展史

以“民族复兴”为核心的中国梦

中国梦强调“民族复兴”,中国是一个有着五千年悠久历史的文明古国,长期以来,中华文明以其独有的特色和辉煌走在了世界文明发展的前列,为世界文明进步做出过巨大贡献。公元15世纪以前,当西方还处于黑暗的中世纪时,我们的祖先就创造了空前的经济繁荣和辉煌的科学文化,除了令世人瞩目的四大发明外,汉唐气象、丝绸之路、郑和下西洋等无数奇迹使中华民族的文明历史影响世界。英国学者安格斯麦狄森在《世界经济千年史》一书中曾推测,中国从公元1000年开始,国内生产总值一直占到全世界的1/5以上；美国学者罗伯特·坦普尔在《中国，文明的国度》一书中写道："如果诺贝尔奖在中国的古代已经设立，各项奖金的得主，就会毫无争议地全都属于中国人。"[①]另据相关统计得知，公元6世纪到17世纪初期，中国在世界重大科技成果中的比重一直在54%以上，而19世纪则剧降为0.4%。然而，长达两千多年的封建历史，在孕育中华民族灿烂文化的同时，也封闭和禁锢了人们的思想，阻碍了科学技术前进的脚步，成为中华文明发展创新的羁绊和枷锁，使我们丧失了一次又一次的发展机遇。近代以来，中国的仁人志士为探究梦想、为梦想奋斗的精神，始终贯穿在民族发展的进程中。当历史将复兴的机遇摆在当代中国人面前的时候，习近平同志提出了"中国梦"的伟大理想。实现中华民族的伟大复兴，扩大中华民族为人类做出贡献的份额，跻身于世界先进民族行列，这是中国梦的要义，蕴含了中华民族积久的历史愿望，也是中华民族的伟大畅想。在新的历史背景下，中国梦的本质是走出一条适合中国国情的发展道路，通过实现中华民族的伟大复兴，让一个能彰显五千年灿烂文化、能传承五千年悠久文明、能把自己的价值观与世界共享、能用自己的软实力促进世界共荣共进的民族屹立于世界的东方。

与有着悠久历史的中国相比，美国仅有两三百年的历史，自建国起就一直靠利用其他国家的资源和人才逐渐变成一个超级大国，所以它的梦是把现实延续下去，不让挑战它的力量出现，一直可以做自己的美梦。欧洲梦本质上并不是一种全新的文明模式，更大程度上是对传统发展模式的反思，因为欧洲梦产生的基础之一是美国有效治理下的世界秩序，在这一秩序中，欧洲并未处在完全意义上的中心位置，而仅仅是在相对有利的位置；此外，欧洲梦的产生基于欧洲已经取得的发展成果和已经完成了的现代化任务，使得欧洲在很大程度上并不关心基本的发展问题。这两方面的基础因素，使得欧洲能够专心营造具有足够美好价值的欧洲梦，却无力提供有效的全球治理与发展的模式。因此，这种主要建立在反思基础上的"梦想"，是西方文明模式在产生美国梦之后的衍生物，因而也很难成为世界在新的历史发展阶段的普遍梦想。

中国梦注重"人民幸福"，习近平同志指出："中国梦是国家的、民族的，也是每一个中国人的"，"中国梦归根到底是人民的梦"，"国家好、民族好，大家才会好"[②]。这些重要论述，深刻阐释了中国梦的本质和丰富内涵，阐释了国家、民族、个人三者在实现中国梦中相互依赖、相互依存的辩证统一

① 张胜友：《沉睡的民族已醒来》，载《人民日报》2014年10月16日。

② 辛鸣：《中国梦归根到底是人民的梦》，载《人民日报》2013年6月26日。

关系，凸显了以人为本、家国天下的情怀。习近平同志特别指出，我们的人民，“期盼有更好的教育、更稳定的工作、更满意的收入、更可靠的社会保障、更高水平的医疗卫生服务、更舒适的居住条件、更优美的环境，期盼孩子们能成长得更好、工作得更好、生活得更好”。[①]这些都是人民群众一个个具体的、实实在在的梦想。中国梦是追求幸福的梦，在当今改革开放放飞梦想的时代，有梦想、有机会、有奋斗，一切都有可能，一切美好的东西都能创造出来。人民群众是实现中国梦的主体，是中国梦的创造者、追求者、享有者，中国梦必须紧紧依靠人民群众来实现，必须不断为人民群众造福和带来利益。实现中华民族伟大复兴，是宏大的事业、艰巨的任务，不是哪一个人、哪一部分人的梦想，而是中华民族和全体中国人民共同的追求。中国梦的实现，不是成就哪一个人、哪一部分人，而是将造福中华民族和全体中国人民。因此，中国梦的深厚源泉在于人民，中国梦的根本归宿也在于人民。

中国梦追求的是建立在国家富强、民族复兴、人民幸福基础之上的个人价值的实现。在社会转型分化的背景下，每个人都有自己的梦想，每个阶层、群体也都有自己的梦想。中国梦把不同阶层、不同群体的梦想汇聚成了一个共同的追求、共同的愿景，在不同中寻找和呵护共同，在共同中尊重和保护差异。13亿人的愿望就是我们国家民族的愿望，13亿人的幸福就是国家民族的幸福，个人的梦想是共同理想的具体表现和组成部分。中国梦的核心就是使整体的价值都得以实现，是通过全体中华儿女的共同奋斗实现中华民族共同的理想。中国梦既是一个时代历史任务的体现，也是社会发展目标的体现，同时也是个人自我价值的体现。人民在不同的历史时期需求不同、愿望不同，这就决定了中国梦是动态发展的，这就要求我们凝聚共识，开拓创新，共同努力，创造幸福，实现梦想。美国梦无条件地肯定了个人自由和个人成功，于是一切妨害个人自由的事或人就都是敌人。美国梦对个体选择的尊重反而造成了单一的社会价值观，即对个体成功尤其是财富上成功的追求虽然以“平等”作为出发条件，但却以人与人之间的贫富分化而告终。里夫金在《欧洲梦》中认为欧洲梦则是一个与时俱进的新梦，是一个“新的历史框架”，它“终结了一种历史，但它又预告了另一种历史”。[②]他相信美国梦将会被未来证明是错误的，它不是有品位的好生活，而是昂贵的坏生活。特别值得一提的是，欧洲人和美国人互相觉得对方的理想是“老的”，但说的不是同一件事情，美国的“新”表现在技术和物

① 辛鸣：《中国梦归根到底是人民的梦》，载《人民日报》2013年6月26日。

② 赵汀阳：《欧洲梦PK美国梦》，载《新京报》2006年8月11日。

质的新，而欧洲认为的“新”却主要是指在政治和伦理观念上的新，欧洲人相信他们发展的欧盟政治体系在政治、伦理思想上更先进，更适合全球化的未来。

2.实现中国梦必须毫不动摇坚持中国特色社会主义道路

习近平同志明确指出，实现中国梦必须走中国道路，必须弘扬中国精神，必须凝聚中国力量。这三个“必须”，把道路、精神、力量契合到一起，成为我们党团结带领人民实现中国梦的基本遵循。

中国特色社会主义道路是实现中国梦的政治前提和基本条件，是我们前进的方向和路径选择。历史事实表明，道路决定命运。没有正确的道路，再美好的愿景、再伟大的梦想，都不能实现。中国的历史文化、历史命运、历史条件决定了中国人民必须在自己选择的道路上实现自己的梦想。我们选择的中国特色社会主义道路来之不易。无数事实证明，封闭僵化的老路是一条死路，改旗易帜的邪路是一条绝路，而中国特色社会主义道路则是一条光明的、通向未来的新路，代表了当代中国发展进步的根本方向，是实现中国梦的必由之路。在今后的征程上，我们要大胆探索，不断实践，继续奋力开拓和走好这条路。中国精神就是以爱国主义为核心的民族精神和以改革创新为核心的时代精神，是实现中国梦的精神动力、思想保障和文化支持。民无魂不立，国无魂不强。实现中国梦，要求我们不仅在物质上要强大起来，而且在精神上也要强大起来。以爱国主义为核心的民族精神和以改革创新为核心的时代精神，就是中华民族的振兴之魂，就是我们国家的强国之魄。爱国主义始终是把中华民族坚强团结在一起的精神力量，改革创新始终是鞭策我们在改革开放中与时俱进的精神力量。过去，我们的国家和民族，靠顽强拼搏和自强不息的奋斗精神，从积贫积弱一步步走到今天的发展繁荣。在今后的征程中，我们要奋力前行，开创新的局面，必须继续大力弘扬中国精神，振奋起全民族的“精气神”来。中国力量就是全国各族人民大团结的力量，是实现中国梦的不竭动力、力量源泉和根基血脉。人民是历史的创造者和改革开放事业的实践主体，各族人民大团结的力量，是党克服各种困难、战胜风险挑战的决定性因素。中国梦是中国人民的梦，每一个中国人都具有追求梦想的权利。正如习近平同志指出的那样：“生活在我们伟大祖国和伟大时代的中国人民，共同享有人生出彩的机会，共同享有梦想成真的机会，共同享有同祖国和时代一起成长与进步的机会。”[①]人民大众的力量是无穷的，只要我们紧密团结、万众一

① 范子军：《习近平提“人民共同享有人生出彩的机会”鼓舞人心》，人民网2013年3月17日。

心，为实现共同梦想而奋斗，实现梦想的力量就无比强大，我们每个人为实现自己梦想的努力就拥有广阔的空间。

然而，欧美文化则强调的是个人主义，追求的是个人的自由和快乐。美国梦特别强调，不管出身、不论阶级，每个人具有同等靠自己的能力和成就而获得成功的机会。对那些阶级分明的欧洲小国的人，美国梦具有极大的吸引力，能够诱惑他们、鼓励他们来美国冒险。历史上，美国曾多次利用其他民族的人民来发展自己的国家，例如，早期从非洲引进大量黑人搞种植，19世纪利用中国劳力修铁路，现在又大量吸收墨西哥人和东欧人从事各种体力工作，很多白人成了整天打高尔夫享清福的有闲阶级。然而，中国是一个具有13亿人的大国，不可能靠大量引进外来人才发展自己，所以习近平同志才强调“实现中国梦必须走中国道路”，“实现中国梦必须弘扬中国精神”，“实现中国梦必须凝聚中国力量”。[①]然而美国自建国起就走的是一条务实的道路，就是简单追求个人富裕幸福，所以个人成功的合力构成了国家的强大。中国人可以办大事，但首先要统一意识。“今天，我们的人民共和国正以昂扬的姿态屹立在世界东方”[②]，习近平同志的这句话掷地有声。没有这种历史痛的国家是很难理解中国人的这种渴望的。美国就没有这种痛，所以它也不会做这种梦，因而，美国梦强调的是个人的富裕、成功和社会地位的提高。

3.中国梦不仅要“独善其身”而且要“兼济天下”

中国梦是和平、发展、合作、共赢的梦。习近平同志在十八届中央政治局第三次集体学习时指出，我们的和平发展道路来之不易，是新中国成立以来特别是改革开放以来，我们党经过艰辛探索和不断实践逐步形成的。我们党始终高举和平的旗帜，从来没有动摇过。在长期实践中，我们提出和坚持了和平共处五项原则，确立和奉行了独立自主的和平外交政策，向世界做出了永远不称霸、永远不搞扩张的庄严承诺，强调中国始终是维护世界和平的坚定力量。这些我们必须始终不渝坚持下去，永远不能动摇。中国一贯坚持走和平发展道路，但决不能放弃我们的正当权益，决不能牺牲国家核心利益。任何外国不要指望我们会拿自己的核心利益做交易，不要指望我们会吞下损害我国主权、安全、发展利益的苦果。中国走和平发展道路，其他国家也都要走和平发展道路，只有各国都走和平发展道路，各国才能共同发展，国与国才能和平相处。中国人民爱好和平，高举和平、发展、合作、共赢的旗帜，始终不渝走和平发展道路，始终不渝奉行互利共赢

① 习近平：《实现中国梦必须走中国道路》，载《党建》2013年第4期。

② 习近平：《实现中国梦必须走中国道路》，载《党建》2013年第4期。

的开放战略，致力于同世界各国发展友好合作，履行应尽的国际责任和义务，继续同各国人民一道推进人类和平与发展的崇高事业。在接受金砖国家媒体联合采访的答问时，习近平同志强调，中国人自古就主张和而不同，中国希望国与国之间、不同文明之间能够平等交流、相互借鉴、共同进步，各国人民都能够共享世界经济科技发展的成果，各国人民的意愿都能够得到尊重，各国能够齐心协力推动建设持久和平、共同繁荣的和谐世界。中国的发展离不开世界、离不开非洲，世界和非洲的繁荣稳定也需要中国。中非虽然远隔重洋，但我们的心是相通的。联结我们的不仅是深厚的传统友谊、密切的利益纽带，还有我们各自的梦想。13亿多中国人民正致力于实现中华民族伟大复兴的中国梦，10亿多非洲人民正致力于实现联合自强、发展振兴的非洲梦。中非人民要加强团结合作、加强相互支持和帮助，努力实现我们各自的梦想。我们还要同国际社会一道，推动实现持久和平、共同繁荣的世界梦，为人类和平与发展的崇高事业做出新的更大的贡献！不管国际风云如何变幻，我们都要始终坚持和平发展、合作共赢，要和平不要战争，要合作不要对抗，在追求本国利益时兼顾别国合理关切。和平是人民的永恒期望，和平犹如空气和阳光，受益而不觉，失之则难存。没有和平，发展就无从谈起。

博鳌亚洲论坛会场

中国用占世界7.2%的国土让20%的人过上好生活，用与美国相当的疆域养育4倍于美国的人口，中国人民用自己的道路与制度、用自己的生活方式实现安居乐业、幸福成功的中国梦本身就是对世界的最大贡献。中国要通过发展自己更好地兼济天下、造福世界。远的不说，60余年来中国社会发展的实践逻辑就明明白白告诉世界，中国梦是和平、发展、合作、共赢的梦。中国是唯一公开承诺不首先使用核武器、不对无核武器国家和无核武器区使用或威胁使用核武器的核国家。这些年来，在重大国际和地区热点问题上，中国坚持劝和促谈，要和平不要战争，要发展不要贫穷，要合作不要对抗。中国积极参与维和行动，先后累计向联合国30项维和行动派出各类人员约2.1万人次，是派出维和人员最多的联合国安理会常任理事国。中国与国际社会共同努力，积极应对恐怖主义、大规模杀伤性武器扩散、气候变化、粮食和能源安全、重大自然灾害等全球性挑战，为此中国还参加了100多个政府间国际组织，签署了300多个国际公约。合作与共赢是时代潮流，也是自觉选择。"零和博弈"曾是国际关系中的经典模式，但它也只是一个静态封闭系统中的特例，而当今世界伴随着科学技术的进步、文明思维的拓展越来越呈现为一个开放动态的大系统。在这种开放动态的系统中，1+1是大于2的，双赢不仅会是常态而且越来越凸显。在命运共同体的新视角，同舟共济、合作共赢的新理念下，中国持续快速发展得益于世界繁荣与发展，同时中国发展也为世界各国提供了共同发展的宝贵机遇和广阔空间。

这些年来包括美国在内的西方社会总担心中国强大了会对世界构成威胁，这样的疑虑之所以挥之不去，就是源于他们在西方文明范式下认识思考人类社会的发展。想当年哥伦布发现新大陆后做的第一件事就是插上帝国的旗帜并以女王的名义宣布占领，英国蒸汽机革命后首先想到的就是拓展海外殖民地。但是，与哥伦布大体同期稍早的中国郑和七下西洋，比哥伦布还多三次，可所到之处播撒的是和平的种子，传递的是大国的气度。鉴古可以知今，当年强大的中国都未觊觎过他国，今日复兴的中国又怎么可能威胁世界？不同的文明孕育了不同的行为模式与价值评判。新型大国关系之所以有意义又之所以有可能正是因为基于中华五千年灿烂文明的中国梦给了中国、给了美国，也给了世界一种新的世界观：原来世界可以这样和平、发展、合作、共赢。所以，中国好世界好，这并不是什么外交辞令，而是基于中国梦的文明禀赋所决定的发展道路与发展方略。

美国梦永远只能是"某些人"的梦而不可能是"所有人"的梦，这样的梦对于某些人是好梦，对于另外一些人就是噩梦。于是，美国梦的深层意义就是一个粉碎他人的梦想而成就自己梦想的梦。欧洲梦虽然强调"共同体中的互相依赖而不是个体的独立自主；强调文化多样性而不是相似性；强调全球合作而不是单边主义的权利滥用"[①]，但欧洲梦其实是个地区保护主义的梦。它要抵抗破坏和谐社会的全球竞争和堕落的世界，它一方面为了保护欧洲生活方式和欧洲品质而试图抵挡美国"坏的"生活方式和价值观；

① 乐黛云：《美国梦、欧洲梦、中国梦》，载《社会科学》2007年第9期。

另一方面又为了保护欧洲福利制度而试图抵挡发展中国家“坏的”经济竞争方式以及来自五湖四海的移民。欧洲梦只是留给欧洲人的，它不准备让世界人民分享，而美国梦至少还谎称说是可以分享的。不过欧洲梦在政治方面却确有创新意义，它试图创造一个“多样性”和“统一性”两者兼具的政治共同体。作为统一点的欧盟不是高于国家的权力中心，而只是为多国联盟提供服务的“经理机构”，提供谈判、协商和协作等服务，它只代理了服务而没有代理权力，各个主权国家仍然是真正的“老板”，于是满足了“既要欧洲也要各国”这一苛刻要求。

第二节　中国梦之于中国的意义

党的十五大报告首次提出了“两个一百年”奋斗目标，党的十八大报告再次重申：在2021年中国共产党成立一百年时全面建成小康社会，实现国内生产总值和城乡居民人均收入比2010年翻一番；在2049年新中国成立一百年时建成富强民主文明和谐的社会主义现代化国家，实现中华民族的伟大复兴。“两个一百年”奋斗目标为全面建成小康社会、加快推进中国特色社会主义现代化绘制了宏伟蓝图，既是全党和全国各族人民的百年期盼，也描绘了实现中华民族伟大复兴“中国梦”的光明前景。因此，可以认为中国梦是确定“两个一百年”奋斗目标的前提。同时，实现“两个一百年”奋斗目标也意味着中国的发展将达到更高水平和迈向更高层次，将为中国梦铺平实现的道路，因此“两个一百年”奋斗目标是实现中国梦的基础。

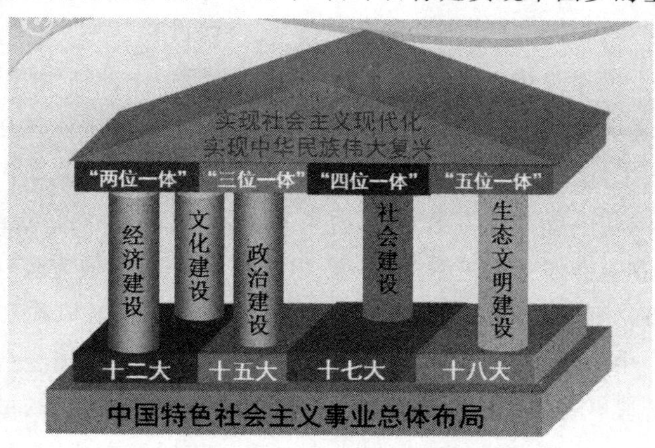

中国特色社会主义总体布局与实现中国梦之间的关系

当前，中国共产党新一届领导集体强调“两个一百年”奋斗目标和实现中国梦，要在实现“两个一百年”奋斗目标中追逐中国梦。十八大报告指出：“建设生态文明，是关系人民福祉、关乎民族未来的长远大计。面对资源约束趋紧、环境污染严重、生态系统退化的严峻形势，必须树立尊重自然、顺应自然、保护自然的生态文明理念，把生态文明建设放在突出地位，融入经济建设、政治建设、文化建设、社会建设的各方面和全过程，努力建设美丽中国，实现中华民族永续发展。”[①]至此，中国特色社会主义总体布局从过去的“四位一体”升华到包括经济建设、政治建设、文化建设、社会建设和生态建设在内的“五位一体”。“五位一体”总体布局的提出，着眼于解决我国当代发展面临的重大理论问题和实践问题，具有很强的针对性、战略性和指导性，是圆中国梦的核心支柱。“五位一体”总体布局是一个有机整体，其中，经济建设是根本，政治建设是保证，文化建设是灵魂，社会建设是条件，生态文明建设是基础。

一、中国梦引领经济实现转型升级

30余年改革开放的巨大成就之一是中国经济的快速腾飞。据统计，截至2012年年底，中国GDP达到51.9万亿元人民币，经济规模跃居世界第二；人均GDP达到6100美元，进入中上等收入国家行列；2012年中国的进出口规模达到3.9万亿美元，对外开放水平超过美国位居世界第一；从中国钢铁、水泥、电解铝等200多种工业产品生产量来看，2012年中国的工业制造能力位居世界第一；基础设施条件方面，截至2012年全国铁路营运里程达到9.8万公里，居世界第二，高铁运营里程达到9356公里，位居世界第一，高速公路的通车总里程达9.7万公里，位居世界第一。

然而，近年来中国经济发展呈现出一些新变化，同时暴露出一些新问题，具体表现在：经济增速的区域化差异逐渐显现，东部发达地区增速明显低于全国平均水平；劳动力成本逐渐上升，2012年中国劳动人口数量首次出现下降；环境成本压力上升，人民群众对环境安全、食品安全的期待值升高；地方政府性债务水平攀升，截至2012年年底36个地方政府债务余额共计3.85万亿元，比2010年增长了12.94个百分点，金融风险和地方财政风险加大。中国经济机遇与风险并存，种种迹象表明，中国经济已经进入新的发展阶段。此外，世界经济格局也发生了大调整大变革，过去主要靠招商引资、扩大投资、增加产能、促进出口等经济增长方式，已经不能适应我国经济可持续稳步提升的发展需求。

---

① 党的十八大报告，新华网2012年11月8日，http://www.xj.xinhuanet.com。

在实现“五位一体”总体布局的进程中追逐中国梦，首要任务是推动并实现中国经济发展方式的转型升级。在中国梦的指引下，新时期中国经济将朝着如下几个方向发展：

一是从注重速度向注重质量转化。前一时期的中国经济呈现追赶型经济发展模式的特征，在经济取得巨大成就的同时，也消耗了过多的资源能源。统计表明，2012年全年能源消费总量为36.2亿吨标准煤，几乎与美国相当。这一粗放型经济发展模式导致巨大的物质消耗和高昂的环境成本。例如，2011年，化学需氧量排放总量为2499.9万吨，二氧化硫排放总量为2217.9万吨，氮氧化物排放总量为2404.3万吨。虽然中国经济转型的提法由来已久，但是转型效果并不明显，其根源在于发展理念的转变并没有与时俱进，新的发展阶段的到来将倒逼发展模式实现转换。

二是从投资拉动型向全面拉动型转化。从经济发展的原动力看，之前中国经济发展采取以投资和出口拉动增长的发展模式，1978—2012年中国的年均投资增长率达到22%，而消费平均水平为16%。随着经济发展新阶段的来临，未来发展阶段将出现投资、消费和进出口并重的发展格局，中国经济逐渐向投资依赖向消费增长转化，从外需拉动向扩大内需转化。

三是从工业引领向四化并举转化。在前30多年的经济增长中，工业发展扮演了重要角色并发挥了重要作用。近年来，工业在GDP中的比重呈现不断下降的发展趋势，目前三次产业结构的比重为10:45:45。中央政府提出信息化、城镇化、新型工业化、农业现代化四化并举的发展战略，提出以信息化引领城镇化、信息化与工业化深度融合、信息化促进农业现代化等发展思路。新四化的发展将极大改变中国的发展面貌，促进发展模式的转型，加快中国经济的升级换代过程。

四是从中国制造向中国创造转化。随着改革开放进程的加快，尤其是加入世界贸易组织之后，中国制造积极融入全球生产链。中国一举成为世界工厂，成为世界制造业大国，2010年超过美国位居世界第一。与此同时，中国的高科技产业展现出较强的竞争力，2011年国家知识产权局受理的发明专利申请量首次超过美国，跃居世界第一位，占到全球总量的1/4。新时期的中国创新能力将为中国经济带来持久的增长动力。

五是从引进来向走出去转化。在中国改革开放的前30年中，累计吸收外商直接投资约10600亿美元，利用贷款3400亿美元，居于发展中国家的第一位。中国企业走出去的步伐逐渐加快，2012年，我国境内投资者共对全球141个国家和地区的4425家境外企业进行了直接投资，累计实现非金融类直接投资772.2亿美元。联想、海尔、华为等一批中国企业成为世界市场的领先厂商。

总之,在中国梦的牵引下,中国将加快形成新的经济发展方式,激发各类市场主体发展新的活力,增强创新驱动发展新的动力,构建现代产业发展新体系,培育开放型经济发展的新优势,使经济发展更多依靠拉动内需,更多依靠现代服务业、旅游业和战略性新兴产业,更多依靠科技的进步、劳动者素质的提高、管理模式的创新、营销策略的创设,更多依靠节约资源和循环经济的推动,更多依靠城乡区域发展协调互动,更多依靠现代农业的崛起,不断增强可持续发展的正能量。

二、中国梦推动政治建设

一个国家选择什么样的政治发展道路,是由这个国家的性质和国情决定的。中国特色社会主义政治发展道路,是中国共产党人把马列主义的基本原理同中国的实际相结合,同时借鉴人类政治文明的成果,经过长期探索形成的,是历史和人民的选择。胡锦涛同志在十八大报告中指出,要坚持走中国特色社会主义政治发展道路和推进政治体制改革。习近平同志指出,现在有一种论调,认为搞政治体制改革就必须以西方那一套为主,凡是主张那样改的,就是改革派,不然就是保守派。这是一个混淆视听的伪命题。

要准确把握推进政治体制改革的总体要求和着力点。十八大报告提出推进政治体制改革的总体要求是:必须坚持党的领导、人民当家做主。依法治国的有机统一,以保证人民当家做主为根本,以增强党和国家活力、调动人民积极性为目标,扩大社会主义民主,加快建设社会主义法治国家,发展社会主义政治文明。要更加注重改进党的领导方式和执政方式,保证党领导人民有效治理国家;更加注重健全民主制度,丰富民主形式,保证人民依法实行民主改革、民主决策、民主管理、民主监督;更加注重发挥法治在国家治理和社会管理工作中的重要作用。中国特色社会主义政治发展道路是团结亿万人民共同奋斗的正确道路,我们一定要坚定不移沿着这条道路前进,使我国社会主义民主政治展现出更加旺盛的生命力。

冷战结束以来,世界政治格局逐步向多极化演变。特别是2008年国际金融危机以后,多极化演变的速度大大加快。在这一调整过程中,中国对世界发展的影响力不断增强。西方国家一方面希望中国稳定发展,以分享发展红利;另一方面不愿意看到中国繁荣富强,采取或明或暗的手段遏制中国。从某种意义上说,这种政治格局和力量对比的调整实质就是利益的再调整;同时,一个在世界上有更大话语权的大国,又必然是一个要承担更大责任的大国。这是我们面临的新的严峻挑战。因此,民主法治建设就成为我们全面深化改革、推进法治中国建设的必由之路。民主法治是实现中国梦的政治保障,民主法治建设是反映和维护最广大人民群众诉求的根本方式,是实现中国梦的重要内容。实现民主、自由、平等、公平、正义、法治等价值目标,保证人民群众享有广泛的民主与自由,是中国梦的应有之义和内在要求。法治与民主相生相伴,没有法治的民主则陷于混乱,没有民主的法治则变成了专制。今天,民主法治不仅是国家富强、人民幸福的制度保证,也是社会主义政治文明的重要内容,是中国梦实现的制度基础,更是中国梦实现的重要保障。

三、中国梦促进文化发展

"天下之至柔,驰骋天下之至坚。"[①]先进文化的繁荣发展形成的文化软实力可以形成强大的民族凝聚力。文化认同是民族凝聚力的前提,它所形成共同的价值理念、心理结构、思维习惯和行为方式等这些因素可以汇集成强大的力量推动民族的发展。当今时代,文化越来越成为民族凝聚力和创造力的核心力量和重要源泉,越来越成为世界各国综合国力竞争的重要因素。

中国梦的实现,离不开"兴国之魂"的科学理论和先进文化建设。全面建成小康社会,实现中华民族伟大复兴,必须推动社会主义文化大发展大繁荣。要发挥文化引领风尚、教育人民、服务社会、推动发展的作用,提高国家文化软实力和竞争力,使中华文化在世界民族文化之林中,焕发出独有的魅力和光彩。习近平同志指出,文化是民族的血脉,是人民的精神家园。在文化建设上一是要抓好人才的培养和教育,二是要弘扬和培育民族精神。一个没有精神支撑的民族,不可能屹立于世界民族之林。有了改革开放打下的物质基础,又有通过文化建设焕发出来的民族精神,我们就一定能全面建成小康社会,就一定能建成社会主义现代化国家。我们务必要有文化自信、道路自信、理论自信、制度自信。

建设社会主义文化强国,是我们党审时度势、积极回应各族人民精神文化需求做出的重大战略决策,关键是增强全民族文化创造活力。建设文化强国,必须走中国特色社会主义文化发展道路,坚持社会主义先进文化的引领方向。建设面向现代化、面向世界、面向未来的,民族的科学的大众的社会主义文化。要把思想道德建设作为重要内容和抓手,深入开展社会

---

①《道德经》。

主义核心价值体系学习教育。倡导富强、民主、文明、和谐;倡导自由、平等、公正、法治;倡导爱国、敬业、诚信、友善。要深化文化体制改革,增强文化整体实力和竞争力,大力推动文化观念、内容和表现形式、传播手段和体制机制的创新,不断解放和发展文化生产力,为建设社会主义文化强国打下更加坚实的基础。

推进文化体制改革,必须把握好意识形态属性和产业属性的关系,始终坚持社会主义先进文化前进方向。马克思主义将社会形态这一完整的社会系统划分为生产力、生产关系和上层建筑三个层面,又把上层建筑区分为法律的和政治的上层建筑与社会意识形态即观念的上层建筑两部分,提出了社会存在决定社会意识的基本原理。根据马克思这一理论,在社会主义市场经济条件下的精神生产也具有了意识形态和产业双重属性。如何处理好两者关系是我们面临的一项艰巨的历史使命。早在1996年的《中共中央关于加强社会主义精神文明建设若干重要问题的决议》中就指出:"在发展社会主义市场经济和对外开放条件下建设社会主义精神文明,是中国共产党人和中国人民一项艰巨的历史使命。"①既要看到物质生产与精神生产所具有的共性,更要看到精神生产作为意识形态所具有的特殊性;既要看到市场在物质生产与精神生产中的共性作用,更要看到在物质生产上,我们建立的社会主义市场经济体制就是要使市场在社会主义国家宏观调控下对资源配置起基础性作用。在精神生产上,强调发挥市场在文化资源配置中的积极作用。

必须把握好社会效益和经济效益的关系,始终把社会效益放在首位。在发展社会主义市场经济条件下,精神产品和生产流通也会受到市场经济规律的制约,也有一个提高经济效益的问题。但是,精神生产与物质生产不同,精神生产所具有的意识形态特殊属性,要求必须正确处理好社会效益与经济效益的关系,坚持把社会效益放在首位,坚持社会效益和经济效益有机统一,遵循文化发展规律,适应社会主义市场经济发展要求。必须要增强阵地意识。坚持马克思列宁主义、毛泽东思想的指导地位,是我们立党立国的根本,是中国特色社会主义文化建设的根本,决定着文化事业的性质和方向。在继续推进文化体制改革中,无论改什么、怎么改,导向不能改,阵地不能丢。

① 转引自李石生:《发展社会主义市场经济与建设社会主义精神文明》,载《北京科技大学学报》(社会科学版)1996年第4期。

四、中国梦构建和谐社会

中国梦有着非常清晰的内涵和外延，中国梦是人民的梦，表达着人民的企盼和诉求。中国有13多亿人口，个人愿望千差万别，但共同愿望是一致的，就是希望社会和谐、发展、稳定。从这个意义上讲，实现中国梦，就是实现社会的和谐、稳定。中国人民历经百年沧桑，社会的动荡、分裂所带来的苦难，"文化大革命"十年动乱使中国民众深知和谐社会的可贵。构建和谐社会，是人们的共同理想和愿望，是中国梦的重要组成部分。因此，促进社会和谐，是实现中国梦的应有之义，是人们共同企盼的目标和结果。十八大报告指出，在改善民生和创新管理中加强社会建设。我们党执政几十年来，所做的工作就是要发展生产力，不断提高人民物质文化水平，促进国富民强。改革开放以来，我们在保障和改革民生方面做出了巨大努力，取得了举世瞩目的成就。同时，人民群众的期望值也在提升，对加快解决民主领域突出问题的期盼也在提高。我们必须以保障和改善民生为重点，提高人民物质文化水平。民生连着民心，民心问题事关大局。

尽管现在物质文化需求的基础还比较薄弱，特别是教育、医疗、就业、社会保障、住房等方面关系群众切身利益的问题较多，但党和政府一直在出台"多谋民生之利、多解民生之忧"的举措，使改革开放的成果更多更公平惠及百姓，努力让人民群众过上更美好的生活。习近平同志说："我们一再强调'利为民所谋'，就是要努力解决人民日益增长的物质文化需要同落后的社会生产之间的这一现阶段我国社会的主要矛盾。"①在此过程中，我们要引领群众认识到幸福生活要靠顽强奋斗、艰苦奋斗、不懈奋斗来创造。所以还要倡导树立正确的幸福观。因为我国仍处于社会主义初级阶段，如果把群众的胃口吊得过高，一旦做不到，就会引起他们更大的失望、更多的埋怨。我们要尽力而为，又要量力而行。

总体而言，以中国梦为引领构建社会主义和谐社会，需要处理好以下几个方面的问题：

一是不断加强执政党自身的建设。执政党内部的和谐是全国上下和谐的核心与基础。要实现党内和谐，需要不断发扬党内民主，逐步营造党内发表不同意见和平等讨论的环境，建立健全党内民主制度和监督制度，把全党积极性调动到提高党的执政能力上来。中国共产党在改革开放过程中积累的宝贵经验，为加强党内和谐及解决各种矛盾提供了保证，能够

①《多谋民生之利　多解民生之忧》，载《文汇报》2012年11月23日。

处理好各社会阶层和社会群体因利益格局调整所带来的“不适应”。

二是与时俱进地看待和处理人民内部的矛盾。任何社会都存在形形色色的矛盾。促进社会和谐的要义在于及时发现矛盾、正确处理矛盾,使矛盾妥善解决而不至于激化成为社会危机。习近平同志的有关论述,高度概括了新时期社会的主要矛盾的内容和特点,提出了解决矛盾的具体举措,为我们处理新时期的社会矛盾指明了方向。妥善地解决这些矛盾,是保持社会相对和谐、稳定的前提和根本。当下,特别要积极关切社会热点难点,妥善回应各种诉求愿望,务实解决人民群众实际问题,切实加强舆论引导,极力排除各种杂音、噪音的干扰。

三是正确处理收入分配问题。党的十八大报告突出“两个同步”“两个提高”,提出初次分配和再分配都要兼顾效率和公平,再分配要更加注重公平。首先,要解决好初次分配的合理性问题,一般情况下,初次分配存在差距是正常的和合理的,有利于效率提高。但需要建立健全市场机制,辅以必要的行政手段,在以效率为关注点的前提下,贯彻按劳和按要素分配原则,让激励性和效率性收入分配确实到位,控制垄断收入,取缔非法收入,实现合理的初次分配。其次,要保证保障性收入分配到位,解决好再次分配公平。目前再次分配体制不健全,保障性收入分配不到位,低收入层与高收入层的差距日益拉大。这就需要以公平为原则,加大政府调控力度,通过经济立法、经济政策,运用税收、金融、行政等调节干预手段,合理调整国民收入分配格局,采取切实措施保证低收入居民的保障性收入,解决城乡之间、区域之间和部分成员之间收入差距拉大的问题。

四是要坚定不移推进社会主义现代化建设。发展是确保社会和谐的根本途径,而贫困是导致出现不和谐甚至冲突现象最根本、最普遍的原因。发展是消除贫困的根本途径。30余年的改革开放取得了斐然成就,摆脱了贫困面貌向全面建成小康社会迈进,贫困人口大为减少和贫困现象得以消除,为我国实现社会和谐奠定了较好的物质基础。但对有13多亿人口的大国来说,这一基础还不够坚实,还必须长期坚持发展这个执政党第一要务不动摇,最终彻底消除贫困,铲除社会不和谐的土壤。另外,需要坚持协调发展、加强社会事业建设,扎实推进社会主义新农村建设,落实区域发展总体战略,实施积极的就业政策,坚持教育优先发展,加强医疗卫生服务,加快发展文化事业和文化产业,加强环境治理保护。要加强制度建设,保障社会公平正义,完善民主权利保障制度、法律制度、司法体制机制、公共财政制度、收入分配制度、社会保障制度。要建设和谐文化,巩固社会和谐的思想道德基础,建设社会主义核心价值体系,树立社会主义荣辱观,培育文明道德风尚，营造积极健康的思想舆论氛围，广泛开展和谐创建活动。要完善社会管理，保持社会安定有序，建设服务型政府，推进社区建设，健全社会组织，统筹协调各方面利益关系，完善应急管理体制机制，加强安全生产，加强社会治安综合治理，加强国家安全工作和国防建设。要激发社会活力，增进社会团结和睦，发挥人民群众的首创精神，巩固和壮大最广泛的爱国统一战线，维护香港、澳门长期繁荣稳定，推进祖国统一大业，坚持走和平发展道路。

五、中国梦助推生态文明建设

生态文明，是人类文明的一种形态。它以尊重和维护自然为前提，以人与人、人与自然、人与社会和谐共生为宗旨，以建立可持续的生产方式和消费方式为内涵，以引导人们走上持续、和谐的发展道路为着眼点。可以说，生态文明是人类对传统文明形态特别是工业文明进行深刻反思的成果，是人类文明形态和文明发展理念、道路和模式的重大进步。我国经济正处于增长速度换挡期、结构调整阵痛期叠加阶段。我们用几十年的时间走过了西方国家几百年的发展历程，在经济社会发展取得巨大成就的同时，各种生态矛盾和问题也开始集中显现。在大力发展经济建设、政治建设、文化建设、社会建设的同时，尊重自然、顺应自然、保护自然，实现人与自然和谐共处是中国梦实现的有力保障。十八大报告适应我国的经济发展要求，针对资源约束趋势，环境污染严重、生态系统退化等严峻形势，第一次单列加以论述，并提出了当前必须做的任务。

尊重自然、顺应自然、保护自然的生态文明理念

当前，我们的发展面临着越来越突出的资源环境约束，人民群众对良好生态环境的愿望越来越迫切。例如，石油对外依存度已上升到56.7%，重要矿产、稀有金属对外依存度也在急剧上升，2/3的城市缺水，我国年均缺水536亿吨。耕田面积已接近18亿亩红线；环境污染严重，环境状况总体恶化趋势还未得到根本遏制，一些重点流域水污染严重，部分城市雾（灰）霾现象凸显；水土面积的流失占国土面积的37%，沙化土地面积占18%，90%以上的草原不同程度退化，地面沉陷面积扩大，生态系统带来的自然灾害频发。这些问题的产生,一方面是由于我国人口众多、资源短缺、环境容量有限、生态脆弱,加上我国发展速度快,发达国家几百年发展进程中积累并逐步暴露的问题在我国被压缩到几十年里集中显现;另一方面是经济发展方式没有根本转变,生态文明理念没有一定基础,残忍破坏自然环境、糟蹋人类生存环境的群体性事件增多。所以,我们要增强生态危机意识,站在科学发展观的高度,充分认识文明建设的重要性、必要性、紧迫性。

习近平同志指出,党的十八大报告把生态文明建设纳入中国特色社会主义事业“五位一体”的总体布局,意义重大而深远。我们必须增强生态文明理念,下力气推进生态文明建设。我们要以党的十八大部署,在全社会形成节约资源和保护环境的空间格局、产业结构、生产方式、生活方式,从源头上扭转生态环境恶化趋势,为人民创造良好的生产生活环境。实施碧水蓝天工程,让“日出江花红胜火,春来江水绿如蓝”的美景重演。这既是中华民族可持续发展的需要,也是以实际行动为全球生态安全做出的贡献。让我们牢牢记住习近平同志的讲话:今后要坚持不懈抓下去,让生态环境越来越好,为建设美丽中国做出更大的贡献。

第三节　中国梦之于世界的影响

中国正以和平方式崛起,正在推进中国梦的前进道路上实现着中华民族的伟大复兴。中国的这些变化无疑对周边国家以及整个世界产生潜移默化的重要影响,概括起来主要体现在政治、经济及文化等三方面。

一、中国梦对世界的政治影响

在当前的国际环境中,现存的世界秩序是一个不公平、不完善的体系。在这一体系中,旧殖民主义和冷战体系的痕迹时隐时现,决定这种体系存在与维系的基本因素就是现实的力量对比。在这种体系的笼罩下,世界范围内那些既得利益国家的本质愿望是希望这种体系能够持久维系下去。很明显,这种不在同一个起跑线上形成的规则不利于广大后起之秀的发展中国家,那些既得利益的国家也很担心崛起中的国家会对这种体系造成大的冲击,甚至担心新的规则对其进行根本的取代。然而,从中国的角度来说,在可预见的时段内,最佳的发展选择并非是打破这种体系。实现中国梦符合和平与发展为主题的国际大趋势。把一个拥有13多亿人口规模的发展中大国带入现代化,实现民族复兴,这在人类发展史上还从来没有过。仅仅从这个意义上讲，中国梦的实现将是人类文明发展史的进步，是世界走向现代化进程的跨越。

从根本上来说，中国的重心是发展和建设，是市场经济的持续性完善；寻求的是多边合作，并不是存心要挑起争端和矛盾，中国的很多政策就是努力做到与世界的接轨和多方位的融合；全球化进程加剧，国际的资源需要共享，包括信息资源、人才资源、能源资源等等。在此期间难免会产生一些贸易小摩擦，这是在所难免的事情，即使是发达国家与发达国家之间的商业行为也会存在一些摩擦，摩擦多了说明经济行为的联系多了。在解决的方式上，中国及世界上大多数国家都是保持以和平谈判、宽容变通的方式进行，这些摩擦是正常的经济现象，不可放大上升。除了当今经济方面的因素，一些发达国家担心中国的崛起会重蹈历史的覆辙；在近代史上，后起的大国，往往会导致国际格局的急剧变动，甚至会引发世界大战，例如曾经的德国、日本等。然而从中国的现实政策来说，这种担心完全是多虑的，中国在新时期没有保持例如某些国家的高额的军费开支，也没有搞什么军事扩张体系，只保持了应该保持的维护和平、安全、发展的保障性力量；在处理区域问题上也是从常任理事国应尽的职责出发，化解争端，例如在朝鲜半岛问题上极力促和六方会谈，充当了和平劝说、尽力维持的角色。放眼全球，中国是世界上唯一公开承诺不首先使用核武器、不对无核武器国家和无核武器地区使用或威胁使用核武器的有核国家。这些年来，在重大国际和地区热点问题上，中国坚持劝和促谈，要和平不要战争，要发展不要贫穷，要合作不要对抗。中国积极参与维和行动，先后累计向联合国30项维和行动派出各类人员约2.1万人次，是派出维和人员最多的联合国安理会常任理事国。中国与国际社会共同努力，积极应对恐怖主义、大规模杀伤性武器扩散、气候变化、粮食和能源安全、重大自然灾害等全球性挑战，为此中国还参加了100多个政府间国际组织，签署了300多个国际公约。合作与共赢是时代潮流，也是自觉选择。

中国身处亚太地区，有着960万平方公里的国土，有着万里的海疆和陆疆，直接紧邻的国家众多，周边的国家数量更大；中国的崛起和强大与区域间他国的关系又是一个比较值得寻味的话题。在他国中不乏少数反华分子的存在，不乏少数挑战中国神经的极端分子，他们没有看到中国力量的发展只会给周边带来利益和稳定。早在新中国第一代领导集体时期，在著名的日内瓦会议上，中国代表团就提出了和平共处五项原则，并用这一原则解决了很多边界问题；在现代化建设时期，搁置争议、共同开发、和平协商的原则更显大国风范；近些年，建设睦邻友好的关系更是被积极地推进。具体而言,中俄关系稳定战略合作良好保持;中朝友好关系更加密切;中韩合作深入扩大;中国同东盟的良好关系不断推进;中国在亚太地区积极地参与多边的合作发展机制,主张贸易自由化,中国物美价廉的物质产品提高了周边国家的生活需求。所以,中国对亚太地区有繁荣与稳定的作用,中国的发展有利于亚太地区的发展,有利于亚太地区的国家寻找到良好的合作伙伴。

实现中国梦符合世界人民的根本利益。中华民族历来热爱和平。中国作为负责任的大国,始终维护国际法及世界和平公约,主张和平解决一切国际争端,通过政治途径解决分歧,成为维护世界和平最重要的力量之一,呼应了世界期盼,深得饱受帝国主义、殖民主义、霸权主义压迫的世界人民的理解、支持和拥护。实现中国梦,可以使代表和平力量的中国力量更强大,为世界和平做出更大贡献。"和谐之梦""和平之梦""发展之梦",这是法国前总理拉法兰对中国梦的比喻,也是世界对中国梦的主流看法。实现中国梦符合世界发展大趋势。

二、中国梦对世界的经济影响

当今,世界头号强国对世界上其他国家有着重要影响的同时,也对其有着强烈的关注与依赖。自中国改革开放之后,在历次世界经济统计数据上节节攀升、扶摇直上,目前已经是仅次于头号资本主义强国美国的第二大经济强国。GDP总量的上升,在造福了本国人民的同时,也为全球经济发展产生了重要影响。

中国已经成为128个国家的最大贸易伙伴,还是世界上增长最快的主要出口市场、最被看好的主要投资目的地,以及能源资源产品的主要进口国。2012年,中国对亚洲经济增长的贡献率已经超过50%,并已成为推动世界经济增长的主要引擎之一。2012年,根据世界五大经济体(欧盟、美国、中国、日本和印度)主要宏观经济数据显示,中国不仅是经济增长率、工业增加值增长率最高的国家,而且还是通货膨胀率、失业率、财政赤字占GDP比例最低的国家。与此同时,中国经常性账户盈余占GDP比重不断下降,为调整解决世界贸易不平衡做出了实质性贡献。中国对世界经济增长、贸易增长的贡献率既超过了美国,也超过了27国组成的欧盟。实现中国梦,可以进一步推动世界经济的发展,为世界人民带来实实在在的经济利益。中国梦力求合作与共赢,积极参与推动建立公正、合理的国际政治经济新秩序,致力于建设一个持久和平、共同繁荣的和谐世界,顺应了历史潮流,最大限度地争取到了国际社会的理解和支持,为实现中国梦创造了良好的国际环境。

中国自2001年加入世界贸易组织以来，商品年均进口达到6870亿美元，为相关国家和地区创造了1400多万个就业岗位；中国同周边国家贸易额由1000多亿美元增至1.3万亿美元，已成为众多周边国家的最大贸易伙伴、最大出口市场、重要投资来源地。按照这样的发展态势，今后5年，中国将进口10万亿美元左右的商品，对外投资规模将达到5000亿美元，出境旅游有可能超过4亿人次。根据高盛公司的研究报告，2000年至2009年10年间，中国对全球经济增长的贡献率超过20%，高于美国，是欧元区的3倍。2009年国际金融危机和欧洲主权债务危机发生后，中国与国际社会一道，同舟共济、共克时艰，为世界经济稳定、复苏做出重要贡献，当年中国对全球经济增长的贡献率甚至超过50%。据世界经合组织2010年的一份报告指出，中国经济每增长1%，中等收入国家经济增长将提高0.34%，低收入国家经济增长将提高0.2%。

特别值得一提的是，中国人民用自己的道路与制度、用自己的生活方式实现安居乐业、幸福成功的中国梦本身就是对世界的最大贡献。中国梦不是也不满足于“独善其身”，而是要在“兼济天下”中发展自己，通过发展自己更好地兼济天下、造福世界。远的不说，60余年来中国社会发展的实践逻辑就明明白白告诉世界，中国梦是和平、发展、合作、共赢的梦。和平与发展是时代主题，也是逐梦之路。“坚持独立自主的和平外交政策，坚持和平发展道路，坚持互利共赢的开放战略”，这是中国共产党党章的规定；“始终不渝走和平发展道路，在坚持自己和平发展的同时，致力于维护世界和平，积极促进各国共同发展繁荣”[①]，这是《中国的和平发展》白皮书的宣示。中国社会是这样想、这样讲，也是这样做的。

2008年北京奥运会开幕式上的文艺表演中，“孔门三千弟子”在吟诵《论语》

① 国务院新闻办公室：《中国的和平发展》白皮书，2011年9月6日。

中国崛起在经济方面取得骄人成绩，是有利于世界经济的稳定与繁荣的。首先，中国的崛起使亚太地区的贫困人口少了4.83亿；其次，国内产值对世界的贡献率为14%，仅次于美国。中国经济增长的强大驱动力正在推动着世界经济的发展，中国国内庞大的人口数量给世界提供了很大的财富市场，例如，日本的本田汽车、美国的苹果手机、法国的LV包、意大利的老人头皮鞋等在中国获取了大量的利润。当然，不可否认的是，中国经济在走向世界的同时对世界他国的一些国内企业产生了冲击，但这只是从一个方面来思考问题。中国经济的世界化，有利于他国企业的升级换代，有利于提高他们的竞争力，这是一个双赢的关系。例如，中非的友好合作贸易，中国带去了先进的技术力量，提供了大量品优价廉的物质选择。中国经济走的是开放性的道路，中国的发展就是世界的发展，中国经济的强大辐射力，给周边及世界国家提供了宽阔的市场和大量的机会。

三、中国梦对世界的文化影响

文化是国家综合国力软实力的必要构成部分，是沟通人与人心灵和情感的桥梁，是国与国加深理解和信任的纽带。中国是一个具有悠久历史的文明古国，在走向世界的历史进程中，璀璨夺目的中华民族优秀传统文化具有极大的魅力。如印度学者谭中教授说："中国传统文化对世界文明做出了杰出的贡献。在人类文明发展史上，中华文化是一种特殊而巧妙的融合中外的文化。"①中国文化影响整个亚洲，惠及欧美，在东亚形成以汉字和儒家思想为主要特征的中华文化圈，成为东方文明的核心体系。日本学者认为，中国文化对日本的影响尤为巨大，中国文字、文学、思想、宗

芬兰女孩安琪化的秦腔妆

① 刘选启：《加强对外文化交流　让中国梦融入世界》，求是理论网2013年3月28日，http://www.qstheory.cn。

教，以及造纸、印刷术等的传入，为日本文化发展奠定了坚实的基础。中国与古朝鲜之间的政治联系和文化交流，最早可以追溯到商末初期。汉字大约在公元前4世纪传入朝鲜半岛，大约公元后3世纪开始流行。从汉字传入开始，慢慢地很多汉语词汇取代了韩语词汇。现在的韩语多于一半的词汇借用或来自于中文，汉语词汇共占日常韩语词汇的五至六成，而韩国人的姓名差不多全是中文。中国文化对越南、缅甸、泰国、老挝等邻国及东南亚等周边国家的影响始于秦始皇时期。中国的造纸术、印刷术、历法、医药、货币、语言文化及音乐戏剧都对亚洲国家造成了深远影响。中国与欧洲大陆之间，尽管距离遥远，彼此之间的接触与往来却可追溯到2000多年前的西汉时代。自张骞出使西域"丝绸之路"开辟后的几千年里，中国的古代发明、茶文化、陶瓷技术等都为人类的生产生活带来了贡献，同时中国的儒家思想对欧洲乃至世界的哲学产生了一定的影响。

20世纪以来，随着中国经济文化影响力的扩大，现代的西方人对中国文化有了更进一步的理解和认识，对中国文化充满浓厚的兴趣。西方社会对中国文化的关注，主要表现在：一是对汉字、书法的热情，是西方人对中国文化兴趣的起点；二是西方人从中国古典诗歌中看到不同的世界观、时间观与空间观；三是在与西方的碰撞当中，中国传统文明首先带给西方的印象是中国人的沉稳、人情、善良。伴随着中国经济的发展，中国文化以崭新的形态走向世界，呈现出不同的影响力和感召力。从具体的人作为载体的文化传播上，世界各地的华人华侨，把中国的文化展现给世界人民。中国政府在文化走向世界方面也是积极推广，例如，2008年奥运会的举办、中法文化年、非洲主题年等。中国的文化具有天然的亲和力，吸引着世界人民，每年来中国求学的国外留学生数量庞大，他们在神州大地接受着中国文化的熏陶，并把先进的思想、优秀的理念传递到自己的祖国，促进他们精神境界的提升。中国的文化柔、和，易于接受，易于传播。近年在世界各国举办的孔子学院和孔子学堂中，学习汉语和中国文化的学生越来越多，这正说明中国文化的世界化趋向。中国文化兼容性的特点更有利于世界的发展。

总之，中国在崛起，中国的政治、经济、文化正在和世界发生越来越密切的联系。中国的崛起是一支和平的力量，中国在这个过程中以及在可以预见的未来，都将用自身的崛起给世界带来福祉，以和平的方式发展。在政治上，争取和平实力，有利于世界的稳定；在经济上，高速发展并转型升级，促进世界经济的增长；在文化上，兼容并包，扬长避短，有利于人类文化的融合与发展。

参考文献

一、著作类

任继愈.中国哲学史[M].北京:人民出版社,1979.

朱汉民.中国的书院[M].北京:商务印书馆,1981.

郑观应.郑观应集(上、下)[M].上海:上海人民出版社,1982.

冯友兰.中国哲学简史[M].北京:北京大学出版社,1985.

庞朴.文化的民族性与时代性[M].北京:中国和平出版社,1988.

张立文.传统学引论[M].北京:中国人民大学出版社,1989.

刘守华.文化学通论[M].北京:高等教育出版社,1989.

冯友兰.中国哲学史新编[M].北京:人民出版社,1989.

郭朋.中国佛教史[M].福州:福建人民出版社,1990.

杨宪邦.中国哲学史[M].北京:中国人民大学出版社,1990.

朱谦之.文化哲学[M].北京:商务印书馆,1990.

王玉哲.中国古代物质文化[M].北京:高等教育出版社,1990.

王学泰.华夏饮食文化[M].北京:中华书局,1993.

张岂之.中国传统文化[M].北京:高等教育出版社,1994.

卿希泰、唐大潮.道教史[M].北京:中国社会科学出版社,1994.

孔庆榕、李权时.中华民族凝聚力论纲[M].广州:广东人民出版社,1995.

〔英〕罗素.中国问题[M].北京:学林出版社,1996.

〔意〕马可·波罗.马可·波罗游记[M].北京:中国文史出版社,1998.

中华书局编辑部.唐宋注疏十三经[M].北京:中华书局,1998.

张君励.明日之中国文化[M].济南:山东人民出版社,1998.

田广林.中国传统文化概论[M].北京:高等教育出版社,1999.

梁隆炜.中国通史[M].北京:中国档案出版社,1999.

夏建国.文化模式与全球文化[M].武汉:武汉测绘科技大学出版社,2000.

张海鹏,臧宏.中国传统文化伦纲[M].合肥:安徽教育出版社,2001.

葛兆光.中国思想史[M].上海:复旦大学出版社,2001.

中共中央文献研究室.中共十三届四中全会以来历次全国代表大会中央全会重要文献选编[C]. 北京:中央文献出版社,2002.

沈从文.中国古代服饰史[M]. 西安:陕西大学出版社,2004.

〔美〕孙隆基.中国文化的深层结构[M]. 桂林:广西师范大学出版社,2004.

陈书禄.中国文化通论[M]. 南京:南京师范大学出版社,2004.

段连城.对外传播学初探[M]. 北京:五洲传播出版社,2004.

张岱年,方克立.中国文化概论[M]. 北京:北京师范大学出版社,2004.

林尚立.制度创新与国家成长[M]. 天津:天津人民出版社,2005.

梁漱溟.中国文化要义[M]. 上海:上海人民出版社,2005.

〔美〕本尼迪克特·安德森.想象的共同体——民族主义的起源与散布[M]. 上海:上海人民出版社,2005.

饶尚宽.老子[M]. 北京:中华书局,2006.

易鑫鼎.梁启超选集[M]. 北京:中国文联出版社,2006.

李正国.国家形象构建[M]. 北京:中国传媒大学出版社,2006.

周宁.天朝遥远——西方的中国形象研究[M]. 北京:北京大学出版社,2006.

杨通进,高予远.现代文明的生态转向[M]. 重庆:重庆出版集团,2007.

黄平.乡土中国与文化自觉[M]. 北京:三联书店,2007.

李宗桂.中华民族精神概论[M]. 广州:广东人民出版社,2007.

金一南.苦难的辉煌[M]. 北京:华艺出版社,2008.

余秋雨.寻觅中华[M]. 北京:华夏出版社,2008.

〔英〕丹尼斯·麦奎尔等.大众传播模式论[M]. 第2版.上海:上海译文出版社,2008.

〔美〕乔舒亚·库珀·雷默.中国形象:外国学者眼里的中国[M]. 北京:社会科学文献出版社,2008.

樊新民.当代中国社会问题[M]. 北京:中国社会出版社,2009.

吴友富.中国国家形象的塑造和传播[M]. 上海:复旦大学出版社,2009.

李彬.中国新闻社会史[M]. 第2版.北京:清华大学出版社,2009.

韩毓海.五百年来谁著史[M]. 北京:九州出版社,2011.

中共中央文献研究室.十六大以来重要文献选编[C]. 北京:中央文献出版社,2011.

周天勇.中国梦与中国道路[M]. 北京:社会科学文献出版社,2011.

胡晓明.国家形象[M]. 北京:人民出版社,2011.

周天勇.中国梦与中国道路[M]. 北京：社会科学文献出版社，2011.

谢春涛.历史的轨迹[M]. 北京：新世界出版社，2012.

公茂虹.读懂中国梦[M]. 北京：人民出版社，2013.

杨超.共筑“中国梦”：实现中华民族的伟大复兴[M]. 北京：研究出版社，2013.

汪玉琦.中国梦：昨天·今天·明天[M]. 北京：社会科学文献出版社，2013.

姚晓红.中国梦:未来国家战略与中国崛起[M]. 北京：当代中国出版社，2013.

张晓川.百年中国梦[M]. 北京：人民出版社，2013.

石国亮.解读中国梦[M]. 北京：人民日报出版社，2013.

闫立金.问道中国梦[M]. 北京：中共中央党校出版社，2013.

洪向华.民族复兴中国梦[M]. 北京：红旗出版社，2013.

李希光.软实力与中国梦[M]. 北京：法律出版社，2013.

文小勇.中国梦：根植历史与现实·对接世界与未来[M]. 广州：广东人民出版社，2013.

范志忠，熊颖俐，徐辉.国家形象的影像建构与传播[M]. 杭州：浙江大学出版社，2013.

中共中央文献研究室编.习近平关于实现中华民族伟大复兴的中国梦论述摘编[C]. 北京：中央文献出版社，2013.

中共中央宣传部理论局.“中国梦”：阐释“中国梦”文章选编[M]. 北京：学习出版社，2013.

刘明福.中国梦[M]. 北京：中国友谊出版社，2014.

李君如.中国道路与中国梦[M]. 北京：外文出版社，2014.

张涛甫.“中国梦”的文化解析[M]. 重庆：重庆出版社，2014.

赵磊.中国梦与世界软实力竞争[M]. 北京：外文出版社，2014.

冯颜利.实现中国梦的精神支柱：中国特色社会主义文化建设[M]. 北京：红旗出版社，2014.

陈玉荣.中国梦的伟大构想[M]. 北京：中国水利水电出版社，2014.

二、文章类

张岱年.文化传统与民族精神[J].学术月刊，1986(12)：3-5.

方立天.民族精神的界定与中华民族精神的内涵[J].哲学研究，1991(5)：34-42.

蒙培元.怎样理解民族精神[J].学术月刊,1992(3):9-13.

施维达.略论民族精神[J].思想战线,1993(2):60-65.

雷洪.试析社会问题范式及其理论见解[J].江汉论坛,1996(5):69-73.

孙有中.国家形象的内涵及其功能[J].国际论坛,2002(3):14-21.

王绍光,胡鞍钢,丁元竹.经济繁荣背后的社会不稳定[J].战略与管理,2002(3):32-39.

李杨."救亡压倒启蒙"?[J].书屋,2002(5):6-17.

冯秀军.民族精神及相关概念试析[J].学校党建与思想教育,2003(2):19-21.

王希恩.民族精神的形成和发展[J].世界民族,2003(4):10-17.

荣长海,姜晓梅.关于民族精神理论与实践的若干问题[J].道德文明,2003(4):2-5.

赵汀阳."天下体系":帝国与世界制度[J].世界哲学,2003(5):4-35.

陈伟群.中华民族精神和中华民族凝聚力的辩证关系[J].中央社会主义学院学报,2003(6):42-45.

安树彬.从传统天下观到近代国家观[J].华夏文化,2004(1):26-29.

崔新建.文化认同及其根源[J].北京师范大学学报,2004(4):103-105.

解丽霞.中华民族精神与中华民族凝聚力[J].燕山大学学报,2004(4):7-10.

史艺.国崛起的世界意义[J].国际关系学院学报,2006(3):36-40.

姜运仓.中国和平崛起的世界影响[J].理论学刊,2006(9):26-28.

乐黛云.美国梦·欧洲梦·中国梦[J].社会科学,2007(9):160-166.

丁少锋.民族精神与民族凝聚力[J].信阳师范学院学报,2008(1):122-125.

李光和.惺忪与萌动——基于两次鸦片战争期间中国对外观念、体制与对外方略变化的历史考察[J].理论月刊,2010(12):63-66.

沈雅梅.对西方媒体热议"中国形象"的思考[J].国际问题研究,2011(4):10-16.

刘芳.如何加强我国媒体国际传播能力建设[J].传媒,2011(10):72-74.

包心鉴.坚定中国特色社会主义的道路自信、理论自信、制度自信[J].学习论坛,2012(12):12-14.

王毅.探索中国特色大国外交之路[J].国际问题研究,2013(4):5-11.

侯远长.实现中华民族伟大复兴的中国梦[J].郑州大学学报,2013(4):6-9.

雷骥.中国梦的基本内涵和时代价值[J].郑州大学学报,2013(4):10-13.

吴海江,杜彦君.国际比较视野下的美国梦、欧洲梦和中国梦[J].思想理论教育,2013(6):13-18.

金鑫,林永亮.以解读中国梦为契机再塑国家形象[J].红旗文稿,2014(15):17-19.

薛华,卢黎歌.对实现"中国梦"的若干思考[J].西安交通大学学报,2014(34):87-93.

陈言.叶朗:人文精神的坚守与呼唤[N].人民日报(海外版),2001-01-02(7).

双华斌.中国梦将令世界获益——李君如、吴建民畅谈中国梦与和谐世界[N].中国教育报,2008-04-08(3).

王晨.抓住难得历史机遇 塑造良好国家形象[N].人民日报,2010-06-01(7).

释清仁.从容淡定应对"中国威胁论"[N].中国青年报,2012-04-06(9).

刘云山.推动形成实现中国梦的强大精神力量[N].人民日报,2013-04-09(7).

石文龙.法治是实现中国梦的制度基础[N].中国青年报,2013-07-01(2).

刘奇葆.加快推动传统媒体和新兴媒体融合发展[N].人民日报,2014-04-23(4).

夏江雯.崛起论的比较与启示——中国和平崛起与发展的国际意义[D].上海:复旦大学,2006.

魏明.全球信息时代中国文化软实力发展战略研究[D].武汉:华中师范大学,2008.

后　　记

习近平同志提出的实现中华民族伟大复兴的中国梦，具有深刻而丰富的内涵，也具有重大的理论意义和现实意义。中国梦是中华民族伟大复兴的形象表达，也是近代以来中华民族的夙愿和梦想，更是面对现实和未来的和平、发展、合作、共赢的梦。中国梦生动形象地表达了全体中国人民的共同理想追求，昭示着国家富强、民族振兴、人民幸福的美好前景。

中国梦的丰富内涵就使从不同角度理解这一重大理论命题成为可能。人类的梦本来就是文化的产物，中国梦，毫无疑问，也具有丰沛而深广的文化意义。我们正是从文化的角度试图对这一理论命题做些力所能及的阐释。

根据课题分工，各章节的编写者分别是，彭岚嘉：研究大纲、第一章、统稿；吴双芹：第二章；许燕：第三章；王万鹏：第四章；杨小兰：第五章；杨天豪：第六章；杨华：第七章；李小红：第八章。

由于课题撰稿时间紧迫，个人识见有限，书中难免有缺漏之处，敬请各位有识者斫正。

2014年12月